21 世纪经济学类管理学类专业主干课程系列教材

财务管理习题及解析

（修订本）

主　编　肖　侠

副主编　王洪海　张瑞龙　骆　阳　丁荣清

清华大学出版社

北京交通大学出版社

·北京·

内 容 简 介

本书以培养理财应用能力为导向，从当前企业财务管理的实际需要出发，兼顾我国现行财务与会计相关考证的需要，借鉴国内外现代财务管理的理论前沿，通过多种形式的练习，让读者掌握财务管理的理论与实践技能。

本书的内容特色：解析详细，突出应用，便于学习。本书每章练习题之前都列示了"本章内容框架"、"本章重点内容概述"等学习指导性内容，以帮助读者梳理各章的主要内容，并明确学习目标。各章练习题形式包括单项选择题、多项选择题、判断题、简答题、计算分析题、论述题、案例分析、研究型学习与思考等等。每章练习题后均配有详细的答案解析，以帮助读者更好地消化、理解财务管理的主要内容，提高读者运用财务管理基本原理、基本方法解决实际理财问题的能力。

本书既可作为高等院校经济学类管理学类各专业财务管理课程的教学辅导用书，也可供财会人员及其他经济类管理类人员作为财务与会计相关考证的参考资料。

图书在版编目（CIP）数据

财务管理习题及解析 / 肖侠主编. —北京：清华大学出版社；北京交通大学出版社，2011.2
（2020.4 重印）
（21 世纪经济学类管理学类专业主干课程系列教材）
ISBN 978-7-5121-0507-2

Ⅰ．①财…　Ⅱ．①肖…　Ⅲ．①财务管理-高等学校-解题　Ⅳ．①F275-44

中国版本图书馆 CIP 数据核字（2011）第 020356 号

责任编辑：郭东青
出版发行：清 华 大 学 出 版 社　　邮编：100084　　电话：010-62776969
　　　　　北京交通大学出版社　　邮编：100044　　电话：010-51686414
印 刷 者：北京鑫海金澳胶印有限公司
经　　销：全国新华书店
开　　本：185×230　　印张：15.5　　字数：344 千字
版　　次：2011 年 2 月第 1 版　　2020 年 4 月第 1 次修订　　2020 年 4 月第 7 次印刷
书　　号：ISBN 978-7-5121-0507-2/F·800
印　　数：13 001～15 500 册　　定价：39.00 元

本书如有质量问题，请向北京交通大学出版社质监组反映。对您的意见和批评，我们表示欢迎和感谢。
投诉电话：010-51686043，51686008；传真：010-62225406；E-mail：press@bjtu.edu.cn。

前　言

为了掌握财务管理的基本知识与技能，进而提高读者分析与解决问题的能力，继《财务管理》教材之后，与之匹配的《财务管理习题及解析》又呈现在大家面前，同其他类似的辅导材料相比，本辅导教材具有如下特点。

1. 贯穿新的教学理念。本教学辅导教材每章按照如下顺序编排，即内容框架→内容概述→各类习题→答案及解析，这样便于读者对主要知识点进行回顾与复习，以达到温故而知新的功效，同时教材本身也构成一个知识获取与反馈的循环系统，这种知识表达的多样性与层次性也符合现代构建主义（constructivism）的教学观。

2. 强调实践能力的培养。自从 1897 年美国学者格林创立《财务管理》学科以来，虽然理财的经济环境与技术手段不断变化，但《财务管理》的实践性始终是其主旋律，尤其对于应用性本科，该教学辅导教材提供了多种形式的练习题并附有详细的解析，以便学生练习与检测。

3. 探索研究性学习模式。在第六章探讨了 Monte Carlo 的应用，该方法是由计算机之父冯·诺依曼在研究原子弹时提出的，其实质是一种随机模拟，在投资项目风险评价中占有非常重要的地位。在第十二章探讨了 TOPSIS 在财务分析中的应用，TOPSIS 是一种逼近于理想点的多目标分析方法，它与管理学中的标杆理论有异曲同工之处，对于财务综合绩效评价具有独特的作用。

本书由肖侠任主编，王洪海、张瑞龙、骆阳、丁荣清任副主编。各章写作分工如下：骆阳负责编写第一章，蔡阳负责编写第二章，丁荣清负责编写第三章，张瑞龙负责编写第四章，肖侠负责编写第五章，王洪海、骆阳负责编写第六章，马海峰负责编写第七章，金慧琴负责编写第八章，丁荣清、秦士华负责编写第九章，戴华江负责编写第十章，肖侠、张瑞龙负责编写第十一章，王洪海负责编写第十二章，本书最后由肖侠负责总纂定稿。

由于作者业务水平与时间有限，难免会出现一些不足或者错误，真诚希望各位读者提出宝贵意见，以便我们进一步完善。

编　者
2011 年 2 月

目　　录

第一章　财务管理总论 1
　　一、本章内容框架 1
　　二、本章重点内容概述 2
　　三、本章习题 5
　　四、答案及解析 12
第二章　资金时间价值 18
　　一、本章内容框架 18
　　二、本章重点内容概述 19
　　三、本章习题 22
　　四、答案及解析 29
第三章　风险与收益 34
　　一、本章内容框架 34
　　二、本章重点内容概述 35
　　三、本章习题 37
　　四、答案及解析 47
第四章　筹资方式 54
　　一、本章内容框架 54
　　二、本章重点内容概述 55
　　三、本章习题 59
　　四、答案及解析 66
第五章　资本成本与资本结构 72
　　一、本章内容框架 72
　　二、本章重点内容概述 73
　　三、本章习题 80
　　四、答案及解析 90
第六章　项目投资 100
　　一、本章内容框架 100
　　二、本章重点内容概述 101
　　三、本章习题 106
　　四、答案及解析 118

第七章 证券投资 ·· 125
　　一、本章内容框架 ·· 125
　　二、本章重点内容概述 ·· 126
　　三、本章习题 ··· 127
　　四、答案及解析 ·· 134

第八章 营运资金管理 ··· 140
　　一、本章内容框架 ·· 140
　　二、本章重点内容概述 ·· 141
　　三、本章习题 ··· 144
　　四、答案及解析 ·· 151

第九章 收益分配 ··· 158
　　一、本章内容框架 ·· 158
　　二、本章重点内容概述 ·· 159
　　三、本章习题 ··· 162
　　四、答案及解析 ·· 170

第十章 财务预算 ··· 178
　　一、本章内容框架 ·· 178
　　二、本章重点内容概述 ·· 179
　　三、本章习题 ··· 181
　　四、答案及解析 ·· 190

第十一章 财务控制 ··· 197
　　一、本章内容框架 ·· 197
　　二、本章重点内容概述 ·· 198
　　三、本章习题 ··· 200
　　四、答案及解析 ·· 207

第十二章 财务分析与综合绩效评价 ·································· 213
　　一、本章内容框架 ·· 213
　　二、本章重点内容概述 ·· 214
　　三、本章习题 ··· 218
　　四、答案及解析 ·· 232

第一章　财务管理总论

一、本章内容框架

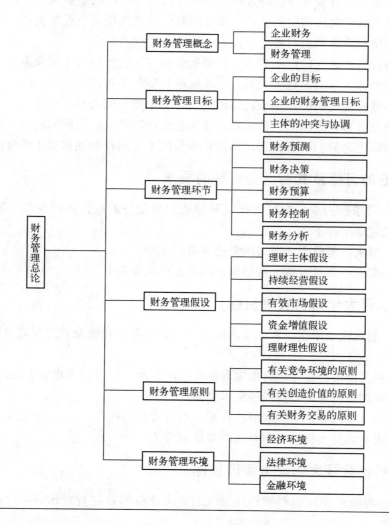

二、本章重点内容概述

（一）财务活动

财务活动（Financial Activity）指企业再生产过程中的资金运动，包括筹资活动、投资活动、资金营运活动和资金分配活动。

（二）财务关系

财务关系（Financial Relationship）指企业在组织财务活动过程中与有关各方所发生的经济利益关系。企业在开展财务活动过程中与各方面有着广泛的财务关系。包括：

（1）企业与投资者之间的财务关系，体现所有权性质的受资与投资关系；

（2）企业与债权人之间的财务关系，体现债务与债权关系；

（3）企业与受资者之间的财务关系，体现所有权性质的投资与受资关系；

（4）企业与债务人之间的财务关系，体现债权与债务关系；

（5）企业与政府之间的财务关系，体现强制与无偿的分配关系；

（6）企业内部各单位之间的财务关系，体现企业内部各单位之间的利益分配关系；

（7）企业与职工之间的财务关系，体现企业与职工之间在劳动成果上的分配关系。

（三）企业的目标及其对财务管理的要求

（1）生存。要求：力求保持以收抵支和偿还到期债务的能力，减少破产的风险，使企业能够长期、稳定地生存下去。

（2）发展。要求：筹集企业发展所需的资金。

（3）获利。要求：通过合理、有效地使用资金使企业获利。

（四）利润最大化财务管理目标

（1）优点：利润代表了企业新创造的财富，利润越多，说明企业的财富增加得越多。

（2）缺点：

① 这里的利润是指企业一定时期实现的税后净利润，它没有考虑资金时间价值；

② 没有反映创造的利润与投入的资本之间的关系；

③ 没有考虑风险因素，高额利润往往要承担过大的风险；

④ 片面追求利润最大化，可能导致企业短期行为。

（五）每股收益最大化财务管理目标

（1）优点：将企业实现的利润额同投入的资本或股本数进行对比，可以在不同资本规模的企业或同一企业不同期间之间进行比较，揭示其盈利水平的差异。

（2）缺点：

① 没有考虑资金时间价值和风险因素；

② 不能避免企业的短期行为。

（六）企业价值最大化财务管理目标

（1）优点：

① 该目标考虑了资金时间价值和风险价值，有利于统筹安排长、短期规划、合理选择投资方案、有效筹措资金、合理制定股利政策等；

② 该目标反映了对企业资产保值增值的要求，从某种意义上说，股东财富越多，企业市场价值就越大，追求股东财富最大化的结果可促使企业资产保值或增值；

③ 该目标有利于克服管理上的片面性和短期行为；

④ 该目标有利于社会资源合理配置，社会资金通常流向企业价值最大化或股东财富最大化的企业和行业，有利于实现社会效益最大化。

（2）缺点：

① 对于非股票上市公司，这一目标值不能依靠股票市价作出评判，而需通过资产评估方式进行，出于评估标准和评估方式的影响，这种估价不易客观和准确；

② 公司股价并非为公司所控制，其价格波动也并非与公司财务状况的实际变动相一致，这给公司实际经营业绩的衡量带来了一定的困难；

③ 为控股或稳定购销关系，不少企业相互持股。法人股东对股价的敏感程度远不及个人股东，对股价最大化目标没有足够的兴趣。

（七）股东、经营者的冲突与协调

（1）冲突：①道德风险；②逆向选择。

（2）协调：①解聘；②接收；③激励。

（八）财务管理环节

①财务预测；②财务决策；③财务预算；④财务控制；⑤财务分析。

（九）金融工具

金融工具是能够证明债权债务关系或所有权关系并据以进行货币资金交易的合法凭证，它对于交易双方所应承担的义务与享有的权利均具有法律效力。金融工具具有四个基本特征：①期限性；②流动性；③风险性；④收益性。

（十）金融市场

1. 金融市场的含义

金融市场是指资金供应者和资金需求者双方通过金融工具进行交易的场所。金融市场可以是有形的市场，也可以是无形的市场。

2. 金融市场的种类

（1）按期限划分为短期金融市场和长期金融市场。

（2）按证券交易的方式和次数分为初级市场和次级市场。

（3）按金融工具的属性分为基础性金融市场和金融衍生品市场。

（十一）我国主要的金融机构

（1）中国人民银行；

（2）政策性银行；

（3）商业银行；

（4）非银行金融机构。

（十二）利率

1. 利率的类型

（1）按利率之间的变动关系，分为基准利率和套算利率。

（2）按利率与市场资金供求情况的关系，分为固定利率和浮动利率。

（3）按利率形成机制不同，分为市场利率和法定利率。

2. 利率的一般计算公式

利率通常由三部分组成：①纯利率；②通货膨胀补偿率；③风险收益率。

利率的一般计算公式可表示如下：

$$利率 = 纯利率 + 通货膨胀补偿率 + 风险收益率$$

纯利率是指没有风险和通货膨胀情况下的社会平均资金利润率；通货膨胀补偿率是指由于持续的通货膨胀会不断降低货币的实际购买力，为补偿其购买力损失而要求提高的利率；风险收益率包括违约风险收益率、流动性风险收益率和期限风险收益率。其中，违约风险收益率是指为了弥补因债务人无法按时还本付息而带来的风险，由债权人要求提高的利率；流动性风险收益率是指为了弥补因债务人资产流动性不好而带来的风险，由债权人要求提高的利率；期限风险收益率是指为了弥补因偿债期长而带来的风险，由债权人要求提高的利率。

三、本章习题

（一）单项选择题

1. 企业与政府之间的财务关系体现为（　　）。
   A. 资金结算关系　　　　　　　　　B. 债权债务关系
   C. 风险收益对等关系　　　　　　　D. 强制与无偿的分配关系

2. 与债券信用等级有关的利率因素是（　　）。
   A. 违约风险收益率　　　　　　　　B. 纯利率
   C. 通货膨胀补偿率　　　　　　　　D. 期限风险收益率

3. 通过采取激励方式协调股东与经营者矛盾的方法是（　　）。
   A. 接受　　　B. 解聘　　　C. 监督　　　D. 股票选择权

4. 金融资产的特征具有如下相互联系、相互制约的关系（　　）。
   A. 收益大的，风险较小　　　　　　B. 流动性弱的，风险较小
   C. 流动性强的，收益较差　　　　　D. 流动性强的，收益较好

5. 财务管理是企业管理的核心组成部分，区别与其他管理的特点在于它是一种（　　）。
   A. 价值的管理　　　　　　　　　　B. 使用价值的管理
   C. 劳动要素的管理　　　　　　　　D. 物质设备的管理

6. 财务关系是企业在组织财务活动过程中与有关各方所发生的（　　）。
   A. 经济利益关系　　　　　　　　　B. 经济往来关系
   C. 经济责任关系　　　　　　　　　D. 经济协作关系

7. 采用借款、发行股票和债券等方式取得资金的活动是（　　）。
   A. 资金分配活动　　　　　　　　　B. 筹资活动
   C. 投资活动　　　　　　　　　　　D. 资金营运活动

8. 财务管理是组织企业财务活动，处理各方面财务关系的一项（　　）。
   A. 经济管理工作　　　　　　　　　B. 物质管理工作
   C. 人文管理工作　　　　　　　　　D. 社会管理工作

9. 甲、乙两企业均投入 300 万元的资本，本年获利均为 20 万元，但甲企业的获利已经全部转化为现金，而乙企业则全部是应收账款。如果在分析时得出两个企业都获利 20 万元，经营效果相同。得出此结论的原因是（　　）。
   A. 没有考虑所获利润和投入资本的关系
   B. 没有考虑利润的取得时间
   C. 没有考虑所获利润与企业规模大小的关系
   D. 没有考虑利润的获得和所承担风险大小

10．风险收益率不包括（　　　）。
　　A．期限风险收益率　　　　　　B．偿债风险收益率
　　C．流动性风险收益率　　　　　D．违约风险收益率

11．"沉没成本"概念的提出是基于（　　　）。
　　A．净增效益原则　　　　　　　B．引导原则
　　C．投资分散化原则　　　　　　D．自利行为原则

12．企业不能生存而终止的内在原因是（　　　）。
　　A．长期亏损　　　　　　　　　B．决策失败
　　C．投资报酬率与风险不对称　　D．无法偿还到期债务

13．体现企业的出发点和归宿的企业目标是（　　　）。
　　A．盈利　　　　　B．发展　　　　C．生存　　　　D．股东财富最大化

14．下列说法错误的是（　　　）。
　　A．购置固定资产属于狭义的投资活动
　　B．狭义的分配仅指对净利润的分配
　　C．购买无形资产属于广义的投资活动
　　D．广义的分配是指对企业各种收入进行分割和分配的过程

15．财务管理环节的核心是（　　　）。
　　A．财务分析　　　B．财务预测　　　C．财务预算　　　D．财务决策

16．企业与受资者之间的财务关系表现为（　　　）。
　　A．所有权性质的投资与受资关系　B．债权性质的债权与债务关系
　　C．债权性质的投资与受资关系　　D．所有权性质的债权与债务关系

17．在没有通货膨胀的情况下可以视为纯利率的是（　　　）。
　　A．金融债券的利率　　　　　　B．银行借款的利率
　　C．公司债券的票面利率　　　　D．国库券的利率

18．债权人与所有者的矛盾表现在未经债权人同意，所有者要求经营者（　　　）。
　　A．扩大赊销比重
　　B．提供商业信用
　　C．投资于比债权人预期风险要高的项目
　　D．改变资产、负债及所有者权益的相应比重

19．下列说法错误的是（　　　）。
　　A．激励的方式只有"股票选择权"方式
　　B．接收是一种通过市场约束经营者的办法
　　C．激励将经营者报酬与其绩效挂钩，使经营者自觉采取满足企业价值最大化的措施
　　D．解聘是一种通过所有者约束经营者的办法

20．国库券利率为5%，通货膨胀补偿率为2%，风险收益率为6%，则利率为（　　　）。

A. 13%　　　　　B. 10%　　　　　C. 12%　　　　　D. 11%

21. 下列属于企业日常生产经营而引起的财务活动的是（　　　）。
　　A. 营运活动　　　B. 投资活动　　　C. 筹资活动　　　D. 分配活动

22. 为了协调所有者与债权人之间的矛盾，通常采用的方法包括（　　　）。
　　A. 将债权人的收益与企业经营的绩效挂钩
　　B. 对企业的经营活动进行财务监督
　　C. 参与企业的经营决策
　　D. 在借款中明确担保条款

23. 在没有通货膨胀的条件下，纯利率是指（　　　）。
　　A. 没有风险的均衡点利率　　　　B. 投资期望收益率
　　C. 社会实际平均收益率　　　　　D. 银行贷款基准利率

24. 下列各项中，不能协调所有者与债权人之间矛盾的方式是（　　　）。
　　A. 债权人停止借款　　　　　　　B. 债权人通过合同实施限制性借款
　　C. 债权人收回借款　　　　　　　D. 市场对公司强行接收或吞并

25. 下列各项经济活动中，属于企业狭义投资的是（　　　）。
　　A. 购买专利权　　B. 购买国库券　　C. 购买零部件　　D. 购买设备

26. 从甲公司的角度看，能够形成"本企业与债务人之间财务关系"的业务是（　　　）。
　　A. 甲公司从丁公司赊购产品　　　B. 甲公司归还所欠丙公司的货款
　　C. 甲公司购买乙公司发行的债券　　D. 甲公司向戊公司支付利息

27. 假定甲公司向乙公司赊销产品，并持有丙公司债券和丁公司股票，且向戊公司支付公司债利息。从甲公司角度看，下列属于甲公司与债权人之间财务关系的是（　　　）。
　　A. 甲公司与戊公司之间的关系　　　B. 甲公司与丙公司之间的关系
　　C. 甲公司与乙公司之间的关系　　　D. 甲公司与丁公司之间的关系

28. 在下列经济活动中，能够体现企业与投资者之间财务关系的是（　　　）。
　　A. 企业向其他企业支付货款　　　B. 国有企业向国有资产投资公司支付股利
　　C. 企业向国家税务机关缴纳税款　　D. 企业向职工支付工资

29. 既考虑资金时间价值和投资风险，又能克服管理片面性和短期行为的是（　　　）。
　　A. 产值最大化　　　　　　　　　B. 利润最大化
　　C. 每股盈余最大化　　　　　　　D. 企业价值最大化

30. 经营者对股东目标的背离表现在道德风险和逆向选择方面，属于道德风险的是（　　　）。
　　A. 借口工作需要乱花股东的钱
　　B. 蓄意压低股票价格，以自己的名义借款买回
　　C. 认为没有必要为提高股价而冒险
　　D. 装修豪华的办公室

31. 企业不能生存而终止的直接原因是（　　　）。
    A. 管理者决策失误　　　　　　　　B. 长期亏损
    C. 不能偿还到期债务　　　　　　　D. 投资失败

32. 在其他条件相同的情况下，5 年期债券与 3 年期债券相比，（　　　）。
    A. 期限风险收益率较大　　　　　　B. 违约风险收益率较大
    C. 流动性风险收益率较大　　　　　D. 通货膨胀补偿率较大

33. 每股盈余最大化目标较之利润最大化目标的优点在于（　　　）。
    A. 反映了创造利润与投入资本之间的关系
    B. 考虑了资金时间价值因素
    C. 考虑了风险价值因素　　　　　　D. 能够避免企业的短期行为

34. 下列不属于财务管理环节的是（　　　）。
    A. 财务预算　　　B. 财务决策　　　C. 财务分析　　　　D. 财务报告

35. 从公司管理当局的可控制因素看，股价高低取决于企业的（　　　）。
    A. 投资项目和股利政策　　　　　　B. 风险和资本结构
    C. 投资项目和资本结构　　　　　　D. 投资报酬率和风险

（二）多项选择题

1. 金融环境是企业最为主要的环境因素，财务管理的金融环境包括（　　　）。
   A. 税收法规　　　B. 金融工具　　　C. 金融市场　　　　D. 利率

2. 金融工具是指在信用活动中产生的、能够证明债权债务关系或所有权关系并据以进行货币资金交易的合法凭证。金融工具的特征包括（　　　）。
   A. 稳定性　　　　B. 风险性　　　　C. 流动性　　　　　D. 期限性

3. 在通货膨胀时期，实行固定利率对债权人和债务人的影响表述准确的有（　　　）。
   A. 对债务人不利　　　　　　　　　B. 对债权人有利
   C. 对债务人有利　　　　　　　　　D. 对债权人不利

4. 金融市场的要素包括（　　　）。
   A. 交易价格　　　B. 金融工具　　　C. 市场主体　　　　D. 组织方式

5. 在下列各项中，属于财务管理经济环境构成要素的有（　　　）。
   A. 公司治理结构　　　　　　　　　B. 经济发展水平
   C. 宏观经济政策　　　　　　　　　D. 经济周期

6. 利润最大化目标与每股收益最大化目标的共同缺陷是（　　　）。
   A. 没有考虑风险因素　　　　　　　B. 没有考虑资金时间价值
   C. 容易导致短期行为　　　　　　　D. 没有考虑创造的利润与投入的资本关系

7. 下列各项中，可用来协调公司债权人与所有者矛盾的方法有（　　　）。
   A. 要求提供借款担保　　　　　　　B. 规定借款的信用条件

C．收回借款或停止借款　　　　　D．规定借款用途

8．经营者有时为了自身的目标而背离股东的利益，这种背离表现在（　　）。

A．公众利益　　　B．道德风险　　　C．逆向选择　　　D．社会责任

9．次级市场又称为（　　）。

A．二级市场　　　B．资本市场　　　C．流通市场　　　D．货币市场

10．下列说法正确的是（　　）。

A．企业与债务人之间的财务关系属于债务与债权关系

B．企业与政府间的财务关系体现为强制和无偿的分配关系

C．企业与债权人之间的财务关系属于债务与债权关系

D．企业与职工之间的财务关系体现职工个人和集体在劳动成果上的分配关系

11．按照金融工具的属性，金融市场分为（　　）。

A．金融衍生品市场　　　　　　　B．旧货市场

C．基础性金融市场　　　　　　　D．新货市场

12．以企业价值最大化作为财务管理的目标，它具有的优点包括（　　）。

A．有利于社会资源合理配置　　　B．有利于克服管理上的片面性

C．反映了对企业保值增值的要求　D．考虑了资金时间价值

13．企业与投资者之间的财务关系表现为投资者按其出资比例对企业具有（　　）。

A．管理控制权　　　　　　　　　B．利润分配权

C．净资产分配权　　　　　　　　D．按时索取本息权

14．下列属于资金利率的组成部分的是（　　）。

A．存款利率　　　　　　　　　　B．流动性风险收益率

C．通货膨胀补偿率　　　　　　　D．纯利率

15．按利率与市场资金供求情况的关系，分为（　　）。

A．法定利率　　　B．市场利率　　　C．浮动利率　　　D．固定利率

16．企业按组织形式可以分为（　　）。

A．集体企业　　　B．公司　　　　C．合伙企业　　　D．独资企业

17．企业目标对财务管理的主要要求是（　　）。

A．增收节支，提高效益　　　　　B．筹集企业发展所需资金

C．以收抵支，到期偿债　　　　　D．合理、有效地使用资金

18．股东通过经营者伤害债权人利益的常用方式是（　　）。

A．不顾工人的健康和利益

B．不经债权人的同意，投资于比债权人预期风险要高的新项目

C．尽最大努力去实现企业财务管理目标

D．不征得债权人同意而发行新债

19．下列各项中，属于企业资金营运活动的有（　　）。

  A．购买国库券   B．支付利息

  C．销售商品   D．采购原材料

20．资金的利率通常由风险收益率等三部分组成，其中风险收益率又包括（   ）。

  A．流动性风险收益率   B．通货膨胀补偿率

  C．违约风险收益率   D．期限风险收益率

（三）判断题

1．从财务管理者的角度看，企业的价值就是其账面资产的总价值。（   ）

2．企业向国家税务机关缴纳税款，体现债务与债权的关系。（   ）

3．在发生通货膨胀时，资金时间价值会使将来货币贬值。（   ）

4．长期亏损和重大决策错误是企业终止的直接原因。（   ）

5．金融市场必须有固定的交易场所，它不能是无形的。（   ）

6．每股收益最大化是财务管理的最优目标。（   ）

7．财务管理环境是指对企业财务管理产生影响作用的各种外部条件。（   ）

8．协调所有者与经营者矛盾的方法中，"接收"是通过所有者约束经营者的方法。（   ）

9．纯利率是指无通货膨胀、无风险情况下的均衡点利率。（   ）

10．市场上国库券利率为 5%，通货膨胀补偿率为 2%，实际市场利率为 10%，则风险报酬率为 3%。（   ）

11．次级市场也称为二级市场或流通市场，这类市场使预先存在的资产交易成为可能，可以理解为"旧货市场"。（   ）

12．企业价值最大化强调企业所有者的利益最大化，它与企业经营者没有利益关系。（   ）

13．影响财务管理的经济环境因素包括经济周期、经济发展水平、经济政策和利率。（   ）

14．受通货膨胀的影响，使用固定利率会使债务人的利益受到损害。（   ）

15．金融工具的风险性是指购买金融工具的本金和预定收益遭受损失的可能性。（   ）

16．人们在进行财务决策时，之所以选择低风险的方案，是因为低风险会带来高收益，而高风险的方案往往收益偏低。（   ）

17．流动性风险收益率是指对于一项负债，到期日越长，债权人承受的不确定因素就越多，承受的风险也越大，为弥补这种风险而要求提高的利率。（   ）

18．企业财务是指企业在生产经营过程中客观存在的资金运动，包括筹资活动、投资活动、资金运营活动和资金分配活动。（   ）

19．风险报酬率是指债权人因承担到期不能收回投出资金本息的风险而向债务人额外提出的补偿要求。（   ）

20．金融市场的利率受通货膨胀的影响，随着通货膨胀的起伏不定而起落。（   ）

（四）名词解释

1．财务管理　2．财务活动　3．财务管理环境　4．金融工具　5．纯利率

（五）简答题

1．简述财务活动的具体内容。

2．财务关系具体表现在哪些方面？

3．简述企业目标及其对财务管理的要求。

4．简述利润最大化财务管理目标的缺陷。

5．防止经营者背离股东目标的方法有哪些？

（六）计算分析题

甲公司计划投资一个金融工具，当前，市场上国库券利率为 5%，通货膨胀补偿率为 2%，该金融工具风险收益率预计为 6%，若甲公司要求的最低报酬率是 12%，请分析甲公司是否应该投资该金融工具？

（七）论述题

1．论述企业价值最大化财务管理目标的优缺点。

2．论述利润最大化财务管理目标的不足之处。

（八）案例分析

青鸟天桥财务管理目标案例

【案情介绍】

天桥商场是一家老字号商业企业，成立于 1953 年，在 20 世纪 50 年代，天桥商场是全国第一面"商业红旗"。80 年代初，天桥商场第一个打破中国 30 年工资制，将商业 11 级改为新 8 级。1993 年 5 月，天桥商场股票在上海证券交易所上市。1998 年 12 月 30 日，北大青鸟有限责任公司和北京天桥百货股份有限公司发布公告，宣布北大青鸟通过协议受让方式受让北京天桥部分法人股股权。北大青鸟出资 6 000 多万元，拥有了天桥商场 16.76% 的股份，北京天桥百货商场更名为"北京天桥北大青鸟科技股份有限公司"（简称青鸟公司）。此后天桥商场的经营滑落到盈亏临界点，面对严峻的形势，公司决定裁员，以谋求长远发展。于是就有了下面一幕。

1999 年 11 月 18 日下午，北京天桥商场里面闹哄哄的，商场大门也挂上了"停止营业"的牌子。11 月 19 日，很多顾客惊讶地发现，天桥商场在大周末居然没开门。据一位售货员模样的人说："商场管理层年底要和我们终止合同，我们就不给他们干活了。"员工们不

仅不让商场开门营业，还把货场变成了群情激愤的论坛。1999 年 11 月 18 日至 12 月 2 日，对北京天桥北大青鸟科技股份有限公司管理层和广大员工来说，是黑色的 15 天！在这 15 天里，天桥商场经历了 46 年来第一次大规模裁员；天桥商场被迫停业 8 天之久，公司管理层经受了职业道德与人道主义的考验，作出了在改革的道路上是前进还是后退的抉择。

经过有关部门的努力，对面临失业职工的安抚有了最为实际的举措，公司董事会开会决定，同意给予终止合同职工适当的经济补助，同意参照解除劳动合同的相关规定，对 283 名终止劳动合同的职工给予人均 1 万元、共计 300 万元左右的一次性经济补助。这场风波总算平息。

【思考与讨论】

如何理解天桥商场的财务管理目标？

（资料来源：胡北忠.财务管理学.贵州财经学院精品课程）

四、答案及解析

（一）单项选择题

1．D，【解析】政府作为社会管理者，担负着维护社会正常秩序的责任，企业必须按照税法规定向中央和地方政府缴纳各种税款，这一关系体现为强制与无偿的分配关系。

2．A，【解析】违约风险是指借款人未能按时支付利息或未如期偿还贷款本金的风险。债券信用等级评定，实际上就是评定违约风险的大小。

3．D，【解析】激励有两种基本方式，一是股票选择权，二是绩效股。

4．C，【解析】金融资产流动性和收益性成反比，收益性和风险性成正比。

5．A，【解析】财务管理是对资金运动，即价值的管理。

6．A，【解析】财务关系是企业在组织财务活动过程中与有关各方面所发生的经济利益关系。

7．B，【解析】因资金筹集而产生的资金收支，是指由企业筹资引起的活动。

8．A，【解析】财务管理是企业各项经济管理工作中的一种工作。

9．D，【解析】应收账款不一定能全部收回，没有考虑利润的获得和所承担风险大小的关系。

10．B，【解析】风险收益率包括违约风险收益率、流动性风险收益率和期限风险收益率。

11．A，【解析】净增效益原则的一个重要应用是"沉没成本"的概念。

12．A，【解析】生存威胁来自两方面：一是长期亏损，是企业终止的内在原因；另一个是不能偿还到期债务，它是企业终止的直接原因。

13．A，【解析】企业作为营利性组织，其出发点和归宿都是获利，即盈利。

14．A，【解析】广义投资包括企业内部使用资金的过程和对外投放资金的过程；狭义投资仅指对外投资。广义分配是指对企业各种收入进行分配；狭义分配仅指对净利润的分配。

15．D，【解析】财务管理的工作环节包括财务预测、财务决策、财务预算、财务控制、财务分析，其中财务决策是财务管理的核心环节。

16．A，【解析】企业与受资者之间的财务关系表现为所有权性质的投资与受资关系。

17．D，【解析】在没有通货膨胀的情况下，可以将国库券的利率视为纯利率。

18．C，【解析】债权人与所有者矛盾表现为：①未经债权人同意，所有者要求经营者投资于比债权人预期风险要高的项目；②所有者要求经营者举借新债。

19．A，【解析】激励有两种方式：一是"股票选择权"方式，二是"绩效股"形式。

20．D，【解析】通常，无通货膨胀时，国库券利率可以视为纯利率。有通货膨胀时，国库券的利率包括纯利率和通货膨胀补偿率，根据"利率=纯利率+通货膨胀补偿率+风险收益率"，得，利率 = 国库券利率 + 风险收益率 = 5% + 6% = 11%。

21．A，【解析】营运活动是企业因日常生产经营而引起的财务活动，如采购材料、支付工资和其他营业费用、销售商品等。

22．D，【解析】所有者与债权人矛盾协调方式：（1）限制性借款，即在借款合同中加入限制性条款，如规定借款用途、担保条款和借款的信用条件等；（2）收回借款或不再借款。

23．A，【解析】纯利率是指没有风险、没有通货膨胀情况下的均衡点利率。

24．D，【解析】为协调所有者与债权人之间矛盾，通常采用的方式是：限制性借债；收回借款或停止借款。市场对公司强行接收或吞并是所有者与经营者矛盾的协调方式。

25．B，【解析】选项 A、C、D 是内部使用资金，属于广义投资的内容。

26．C，【解析】甲公司购买乙公司债券，则乙公司是甲公司的债务人，C 形成的是"本企业与债务人之间的财务关系"。

27．A，【解析】甲公司和乙公司、丙公司是债权债务关系，和丁公司是投资与受资的关系，和戊公司是债务债权关系。

28．B，【解析】企业与投资者之间的财务关系主要是指企业的投资者向企业投入资金，企业向其投资者支付投资报酬所形成的经济关系。

29．D，【解析】企业价值最大化目标优点：考虑资金时间价值和投资风险价值；反映企业资产保值增值要求；有利于克服管理上的片面性和短期行为；有利于社会资源合理配置。

30．C，【解析】道德风险指经营者为了自己的目标，不是尽最大努力去实现企业财务管理的目标。逆向选择指经营者为了自己的目标而背离股东的目标。选项 C 属于道德风险，选项 A、B、D 均属于逆向选择。

31．C，【解析】企业生存的主要威胁来自两个方面：一个是长期亏损，它是企业终止的内在原因；另一个是不能偿还到期债务，它是企业终止的直接原因。

32．A，【解析】在其他条件相同的情况下，5 年期债券与 3 年期债券相比，只是期限不同，期限越长，期限风险越大。

33．A，【解析】因为每股盈余等于税后净利与投入股份数的对比，是相对数指标，所以每股盈余最大化较之利润最大化的优点在于它反映了创造利润与投入资本的关系。

34．D，【解析】财务管理环节：财务预测、财务决策、财务预算、财务控制、财务分析。

35．D，【解析】投资报酬率和风险是影响股价的直接因素，而投资报酬率和风险又是由投资项目、资本结构和股利政策决定的。因此，从公司管理当局的可控因素看，股价高低取决于企业的投资报酬率和风险。

（二）多项选择题

1．BCD，【解析】财务管理的金融环境主要包括金融机构、金融工具、金融市场和利率四个方面。财务管理的法律环境主要包括企业组织形式法规和税收法规。

2．BCD，【解析】金融工具的特征：①期限性；②流动性；③风险性；④收益性。

3．CD，【解析】固定利率在借贷期内利率是固定不变的，在通货膨胀时期，无法根据物价上涨的水平来上调利率，所以对债权人不利，但对债务人有利。

4．ABCD，【解析】金融市场的要素主要有：①市场主体，即参与金融市场交易活动而形成买卖双方的各经济单位；②金融工具，即借以进行金融交易的工具，一般包括债权债务凭证和所有权凭证；③交易价格，反映的是在一定时期内转让货币资金使用权的报酬；④组织方式，即金融市场交易采用的方式。

5．BCD，【解析】影响财务管理的经济环境因素主要包括：经济周期、经济发展水平、宏观经济政策。公司治理结构属于法律环境中公司治理和财务监控的内容。

6．ABC，【解析】每股利润最大化考虑了利润与资本的关系，利润最大化没有考虑。

7．ABCD，【解析】协调公司所有者与债权人矛盾的方法有：①限制性借债，即在借款合同中加入某些限制性条款，如规定借款用途、借款的担保条款和借款的信用条件等；②收回借款或停止借款。

8．BC，【解析】经营者对股东目标的背离表现在道德风险和逆向选择两方面。

9．AC，【解析】按照证券交易的方式和次数，金融市场分为初级市场和次级市场，其中次级市场又称为流通市场、二级市场，也可以理解为旧货市场。

10．BCD，【解析】企业与政府间的财务关系体现为强制和无偿的分配关系；企业与债务人之间的财务关系属于债权与债务关系；企业与债权人之间的财务关系属于债务与债权关系；企业与职工之间的财务关系体现职工个人和集体在劳动成果上的分配关系。

11．AC，【解析】按照证券交易的方式和次数金融市场分为初级市场和次级市场，其中初级市场可以理解为新货市场，次级市场可以理解为旧货市场。

12．ABCD，【解析】以企业价值最大化作为财务管理目标，其优点主要表现在：①考虑了资金时间价值和投资的风险价值；②反映了对企业资金保值增值的要求；③有利于克服管理上的片面性和短期行为；④有利于社会资源合理配置，有利于实现社会效益最大化。

13．ABC，【解析】投资者按其出资比例对企业具有：管理控制权、利润分配权、净资产分配权，按时索取本息权不是企业与投资者之间财务关系的表现。

14．BCD，【解析】利率通常由三部分组成：①纯利率；②通货膨胀补偿率；③风险收益率。风险收益率包括违约风险收益率、流动性风险收益率和期限风险收益率。

15．CD，【解析】按利率之间的变动关系，分为基准利率和套算利率；按利率与市场资金供求情况的关系，分为固定利率和浮动利率；按利率形成机制不同，分为市场利率和法定利率。

16．BCD，【解析】按企业组织形式不同，可将企业分为独资企业、合伙企业和公司。而集体企业是按生产资料的所有制形式划分的。

17．BCD，【解析】企业管理的目标是生存、发展和获利，"生存"目标，要求财务管理做到以收抵支，到期偿债；"发展"目标，要求财务管理筹集企业发展所需要的资金；"获利"目标则要求财务管理合理、有效地使用资金。

18．BD，【解析】股东通过经营者伤害债权人利益的常用方式是不经债权人的同意，投资于比债权人预期风险要高的新项目,同样会增大偿债风险；不征得债权人同意而发行新债，致使旧债或老债的价值降低。

19．CD，【解析】A属于投资活动，B属于筹资活动，C和D属于资金营运活动。

20．ACD，【解析】资金的利率通常由三部分组成：①纯利率；②通货膨胀补偿率（或称通货膨胀贴水）；③风险收益率，风险收益率又包括违约风险收益率、流动性风险收益率和期限风险收益率。

（三）判断题

1．×，【解析】从财务管理角度，企业价值不是账面资产的总价值，而是全部财产的市场价值。

2．×，【解析】企业向国家税务机关缴纳税款，体现企业与政府间的强制和无偿的分配关系的关系。

3．×，【解析】资金时间价值不包括通货膨胀，它意味着今天一元的价值比将来一元的价值大，表现为货币价值增值，而不是货币的贬值。

4．√，【解析】企业生存的主要威胁来自于两方面：一是长期亏损，它是企业终止的内在原因；另一个是不能偿还到期债务，它是企业终止的直接原因。

5．×，【解析】金融市场可以是有形的市场，如银行、证券交易所；也可以是无形的市场，如利用计算机、电传、电话等设施通过经纪人进行资金融通活动。

6．×，【解析】企业价值最大化是财务管理的最优目标。

7．×，【解析】财务管理环境是指对企业财务管理产生影响作用的企业内、外各种条件。

8．×，【解析】"接收"是通过市场约束经营者，"解聘"是通过市场来约束经营者。

9．√，【解析】利率由纯利率、通货膨胀补偿率、风险收益率三者构成。在没有通货膨胀、没有风险情况下的均衡点利率，就是纯利率。

10．×，【解析】根据公式"利率＝纯利率＋通货膨胀补偿率＋风险报酬率"，可知"风险报酬率＝利率－（纯利率＋通货膨胀补偿率）＝利率－国库券利率"，即风险报酬率＝10%－5%＝5%。

11．×，【解析】次级市场也称为二级市场或流通市场，它是现有金融资产的交易所，可以理解为"旧货市场"；而初级市场也称为是发行市场或一级市场，它是新发证券的市场，这类市场使预先存在的资产交易成为可能，可以理解为"新货市场"。

12．×，【解析】企业价值最大化目标，是在权衡企业相关者利益的约束下，实现所有者或股东权益的最大化。

13．×，【解析】影响财务管理的经济环境因素包括经济周期、经济发展水平和经济政策，其中利息率属于影响财务管理的金融环境因素。

14．×，【解析】在通货膨胀的情况下，由于利率会升高，此时如果继续按照原来的固定利率（较低）支付利息，对于债权人来说其利益就受到了损害。

15．√，【解析】金融工具的风险性是指购买金融工具的本金和预定收益遭受损失的可能性。一般包括信用风险和市场风险。

16．×，【解析】一般来说，风险与收益是对等的，高风险高收益，低风险低收益。人们在进行财务决策时，之所以选择低风险的方案是由于投资者都有风险反感。

17．×，【解析】流动性风险收益率是指为了弥补因债务人资产流动不好所带来的风险；期限风险收益率是指对于一项负债，到期日越长，债权人承受的不确定性因素就越多，承受的风险也越大，为弥补这种风险而要求提高的利率。

18．×，【解析】企业财务是指企业在生产经营过程中客观存在的资金活动及其所体现的经济利益关系。除了包括财务活动，还包括财务关系。

19．×，【解析】风险报酬率是投资者要求的除纯利率和通货膨胀附加率之外的风险补偿率。

20．√，【解析】通货膨胀补偿率是利率的一个构成要素，所以本题的表述是正确的。

（四）名词解释（略）

（五）简答题（略）

（六）计算分析题

解：利率＝纯利率＋通货膨胀补偿率＋风险收益率

＝国库券利率＋风险收益率＝5%＋6%＝11%＜12%

因为投资该金融工具的利率小于甲公司要求的最低报酬率，所以，甲公司应该放弃该投资。

（七）论述题【答题要点】

1．优点：

（1）这一目标考虑了资金的时间价值和投资的风险价值；

（2）这一目标反映了对公司资产保值增值的要求；

（3）这一目标有利于克服管理上的片面性和短期行为；

（4）这一目标有利于社会资源合理配置。

不足：

（1）对于非股票上市公司，这一目标值不能依靠股票市价作出评判，而需通过资产评估方式进行，出于评估标准和评估方式的影响，这种估价不易客观和准确；

（2）公司股价并非为公司所控制，其价格波动也并非与公司财务状况的实际变动相一致，这对公司实际经营业绩的衡量也带来了一定的困难。

（3）为控股或稳定购销关系，不少企业相互持股。法人股东对股价的敏感程度远不及个人股东，对股价最大化目标没有足够的兴趣。

2．不足之处：①没有考虑资金时间价值；②没有反映创造的利润与投入的资本之间的关系；③没有考虑风险因素，高额利润往往要承担过大的风险；④片面追求利润最大化，可能导致企业短期行为。

（八）案例分析【答题要点】

（1）一开始追求的是利润最大化，后来转向企业价值最大化。

（2）财务管理的目标要根据具体情况来决定，而且这个目标也不可能是一成不变的，对财务管理目标的适当调整是必要的，只有这样，才能在不断变化的内、外环境中处于比较有利的竞争地位。

第二章　资金时间价值

一、本章内容框架

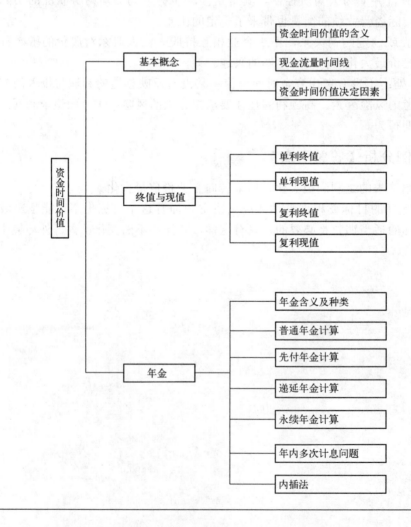

二、本章重点内容概述

（一）资金时间价值的含义

资金时间价值是指现金经过一定时间的投资和再投资而增加的价值。实质是资金周转使用后的增值额，资金由资金使用者从资金所有者处筹集来进行周转使用以后，资金所有者要分享一部分资金的增值额。人们习惯使用相对数字表示资金时间价值，即用利息率（增加价值占投入货币的百分数）来表示。利息率的实际内容是社会资金利润率。各种形式的利息率（贷款利率，债券利率等）的水平就是根据社会资金利润率确定的。但是，一般的利息率除了包括资金时间价值因素外，还包括风险价值和通货膨胀因素；资金时间价值通常被认为是没有风险和没有通货膨胀条件下的社会平均利润率。

（二）终值与现值

终值也称将来值，是一定量现金在未来某一时点上的价值，俗称本利和，通常记为 F。现值又称本金，是指未来某一时点上的一定量现金折合到现在的价值，通常记为 P。

（三）单利计息方式

单利，即简单利息计算法，其含义是本金在整个投资期中获得利息，不管投资期多长，所产生的利息均不加入本金重复计算利息。

1. 单利终值的计算公式

$$F = P \times (1 + i \times n)$$

2. 单利现值的计算公式

单利现值与单利终值互为逆运算，由终值求现值可以用倒求本金的方式计算。在财务管理中称为"贴现"，其计算公式为

$$P = \frac{F}{1 + i \times n}$$

（四）复利计息方式

复利，即复合利息计算法，是指在整个投资期内，本金及利息都要产生利息的一种计息方式；按照这种方法，每经过一个计息期，都要将所产生的利息加入本金再计算利息，逐期滚算，俗你"利滚利"。

1. 复利终值

复利终值是指一定量的本金按复利计算若干期后的本利和。

$$F = P \times (1 + i)^n$$

2. 复利现值

复利现值是若干期后一定量资金折现到现在的金额。

$$P = F/(1+i)^n$$

（五）年金的含义及特征

年金是指在利率不变的情况下，一定时期内每次等额收付的系列款项，即指一种等额的、连续的款项收付，通常记作 A。其特征如下：

（1）等额收付款项，即每个期间收付款项的金额是相同的；

（2）连续的一个系列，至少应该是两个以上；

（3）收付款项的间隔时间相同，可以是一个月、一年、半年、一季度等。

（六）年金的种类

按其每次收付款项发生的时点不同，可以分为普通年金、即付年金、递延年金、永续年金等类型。

1. 普通年金

从第一期开始每期期末等额收付的年金。

2. 即付年金

也称先付年金，从第一期开始每期期初等额收付的年金。

3. 递延年金

是指第一次收付款发生时间与第一期无关，而是隔若干期（m）后才开始等额收付的系列款项。

4. 永续年金

无限期的普通年金。它是普通年金的特殊形式，即期限趋于无穷的普通年金。

（七）普通年金计算

1. 普通年金终值

就是指把每一期期末发生的普通年金都统一折合成最后这一期的期末价值，然后加起来就称作普通年金的终值。

$$F_A = A \times \frac{(1+i)^n - 1}{i}$$

其中 $\frac{(1+i)^n - 1}{i}$ 称作年金终值系数。

2. 普通年金现值

$$P_A = A \times \frac{1 - (1+i)^{-n}}{i}$$

其中 $\dfrac{1-(1+i)^{-n}}{i}$ 称作年金现值系数。

3. 偿债基金与偿债基金系数

偿债基金。已知年金的终值（也就是未来值），通过普通年金终值公式的逆运算求每一年年末所发生的年金 A，这个求出来的年金 A 就称作偿债基金：

年偿债基金的计算

$$A = F \times \frac{1}{\text{年金终值系数}}$$

偿债基金系数是普通年金终值系数的倒数。

4. 年资本回收额与资本回收系数

年资本回收额是年金现值的逆运算

$$A = P \times \frac{1}{\text{年金现值系数}}$$

资本回收系数是普通年金现值系数的倒数。

（八）预付年金计算

1. 预付年金终值

预付年金终值的计算，有两种计算方法。

（1）预付年金的终值 = 普通年金终值 × $(1 + i)$。

（2）预付年金的终值 = 预付年金 A × 预付年金的终值系数。

2. 预付年金现值

预付年金现值的计算，有两种计算方法。

（1）预付年金的现值 = 相同期限的普通年金现值 × $(1 + i)$。

（2）预付年金的现值 = 预付年金 A × 预付年金的现值系数。

（九）递延年金计算

1. 递延年金终值

计算与普通年金终值计算类似，但要注意期数。递延期是指没有收支的期限。

2. 递延年金现值

递延期 m，连续收支期 n，主要有三种方法。

（1）两次折现法

$$P = A \times (P/A,i,n) \times (P/F,i,m)$$

（2）先加后减法

$$P = A \times \left[(P/A,i,m+n) - (P/A,i,m) \right]$$

（3）先终值后现值法

$$P = A \times (F/A,i,n) \times (P/F,i,n+m)$$

（十）永续年金计算

永续年金因为没有终止期，所以没有终值。永续年金现值计算公式：

$$P = \frac{A}{i}$$

（十一）年内计息多次的问题

1. 实际利率与名义利率的换算

在实际生活中通常可以遇见计息期限不是按年计息的，比如半年付息（计息）一次，因此就会出现名义利率和实际利率之间的换算。

若每年计息一次：实际利率 = 名义利率

若每年计息多次：实际利率 > 名义利率

实际利率与名义利率的换算公式

$$1 + i = \left(1 + \frac{r}{m}\right)^m$$

2. 年内多次计息计算终值或现值

只要将年利率调整为期利率，将年数调整为期数。

（十二）内插法的应用

内插法可以用于计算利率和期限。"内插法"的原理是根据比例关系建立一个方程，然后，解方程计算得出所要求的数据。内插法的口诀可以概括为：求利率时，利率差之比等于系数差之比；求年限时，年限差之比等于系数差之比。

三、本章习题

（一）单项选择题

1. 若希望在 3 年后取得 500 元，利率为 10%，则单利情况下现在应存入银行（　　）元。

　　A．384.6　　　　　B．650　　　　　C．375.6　　　　　D．665.5

2. 一定时期内每期期初等额收付的系列款项称为（　　）。

　　A．永续年金　　　B．预付年金　　　C．普通年金　　　　D．递延年金

3. 某项永久性奖学金，每年计划颁发 50 000 元，若年利率为 8%，采用复利方式计息，该奖学金的本金应为（　　）元。

A．625 000　　　　B．605 000　　　　C．700 000　　　　D．725 000

4．某项存款年利率为 6%，每半年复利一次，其实际利率为（　　）。

A．12.36%　　　　B．6.09%　　　　C．6%　　　　D．6.6%

5．某企业年初借得 50 000 元贷款，10 年期，年利率 12%，每年年末等额偿还。已知年金现值系数(P/A，12%，10) = 5.650 2，则每年应付金额为（　　）元。

A．8 849　　　　B．5 000　　　　C．6 000　　　　D．2 825

6．在普通年金终值系数的基础上，期数加 1、系数减 1 所得的结果为（　　）。

A．普通年金现值系数　　　　　　B．即付年金现值系数

C．普通年金终值系数　　　　　　D．即付年金终值系数

7．以 10% 的利率借得 50 000 元，投资于寿命期为 5 年的项目，为使该投资项目成为有利的项目，每年至少应收回的现金数额为（　　）元。

A．10 000　　　　B．12 000　　　　C．13 189　　　　D．8 190

8．下列各项中，代表即付年金现值系数的是（　　）。

A．$[(P/A,i, n+1) + 1]$　　　　B．$[(P/A,i, n+1) + 1]$

C．$[(P/A,i, n-1) - 1]$　　　　D．$[(P/A,i, n-1) + 1]$

9．当银行利率为 10% 时，一项 6 年后付款 800 元的购货，若按单利计息，相当于第一年初一次现金支付的购价为（　　）元。

A．451.6　　　　B．500　　　　C．800　　　　D．480

10．普通年金现值系数的倒数称为（　　）。

A．复利现值系数　　　　　　　　B．普通年金终值系数

C．偿债基金系数　　　　　　　　D．资本回收系数

11．大华公司于 2010 年初向银行存入 5 万元资金，年利率为 8%，每半年复利一次，则第 10 年年末大华公司可得到本利和为（　　）万元。

A．10　　　　B．8.96　　　　C．9　　　　D．10.96

12．在下列各期资金时间价值系数中，与资本回收系数互为倒数关系的是（　　）。

A．$(P/F,i,n)$　　　B．$(P/A,i,n)$　　　C．$(F/P,i,n)$　　　D．$(F/A,i,n)$

13．表示资金时间价值的利息率是（　　）。

A．银行同期贷款利率　　　　　　B．银行同期存款利率

C．没有风险和没有通货膨胀条件下社会资金平均利润率

D．加权资本成本率

14．王某退休时有现金 5 万元，拟选择一项回报比较稳定的投资，希望每个季度能获得收入 1 000 元补贴生活。那么，该项投资的实际报酬率应为（　　）。

A．8.24%　　　　B．4%　　　　C．2%　　　　D．10.04%

15．有一项年金，前 2 年无流入，后 5 年每年年初流入 300 万元，假设年利率为 10%，其现值为（　　）万元。

      A．987.29   B．854.11   C．1 033.92   D．523.21

16．某企业拟建立一项基金，每年年初投入 100 000 元，若利率为 10%，五年后该项资本本利和将为（   ）元。

      A．671 600   B．564 100   C．871 600   D．610 500

17．假如企业按 12% 的年利率取得贷款 200 000 元，要求在 5 年内每年年末等额偿还，每年的偿付额应为（   ）元。

      A．40 000   B．52 000   C．55 482   D．64 000

18．时间价值的大小与下列因素无比例关系的有（   ）。

      A．资金投入生产经营过程的时间长短

      B．资金投入生产经营过程中的周转一次的时间长短

      C．资金投入生产经营过程中的周转次数的多少

      D．通货膨胀的高低

19．下列各项年金中，只有现值没有终值的年金是（   ）。

      A．普通年金   B．即付年金   C．永续年金   D．先付年金

20．甲方案在 3 年中每年年初付款 1 000 元，乙方案在 3 年中每年年末付款 1 000 元，若利率相同，则两者在第三年年末时的终值（   ）。

      A．相同   B．前者大于后者

      C．后者大于前者   D．以上三种情况都可能发生

21．关于递延年金，下列说法中不正确的是（   ）。

      A．递延年金无终值，只有现值

      B．递延年金终值大小与递延期无关

      C．递延年金终值计算方法与普通年金终值计算方法相同

      D．递延年金的第一次支付是发生在若干期以后的

22．在名义利率相同的情况下，对投资者最有利的复利计息期是（   ）。

      A．1 年   B．半年   C．1 季度   D．1 月

23．某人在期初存入一笔资金，以便从第 6 年开始的每年年初取出 500 元，则递延期为（   ）。

      A．4 年   B．5 年   C．6 年   D．7 年

24．通常情况下，资金时间价值相当于没有风险和没有通货膨胀条件下的（   ）。

      A．企业的成本利润率   B．企业的销售利润率

      C．行业的平均利润率   D．社会平均资金利润率

25．若使本金 5 年后增长 1 倍，每半年计息一次，则年利率为（   ）。

      A．14.87%   B．14.34%   C．28.7%   D．7.18%

26．在复利终值和计息期数确定的情况下，贴现率越高，则复利现值（   ）。

      A．越大   B．越小   C．不变   D．不一定

27. 某公司发行面值为 1 000 元，票面利率为 10%，每年年末支付利息的债券，若发行价格为 1 386.07 元，发行时的市场利率为 5%，则该债券的期限为（　　）。

　　　　A. 5 年　　　　　B. 8 年　　　　　C. 10 年　　　　　D. 12 年

28. 某方案年等额净回收额等于该方案净现值与相关的（　　）的乘积。

　　　　A. 偿债基金系数　　　　　　　　B. 复利现值系数

　　　　C. 资本回收系数　　　　　　　　D. 年金现值系数

29. 递延年金与普通年金不同的特点是（　　）。

　　　　A. 没有终值　　　B. 没有现值　　　C. 前期没有收付　　D. 收付时点不统一

30. 普通年金（　　）。

　　　　A. 又称即付年金　　　　　　　　B. 又称预付年金

　　　　C. 是每期期末等额支付的年金　　D. 是每期期初等额支付的年金

31. 为期 2 年的银行借款 12 000 元，在单利率为 14%，复利率为 13%的条件下，其本利和分别为（　　）。

　　　　A. 15 360 元和 15 322.8 元　　　　B. 15 322.8 元和 15 120 元

　　　　C. 15 360 元和 15 595.2 元　　　　D. 15 120 元和 15 595.2 元

32. 不影响递延年金的终值计算的因素有（　　）。

　　　　A. 期限　　　　　B. 利率　　　　　C. 递延期　　　　　D. 年金数额

（二）多项选择题

1. 下列各项中，属于普通年金形式的项目有（　　）。

　　　　A. 零存整取储蓄存款的整取额　　　B. 定期定额支付的养老金

　　　　C. 年资本回收额　　　　　　　　　D. 偿债基金

2. 某人年初存入银行 10 000 元，假设银行按每年 5%的复利计息，每年末取出 1 000 元，能够足额（1 000 元）提款的时间包括第（　　）年年末。

　　　　A. 10　　　　　　B. 12　　　　　　C. 14　　　　　　D. 16

3. 企业取得借款 10 万元，借款的年利率是 10%，每半年复利一次，期限为 5 年，则该项借款的终值是（　　）。

　　　　A. $10 \times (F/P, 10\%, 5)$　　　　　B. $10 \times (F/P, 5\%, 10)$

　　　　C. $10 \times (F/A, 10\%, 5)$　　　　　D. $10 \times (F/P, 10.25\%, 5)$

4. 某项目从现在开始投资，2 年内没有回报，从第三年开始每年年末获利额为 A，获利年限为 5 年，则该项目利润的现值为（　　）。

　　　　A. $A \times (F/A, i, 5) \times (P/F, i, 7)$　　　B. $A \times (P/A, i, 5) \times (P/F, i, 2)$

　　　　C. $A \times (P/A, i, 7) - A \times (P/A, i, 2)$　　D. $A \times (P/A, i, 7) - A \times (P/A, i, 3)$

5. 递延年金的特点不包括（　　）。

　　　　A. 最初若干期没有收付款项　　　　B. 最后若干期没有收付款项

C．其终值计算与普通年金相同　　　D．其现值计算与普通年金相同

6．影响资金时间价值的因素有（　　）。

    A．单利　　　　　　B．复利　　　　　　C．资金额　　　　　　D．利率和期数

7．对于资金时间价值概念的理解，下列表述中正确的有（　　）。

    A．资金时间价值是资金在周转使用中产生的

    B．资金时间价值相当于没有风险和没有通货膨胀条件下的社会平均资金利润率

    C．资金时间价值是由时间创造出来的

    D．一般而言，资金时间价值应该按复利方式计算

8．下列关于各种时间价值系数的表述中，正确的有（　　）。

    A．复利终值系数和复利现值系数互为倒数

    B．普通年金终值系数和普通年金现值系数互为倒数

    C．普通年金终值系数和偿债基金系数互为倒数

    D．普通年金现值系数和资本回收系数互为倒数

9．在利率一定的条件下，随着预期使用年限的增加，下列表述不正确的是（　　）。

    A．复利现值系数变大　　　　　　B．复利终值系数变小

    C．普通年金现值系数变小　　　　D．普通年金终值系数变大

10．在投入本金、利率、计息期一定的条件下，计息的次数越多，其复利息不可能（　　）。

    A．越大　　　　B．越小　　　　C．不变　　　　　　D．可大可小

11．在利息率和现值相同的情况下，若计息期为一期，则复利终值和单利终值不会（　　）。

    A．前者大于后者　　　　　　　　B．不相等

    C．后者大于前者　　　　　　　　D．相等

12．设年金为 A，计息期为 n，利率为 i，则普通年金现值的计算公式为（　　）。

    A．$P = A \times [1 - 1/(1 + i)^n] / i$　　　B．$P = A \times [(1 + i)^n - 1] / i$

    C．$P = A \times [1 - (1 + i)^{-n}] / i$　　　D．$P = A \times [(1 + i)^n - 1] / i(1 + i)^n$

13．下列各项中，（　　）表示资金时间价值。

    A．纯利率

    B．社会平均资金利润率

    C．通货膨胀率极低情况下的国库券利率

    D．不考虑通货膨胀率下的无风险报酬率

14．下列属于年金形式的有（　　）。

    A．直线法计提的折旧额　　　　　B．等额分期付款

    C．优先股股利　　　　　　　　　D．零存整取的整取额

15．下列属于即付年金现值计算公式的有（　　）。

A．$P = A \times [1 - (1 + i)^{-n}] / (1 + i)$ B．$P = A \times \{[1 - (1 + i)^{-(n-1)}] / i + 1\}$

C．$P = A\{[(1 + i)^{n+1} - 1] / i - 1\}$ D．$P = A [(P/A，i，n - 1) + 1]$

（三）判断题

1．通常情况下，资金时间价值是在既没有风险，也没有通货膨胀下的社会平均利润率。（   ）

2．在终值一定的情况下，贴现率越低，计算期越短，则复利现值越大。（   ）

3．永续年金与其他年金一样，既有现值又有终值。（   ）

4．递延年金终值的大小，与递延期无关，所以计算方法和普通年金终值相同。（   ）

5．在利息率和计息期相同的条件下，复利现值系数与复利终值系数互为倒数。（   ）

6．计算偿债基金系数，可根据年金现值系数求倒数。（   ）

7．普通年金现值系数加 1 等于同期、同利率的预付年金现值系数。（   ）

8．在终值和计息期一定的情况下，贴现率越低，则复利现值越小。（   ）

9．当年利率为 12%时，每月利复一次，即 12%为名义利率，1%为实际利率。（   ）

10．永续年金现值是年金数额与贴现率的倒数之积。（   ）

11．复利现值系数与复利终值系数一定互为倒数。（   ）

12．资金时间价值是指随着时间的推移而发生的增值。（   ）

13．普通年金现值系数等于相同期数的复利现值系数之和。（   ）

14．用来代表资金时间价值的利息率中包含着风险因素。（   ）

15．普通年金现值系数的倒数，可以把现值折算成年金，称为"资金回收系数"。（   ）

16．一定时期内每期期初等额收付的系列款项称为普通年金。（   ）

17．当全年复利超过一次时，其名义利率高于实际利率。（   ）

18．在通货膨胀率很低的情况下，公司债券的利率可以视同为资金时间价值。（   ）

19．即付年金与普通年金的区别仅在于计息时间不同。（   ）

20．当每年复利次数超过一次时，给出的年利率叫作实际利率，可以将其换算为名义利率来计算时间价值。（   ）

（四）名词解释

1．资金时间价值   2．永续年金   3．复利   4．普通年金   5．递延年金

（五）简答题

1．什么是年金？年金如何分类？

2．什么是终值与现值？

3．什么是偿债基金系数和资本回收系数？

（六）计算分析题

1. 某企业拟采用融资租赁方式于 2006 年 1 月 1 日从租赁公司租入一台设备，设备款为 50 000 元，租期为 5 年，到期后设备归企业所有。双方商定，如果采取后付等额租金方式付款，则折现率为 16%；如果采取先付等额租金方式付款，则折现率为 14%。企业的资金成本率为 10%。部分资金时间价值系数如表 2-1 所示。

表 2-1　部分资金时间价值系数表

t	10%	14%	16%
(F/A, i, 4)	4.641 0	4.921 1	5.066 5
(P/A, i, 4)	3.169 9	2.913 7	2.798 2
(F/A, i, 5)	6.105 1	6.610 1	6.877 1
(P/A, i, 5)	3.790 8	3.433 1	3.274 3
(F/A, i, 6)	7.715 6	8.535 5	8.977 5
(P/A, i, 6)	4.353 3	3.888 7	3.684 7

要求：（1）计算后付等额租金方式下的每年等额租金额；（2）计算后付等额租金方式下的 5 年租金终值；（3）计算先付等额租金方式下的每年等额租金额；（4）计算先付等额租金方式下的 5 年租金终值；（5）比较上述两种租金支付方式下的终值大小，说明哪种租金支付方式对企业更为有利。（以上计算结果均保留整数）

2. 某企业欲购置一台设备，现有三种付款方式，第一种是第 1 年初一次性付款 240 000 元；第二种是每年年初付 50 000 元，连续付 5 年；第三种是第 1 年、第 2 年年初各付 40 000 元，第 3 年至第 5 年年初各付 60 000 元。假设利率为 8%，问企业应采用哪种方式付款有利？

（七）论述题

1. 试述先付年金与普通年金的关系。
2. 试述实际利率与名义利率的关系。

（八）案例分析

【思考与讨论】

苹果公司的租赁协议

2004 年 10 月，苹果公司由于生产经营需要，与某租赁商洽谈生产设备的长期租赁事宜，租赁期 8 年。租赁协议拟定的主要条款如下。

（1）租赁标的物：塑钢机。

（2）起租日：2005 年 1 月 1 日。

（3）租赁期：2005 年 1 月 1 日至 2012 年 12 月 31 日，共 8 年。

（4）租金支付：自起租日每年支付租金 150 000 元。

（5）机器在租赁开始日的公允价值为 800 000 元。

（7）租赁合同规定的利率为 10%。

（8）该机器的估计使用寿命为 8 年，期满无残值。

苹果公司和租赁商对于合同的主要条款无异议，但对于租金的支付方式存在争议。苹果公司要求租金于每年的年末支付，而租赁商则要求租金于年初支付。最后商定，如果租金年初支付，则每年的租金支付额下降为 135 000 元；如果年末支付，则仍然保持租金 150 000 元不变。

2004 年 11 月，苹果公司财务部又提出了一个新的租金支付方案，即租金在年中即每年的 6 月底支付，每年租金额为 140 000 元。

【思考与讨论】

（1）为什么苹果公司与租赁公司会如此关注租金的支付时间？

（2）如果你是苹果公司的财务经理，年初支付和年末支付的方案你会选择哪一个？

（3）如果你是租赁公司的财务经理，苹果公司最后提出的方案你会接受吗？

（4）如果你是租赁公司的财务经理，在已经确定是年末付款的条件下，为了保证 11% 的年收益率，所要求的租金最少应该是多少？

四、答案及解析

（一）单项选择题

1. A，【解析】应存入银行的金额为 $500 / (1 + 3 \times 10\%) = 384.6$（元）。

2. B，【解析】每期期初等额收付的系列款项称为预付年金。

3. A，【解析】本金 $= A / i = 50\ 000/8\% = 625\ 000$。

4. B，【解析】$(1 + 6\% / 2)^2 - 1 = 6.09\%$。

5. A，【解析】$P = A \times (P/A, 12\%, 10)$，$50\ 000 = A \times 5.650\ 2$，$A = 884\ 9$。

6. D，【解析】即付年金终值系数为普通年金终值系数的期数加1、系数减1。

7. C，【解析】$P = A \times (P/A, i, n)$，$50\ 000 = A \times 3.791$，$A = 13\ 189$。

8. D，【解析】即付年金现值系数为普通年金现值系数的期数减1、系数加1。

9. B，【解析】$P = F / (1 + n \cdot i)$，$P = 600/(1 + 6 \times 10\%) = 500$。

10. D，【解析】资本回收系数 $= i / [1 - (1 + i)^{-n}]$。

11. D，【解析】$F = P \times (1 + i)^n$，$F = 5 \times (1 + 8\%/2)^{10 \times 2} = 10.96$。

12. B，【解析】资本回收系数 $= i / [1 - (1 + i)^{-n}]$，$(P/A, i, n) = [1 - (1 + i)^{-n}] / i$。

13．C，【解析】资金时间价值不考虑风险和通货膨胀。

14．C，【解析】$P = A/i$，$i = 1\ 000/50\ 000 = 2\%$。

15．C，【解析】$300 \times (P/A,10\%,5) = 300 \times 3.790\ 8 = 1\ 137.3$，$1\ 137.3 \times (P/F,10\%,1) = 1\ 137.3 \times 0.909\ 091 = 1\ 033.92$。

16．A，【解析】年金终值为 $F = A \times [(F/A,i,\ n + 1) - 1] = 100\ 000 \times (7.716 - 1) = 671\ 600$。

17．C，【解析】$P = A \times (P/A,12\%,5)$，$A = 200\ 000 / 3.604\ 8 = 55\ 482$。

18．D，【解析】时间价值是没有风险和没有通货膨胀条件下社会资金平均利润率，与通货膨胀的高低无关。

19．C，【解析】永续年金没有终值。

20．B，【解析】预付年金发生的时间早，折算为相同时间的终值也比较大。

21．A，【解析】递延年金既有终值也有现值。

22．D，【解析】在名义利率相同的情况下，复利次数越多，实际利率越高。

23．A，【解析】第 6 年年初为第 5 年年末，则前 4 年没有数据，所以递延期为 4 年。

24．D，【解析】资金时间价值相当于没有风险和没有通货膨胀条件下的社会平均资金利润率。

25．B，【解析】$F = P \times (1 + i)^n$，$(1 + i)^{5 \times 2} = 2$，$(F/P,7\%,10) = 1.967\ 2$，$(F/P,8\%,10) = 2.158\ 9$，内插法得到 $i = 7.17\%$，$7.17\% \times 2 = 14.34\%$。

26．B，【解析】在复利终值和计息期数确定的情况下，贴现率越高，则复利现值越小。

27．C，【解析】债券发行价格 $= 100 \times (P/A,5\%,n) + 10\ 000 \times (P/F,5\%,n)$，$n = 10$。

28．C，【解析】某方案年等额净回收额等于该方案净现值与相关的资本回收系数的乘积。

29．C，【解析】与普通年金不同的特点是前期没有收付。

30．C，【解析】普通年金又称后付年金，是每期期末等额支付的年金。

31．A，【解析】$12\ 000 \times (1 + 2 \times 14\%) = 15\ 360$，$12\ 000 \times (1 + 13\%)^2 = 15\ 322.8$。

32．C，【解析】递延期与递延年金的终值计算无关。

（二）多项选择题

1．BCD，【解析】零存整取储蓄存款的整取额属于一次性收付款项。

2．ABC，【解析】最后一次能足额取出 1 000 元的年份是 14 年。

3．BD，【解析】使用半年的利率和半年的期限计算，选 B；使用年实际利率计算，$(1 + 10\%/2)^2 - 1 = 10.25\%$，选 D。

4．ABC，【解析】递延年金现值 $= A \times (P/A,i,n) \times (P/F,i,m)$ 或 $A \times (P/A,i,n + m) - A \times (P/A,i,m)$ 或 $A \times (F/A,i,n) \times (P/F,i,n + m)$。

5．BD，【解析】递延年金有终值，计算公式与普通年金相同。

6．CD，【解析】因素有终值、现值、利率和期数。

7．ABD，【解析】资金时间价值只能用劳动创造，通常按复利计算。

8．ACD，【解析】复利终值系数和复利现值系数互为倒数；普通年金终值系数和偿债基金系数互为倒数；普通年金现值系数和资本回收系数互为倒数。

9．ABC，【解析】在利率一定的条件下，随着预期使用年限的增加，普通年金终值系数变大。

10．BCD，【解析】在投入本金、利率、计息期一定的条件下，计息次数越多，其复利息越大。

11．ABC，【解析】在利息率和现值相同时，若计息期为一期，则复利终值和单利终值相等。

12．ACD，【解析】答案 C、D 分别为答案 A 的变型，答案 B 是年金终值的公式。

13．ACD，【解析】资金时间价值相当于没有风险和通货膨胀情况下的利率；社会平均资金利润率包含风险和通货膨胀因素；国库券基本没有风险。

14．ABC，【解析】零存整取储蓄存款的整取额属于一次性收付款项。

15．ABD，【解析】即付年金现值系数是在普通年金现值系数的基础上期数减 1、系数加 1 计算出来的。

（三）判断题

1．×，【解析】资金时间价值是在既没有风险也没有通货膨胀条件下的社会平均资金利润率。

2．√，【解析】终值一定的情况下，贴现率越高，计算期越长，则复利现值越小。

3．×，【解析】永续年金有现值，没有有终值。

4．√，【解析】递延年金终值的大小，与递延期无关，与利率、年金数额、期数相关。

5．√，【解析】复利现值系数 $= (1 + i)^{-n}$，复利终值系数 $= (1 + i)^n$。

6．×，【解析】偿债基金系数是年金终值系数的倒数。

7．×，【解析】预付年金现值系数为普通年金现值系数的期数减1、系数加1。

8．×，【解析】在终值和计息期一定的情况下，贴现率越低，则复利现值越大。

9．×，【解析】实际利率 $= (1 + 12\%/12)^{12} - 1 = 12.68\%$。

10．√，【解析】永续年金现值 $= A / i$。

11．×，【解析】在利率和计息期相同的条件下，复利现值系数与复利终值系数互为倒数。

12．×，【解析】资金时间价值是指在周转使用中随着时间的推移而发生的增值。

13．√，【解析】普通年金现值系数就是将相同期数的复利现值系数加总。

14．×，【解析】资金时间价值是在没有风险也没有通货膨胀条件下的社会平均资金利润率。

15．√，【解析】普通年金现值系数与资金回收系数互为倒数。

16．×，【解析】一定时期内每期期初等额收付的系列款项称为先付年金。

17．×，【解析】当全年复利超过一次时，其实际利率高于名义利率。

18．×，公司债券的利率不可以视同为资金时间价值。

19．×，【解析】即付年金与普通年金的区别仅在于付款时间不同。

20．×，【解析】当每年复利次数超过一次时，给出的年利率叫作名义利率。

（四）名词解释（略）

（五）简答题（略）

（六）计算分析题

1．解：（1）后付等额租金方式下每年等额租金额 = 50 000 / (P/A,16%,5) = 15 270（元）。

（2）后付等额租金方式下的 5 年租金终值 = 15 270 × (F/A,10%,5) = 93 225（元）。

（3）先付等额租金方式下的每年等额租金额 = 50 000 / [(P/A,14%,4) + 1] = 12 776（元）。

（4）先付等额租金方式下的 5 年租金终值 = 12 776 × [(F/A,10%,6)−1] = 85 799（元）。

（5）因为先付等额租金方式下的 5 年租金终值小于后付等额租金方式下的 5 年租金终值，所以应当选择先付等额租金支付方式。

2．解：第一种付款方式资金现值为 240 000 元。

第二种付款方式资金现值为 215 605 元。

第三种付款方式资金现值为 220 204 元。

公司应该采用第二种方式付款。

（七）论述题【答题要点】

1．先付年金与普通年金的关系

即付年金与普通年金的区别仅在于付款时间的不同。

普通年金、即付年金是年金的两种基本形式。

普通年金与即付年金的区别：普通年金是指从第一期起，在一定时间内每期期末等额收付的系列款项。即付年金是指从第一期起，在一定时间内每期期初等额收付的系列款项。

普通年金与即付年金的共同点：都是从第一期就开始发生。

2．试述实际利率与名义利率的关系

在实际生活中通常可以遇见计息期限不是按年计息的，比如半年付息（计息）一次，因此就会出现名义利率和实际利率之间的不同。若每年计息一次：实际利率=名义利率；若每年计息多次：实际利率 > 名义利率；实际利率与名义利率的换算公式：$1 + i = (1 + r/m)^m$

（八）案例分析【答题要点】

（1）租赁商要求每年年初支付租金，将收取租金的时间提前，可增加资金收益；而苹果公司则希望每年年末支付租金，将支付租金的时间推后，可减少资金时间成本。可以联系普通年金和预付年金进行讨论。

（2）对于年初支付和年末支付两个方案，苹果公司的财务经理应该选择租金现值较小的方案。

对于年末支付的方案，租金可以看成是普通年金，租金现值 = 150 000 × (P/A，10%，8) = 800 238.93（元）。

对于年初支付的方案，最近可以看成是预付年金，租金现值 = 135 000 × (P/A，10%，8) × (1 + 10%) = 792 236.54（元）。

因此，年初支付的方案相对于苹果公司更为有利。

（3）对租赁商来说，应选择租金现值最大的方案，对于苹果公司最后提出的租金支付方案，其租金现值 = 140 000 × (P/A，10%，8) × (1 + 10%) / (1 + 5%) = 782 455.84（元），所以作为租赁商的财务经理不能接受该方案，对租赁商最为有利的方案是年末支付 150 000 元的方案。

（4）为了保证 11%的年收益率，假定租金最少为 X，则应该保证 X × (P/A，11%，8)大于或者等于 800 000。

经计算，所要求的租金 X 最少为 151 318.44 元。

第三章　风险与收益

一、本章内容框架

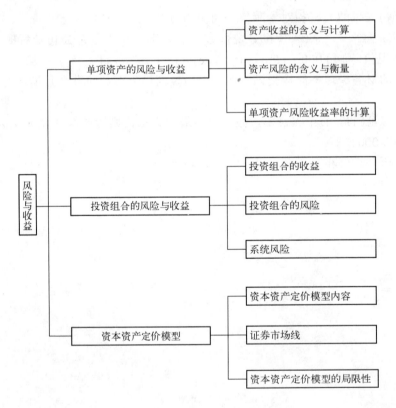

二、本章重点内容概述

（一）单项资产的收益

资产的收益是资产的价值在一定时期的增值，包括两部分：一是一定时期内资产的现金净收入；二是期末资产的价值相对于期初价值的升值。通常前者称为股息、红利或利息等，后者称为资本利得。资产收益率的种类包括：①必要收益率；②期望收益率；③实际收益率；④名义收益率。

（二）资产的风险

1. 风险的含义与种类

风险是企业在各项财务活动过程中，由于各种难以预料或无法控制的因素作用，使企业的实际收益与预计收益发生背离，从而蒙受经济损失的可能性。

从个别理财主体的角度看，风险分为市场风险和企业特有风险两类。从企业本身来看，按风险形成的原因可将企业特有风险进一步分为经营风险和财务风险两大类。

2. 风险衡量

资产的风险是资产收益率的不确定性，其大小可用资产收益率的离散程度来衡量。离散程度是指资产收益率的各种可能结果与预期收益率的偏差。

（1）收益率的标准差。用 σ 表示，其计算公式为

$$\sigma = \sqrt{\sum_{i=1}^{n} [R_i - E(R)]^2 \times P_i}$$

在 n 个方案的情况下，若期望值相同，则标准差越大，表明各种可能值偏离期望值的幅度越大，结果的不确定性越大，风险也越大；反之，标准差越小，表明各种可能值偏离期望值的幅度越小，结果的不确定越小，则风险也越小。

（2）标准离差率。标准离差率，是指标准差与期望值的比值，也称离散系数，用 V 表示。

$$V = \sigma / E(R)$$

标准离差率以相对数衡量资产的全部风险大小，它表示每单位预期收益所包括的风险，即每一元预期收益所承担的风险大小。标准离差率可适用于期望值不同的决策方案比较。一般情况下，标准差离差率越大，表明可能值与预期收益率偏离程度越大，结果的不确定性越大，风险也越大；反之，标准差离差率越小，表明可能值与预期收益率偏离程度越小，结果的不确定性越小，风险也越小。

（三）单项资产风险收益率的计算

单项资产的风险收益率可以表示为

$$风险收益率 = b \times V$$

式中：b——风险价值系数；

V——标准离差率。

所以，投资的必要收益率就可以表示为

$$必要收益率 = 无风险收益率 + 风险收益率$$

（四）投资组合的收益

投资组合是指，同时以两个或两个以上资产作为投资对象而发生的投资。如果投资的对象为证券，即为证券组合。

投资组合的期望收益率，是组成投资组合的各种投资项目的期望收益率的加权平均数，其权数是各种投资项目在整个投资组合总额中所占的价值比例。其计算公式为

$$E(R_p) = \sum W_i \times E(R_i)$$

（五）投资组合的风险

1. 两项资产组合的风险

投资组合的风险不仅受组合内各单项资产收益的方差影响，还受组合内两两资产之间的相关关系影响。两项资产组合标准差的计算公式为

$$\sigma_p = \sqrt{W_1^2 \sigma_1^2 + W_2^2 \sigma_2^2 + 2W_1 W_2 \sigma_{12}}$$

式中：σ_p——资产组合的标准差，它衡量的是组合的风险；

σ_1、σ_2——组合中两项资产的标准差；

W_1、W_2——两项资产所占的价值比例；

σ_{12}——两项资产的协方差。

2. 多项资产组合的风险衡量

对于 n 项投资组合总体期望收益的方差可表述为：

$$\sigma_p^2 = \sum_{i=1}^{n} W_i^2 \sigma_i^2 + \sum_{i=1}^{n}\sum_{j=1}^{n} W_i W_j \sigma_{ij} \qquad (i \neq j)$$

（六）系统风险的衡量

系统风险影响了所有资产，且不能通过资产组合而消除，但系统风险对各项资产的影响并不是完全相同的。有些资产受系统风险的影响大一些，而有些资产受的影响则较小。衡

量系统风险的指标是 β 系数。

1. 单项资产的 β 系数

单项资产的 β 系数是反映单项资产收益率与市场平均收益率之间变动关系的一个量化指标，它表示单项资产收益率的变动受市场平均收益率变动的影响程度。换句话说，就是相对于市场组合的平均风险而言，单项资产所含的系统风险的大小。

市场组合是由市场上所有资产组成的组合。它的收益率就是市场平均收益率。市场组合的非系统风险已被消除，市场组合的风险就是市场风险或系统风险。市场组合的 β 为 1。

2. 资产组合的 β 系数

资产组合所含的系统风险的大小也可以用 β 系数来衡量。资产组合的 β 系数是所有单项资产 β 系数的加权平均数，权数为各种资产在资产组合中所占的价值比例。公式为

$$\beta_p = \sum W_i \times \beta_i$$

（七）资本资产定价模型（CAPM）

1. 资本资产定价模型的内容

该模型是 1990 年度诺贝尔经济学奖获得者威廉·夏普于 20 世纪 60 年代提出的。该模型主要研究证券市场上价格如何决定的问题，其重点在于探索风险资产报酬与其风险的数量关系。具体公式如下

$$R_i = R_F + \beta_i \left(R_M - R_F \right)$$

式中：R_i——第 i 只股票或第 i 种投资组合的必要报酬率；

β_i——第 i 只股票或第 i 种投资组合的 β 系数值；

R_F——无风险报酬率；

R_M——市场组合的平均报酬率，通常用股票价格指数收益率的平均值或所有股票的平均收益率来代替。

2. 资本资产定价模型的有效性和局限性

资本资产定价模型和证券市场线最大的贡献在于它提供了对风险与收益之间的一种实质性的表述，CAPM 和 SML 首次将"高收益伴高风险"这样一种直观认识，用这样简单的关系式表达出来。到目前为止，CAPM 和 SML 是对现实中风险与收益关系的最为贴切的表述，因此长期以来，被财务人员、金融从业者及经济学家作为处理风险问题的主要工具。然而，将复杂的现实简化了，必定会遗漏许多有关因素，也必定会限制在许多假设条件下，因此，这一模型也受到了一些质疑。直到现在，关于 CAPM 有效性的争论还在继续。

三、本章习题

（一）单项选择题

1. 已知某证券的 β 系数为 2，则该证券（   ）。

A. 无风险

B. 有非常低的风险

C. 与金融市场所有证券的平均风险一致

D. 是金融市场所有证券平均风险的两倍

2. 投资者由于冒风险进行投资而获得的超过无风险收益率的额外收益，称为投资的（　　）。

A. 实际收益率　　B. 期望报酬率　　C. 风险报酬率　　D. 必要报酬率

3. 企业某新产品开发成功的概率为 80%，成功后的投资报酬率为 40%，开发失败的概率为 20%，失败后的投资报酬率为 −100%，则该产品开发方案的预期投资报酬率为（　　）。

A. 18%　　　　B. 20%　　　　C. 12%　　　　D. 40%

4. 投资者甘冒风险进行投资的诱因是（　　）。

A. 可获得投资收益　　　　　　　B. 可获得时间价值回报

C. 可获得风险报酬　　　　　　　D. 可一定程度抵御风险

5. 某企业拟进行一项存在一定风险的完整工业项目投资，有甲、乙两个方案可供选择：已知甲方案净现值的期望值为 1 000 万元，标准离差为 300 万元；乙方案净现值的期望值为 1 200 万元，标准离差为 330 万元。下列结论中正确的是（　　）。

A. 甲方案优于乙方案　　　　　　B. 甲方案的风险大于乙方案

C. 甲方案的风险小于乙方案　　　D. 无法评价甲乙方案的风险大小

6. 已知甲方案投资收益率的期望值为 15%，乙方案投资收益率的期望值为 12%，两个方案都存在投资风险。比较甲乙两方案风险大小应采用的指标是（　　）。

A. 方差　　　　B. 净现值　　　C. 标准离差　　D. 标准离差率

7. 通常，预期收益率（　　）实际收益率。

A. 大于　　　　B. 小于　　　　C. 等于　　　　D. 以上三者都对

8. x 方案的标准离差是 1.5，y 方案的标准离差是 1.4，如果 x、y 两方案的期望值相同，则两方案的风险关系为（　　）。

A. $x > y$　　　B. $x < y$　　　C. 无法确定　　D. $x = y$

9. 合约注明的收益率为（　　）。

A. 实际收益率　　B. 名义收益率　　C. 期望收益率　　D. 必要收益率

10.（　　）以相对数衡量资产的全部风险的大小。

A. 标准离差率　　B. 方差　　　C. 标准差　　　D. 协方差

11. 下列不属于风险控制对策的是（　　）。

A. 减少风险　　B. 转移风险　　C. 接受风险　　D. 扩大风险

12. 若某股票的一年前的价格为 10 元，一年中的税后股息为 0.25 元，现在的市价为 12 元。在不考虑交易费用的情况下，一年内该股票的收益率为（　　）。

A．20% B．22.5% C．25% D．无法确定

13．若某一股票一年前的价格为 4 元，当年获得股息为 0.1 元，现在的市价为 5 元，则该股票的股利收益率为（ ）。

A．2.5% B．25% C．10% D．20%

14．非系统风险与（ ）因素有关。

A．政治 B．经济 C．税制改革 D．销售决策

15．风险价值系数取决于（ ）。

A．投资者对风险的偏好 B．资产的全部风险

C．资产的收益状况 D．资产的系统风险

16．市场组合的风险是（ ）。

A．财务风险 B．经营风险 C．非系统风险 D．系统风险

17．若 A 股票的 β 系数为 2，B 股票的 β 系数为 1，则两股票所承担系统风险的大小为（ ）。

A．A 大于 B B．B 大于 A

C．无法确定 D．两者承担的财务风险相等

18．A 股票的 β 系数为 0.5，B 股票的 β 系数为 1，若某企业持有 A、B 两种股票构成的证券组合，在组合中的价值比例分别为 70%、30%。该公司证券组合的 β 系数是（ ）。

A．0.65 B．0.75 C．1 D．无法确定

19．若两资产收益率的协方差为负，则其收益率变动方向（ ）。

A．相同 B．相反 C．无关 D．无法确定

20．标准离差率是收益率的（ ）与期望值之比。

A．方差 B．协方差 C．相关系数 D．标准差

21．在下列各情况，给企业带来财务风险的有（ ）。

A．企业举债过度 B．原材料价格变动

C．企业产品更新换代周期过长 D．企业产品的生产质量不稳定

22．拒绝与不守信用的厂商业务往来，这是（ ）对策。

A．规避风险 B．减少风险 C．转移风险 D．风险自担

23．证券市场线的截距是（ ）。

A．风险收益率 B．无风险收益率

C．市场风险溢酬 D．预期收益率

24．投资于国库券时可不必考虑的风险是（ ）。

A．违约风险 B．利率风险 C．购买力风险 D．再投资风险

25．两种证券完全正相关时，由此所形成的证券组合（ ）。

A．能适当地分散风险

B．不能分散风险

C．证券组成风险小于单项证券的风险

D．可分散全部风险

26．当某股票的预期收益率等于无风险收益率时，则其 β 系数应（　　）。

 A．大于 1　　　　B．小于 1　　　　C．等于 1　　　　D．等于 0

27．非系统风险是发生于（　　）造成的风险。

 A．宏观经济状况的变化　　　　　　B．个别公司的特有事件

 C．不能通过投资组合得以分散　　　D．通常以 β 系数来衡量

28．下列关于风险的论述中正确的是（　　）。

 A．风险越大要求的报酬率越高

 B．风险是无法选择和控制的

 C．随着时间的延续，风险将不断增大

 D．风险越大实际的报酬率越高

29．下列关于资本资产定价模式的表述中，错误的是（　　）。

 A．R_F 表示无风险收益率

 B．$(R_M - R_F)$ 表示市场风险报酬率

 C．该模式表明了风险和报酬率的关系

 D．β 表示个别股票的全部风险

30．（　　）是反映两种资产收益率之间相关性的指标。

 A．相关系数　　B．标准差　　　　C．方差　　　　　D．标准离差率

31．市场组合的 β 系数设定为（　　）。

 A．1　　　　　　B．0　　　　　　C．−1　　　　　　D．任意数

32．下列关于股票或股票组合的 β 系数的表述，错误的是（　　）。

 A．股票的 β 系数衡量个别股票的系统风险

 B．股票组合的 β 系数反映组合的系统风险

 C．股票的 β 系数衡量个别股票的可分散风险

 D．股票的 β 系数反映个别股票相对于平均风险股票的变异程度

33．（　　）主动追求风险，喜欢收益的动荡胜于喜欢收益的稳定。

 A．风险回避者　　B．风险追求者　　C．风险中立者　　D．不确定

34．若一组合有 A、B 两种股票，A 的预期收益率为 15%，B 的预期收益率为 20%，两者等比投资，则该组合的预期收益率为（　　）。

 A．15%　　　　　B．50%　　　　　C．17.5%　　　　D．无法确定

35．投资者对某资产合理要求的最低收益率为（　　）。

 A．必要收益率　　　　　　　　　B．无风险收益率

 C．风险收益率　　　　　　　　　D．实际收益率

36．A 证券的预期报酬率为 10%，标准差是 12%，其标准离差率是（　　）。

A．0.1　　　　　B．0.12　　　　　C．1.2　　　　　D．无法确定

37．理论上，相关系数介于（　　）之间。

A．0 和 1　　　　B．−1 和 0　　　　C．−1 和 1　　　　D．任意数

38．若无风险利率为 6%，市场上所有股票的平均报酬率为 10%，则市场风险报酬为（　　）。

A．8%　　　　　B．10%　　　　　C．4%　　　　　D．16%

39．等量资本投资，当两种股票完全正相关时，把这两种股票合理地组织在一起，下列表述正确的是（　　）。

A．能适当分散风险　　　　　　　B．不能分散风险

C．能分散全部风险　　　　　　　D．只能分散非系统风险

40．一项资产的必要收益率等于无风险收益率和（　　）之和。

A．风险收益率　　　　　　　　　B．期望收益率

C．国债利率　　　　　　　　　　D．资金时间价值

41．只要组合内两两资产的相关系数小于 1，则组合的标准差就（　　）组合中各资产标准差的加权平均数。

A．等于　　　　　B．大于　　　　　C．小于　　　　　D．无法确定

42．下列无法衡量风险的大小的选项是（　　）。

A．方差　　　　　B．标准差　　　　　C．标准离差率　　　　　D．期望值

（二）多项选择题

1．关于投资者要求的投资报酬率，下列说法中正确的有（　　）。

A．风险程度越高，要求的报酬率越低

B．无风险报酬率越高，要求的报酬率越高

C．无风险报酬率越低，要求的报酬率越高

D．风险程度、无风险报酬率越高，要求的报酬率越高

2．按照投资的风险分散理论，以等量资金投资于 A、B 项目（　　）。

A．若 A、B 项目完全负相关，组合后的风险完全抵消

B．若 A、B 项目完全负相关，组合风险不扩大也不减少

C．A、B 项目完全正相关，组合后的风险完全抵消

D．若 A、B 项目完全正相关，组合风险不扩大也不减少

3．下列关于 β 系数的表述中正确的有（　　）。

A．β 系数越大，说明风险越大

B．某股票的 β 系数等于 1，则它的风险与整个市场的平均风险相同

C．某股票的 β 系数等于 2，则它的风险程度是股票市场的平均风险的 2 倍

D．某股票的 β 系数是 0.5，则它的风险程度是股票市场的平均风险的一半

4. 证券投资的收益包括（　　　）。

    A. 资本利得　　　　B. 股利　　　　　C. 出售售价　　　　D. 债券利息

5. 按照资本资产定价模式，影响特定股票预期收益率的因素有（　　　）。

    A. 无风险的收益率　　　　　　　　B. 市场组合的必要收益率

    C. 特定股票的β系数　　　　　　　D. 经营杠杆系数和财务杠杆系数

6. 从企业本身来看，按风险形成的原因可将企业特有风险进一步分为（　　　）。

    A. 经营风险　　　B. 财务风险　　　C. 系统风险　　　D. 非系统风险

7. 下列因素属于市场风险的是（　　　）。

    A. 战争　　　　B. 自然灾害　　　C. 经济衰退　　　D. 通货膨胀

8. 下列因素属于企业特有风险的是（　　　）。

    A. 罢工　　　　B. 诉讼失败　　　C. 失去销售市场　　　D. 战争

9. 衡量风险的指标有（　　　）。

    A. 方差　　　　B. 标准差　　　C. 收益率　　　D. 标准离差率

10. 下列关于协方差的说法错误的是（　　　）。

    A. 协方差为正值，表示两种资产的报酬率呈相反方向变动

    B. 协方差为负值，表示两种资产的报酬率呈相反方向变化

    C. 协方差的绝对值越大，则这两种资产报酬率的关系越疏远

    D. 绝对值越小，则这两种资产报酬率的关系越紧密

11. 下列关于相关系数说法正确的是（　　　）。

    A. 相关系数在 -1 和 1 之间

    B. 相关系数为 -1 时代表这两项资产完全负相关

    C. 相关系数为 +1 时代表完全正相关

    D. 相关系数为 0 时则表示不相关

12. 下列是资本资产定价模型的假设条件的为（　　　）。

    A. 所有投资者均追求单期财富的期望效用最大化，并以各备选组合的期望报酬和标准差为基础进行组合选择

    B. 所有的资产均可被完全细分，拥有充分的流动性且没有交易成本

    C. 只考虑公司所得税

    D. 所有资产的数量是给定的和固定不变的

13. 若甲期望值高于乙期望值，且甲标准离差小于乙标准离差，下列表述不正确的有（　　　）。

    A. 甲的风险小，应选择甲方案

    B. 乙的风险小，应选择乙方案

    C. 甲的风险与乙的风险相同

    D. 难以确定，因期望值不同，需进一步计算标准离差率

14. 关于股票或股票组合的 β 系数，下列说法中正确的是（　　）。

A. 股票的 β 系数反映个别股票相对于平均风险股票的变异程度

B. 股票组合的 β 系数反映股票投资组合相对于平均风险股票的变异程度

C. 股票组合的 β 系数是构成组合的个股的 β 系数的加权平均数

D. 股票的 β 系数衡量个别股票的系统风险

15. 若两项资产的相关系数为 1，下列论述正确的是（　　）。

A. 两项资产的收益率变化方向和变化幅度完全相同

B. 组合的风险等于组合中各项资产风险的加权平均值

C. 这样的组合不能降低任何风险

D. 这样的组合可以抵消一些公司特有风险

16. 下列关于系统风险的阐述正确的是（　　）。

A. 系统风险影响了所有资产

B. 不能通过资产组合而消除

C. 系统风险对各项资产的影响并不是完全相同的

D. 衡量系统风险的指标是 β 系数

17. 下列关于市场组合的阐述正确的是（　　）。

A. 市场组合是指由市场上所有资产组成的组合

B. 市场组合的收益率就是市场平均收益率

C. 市场组合的 β 为 0

D. 市场组合的风险就是市场风险或系统风险

18. 资本资产定价模型说明了（　　）与（　　）之间的线性关系。

A. 风险　　　　B. 收益　　　　C. 资金时间价值　　D. 资本成本

19. 下列关于证券市场线阐述正确的有（　　）。

A. 资本资产定价模型用图形加以表示，即为证券市场线

B. 它说明证券期望收益率与系统风险 β 系数之间的关系

C. 证券市场线体现了资本市场达到均衡时，不同风险的证券的必要收益率

D. 证券市场线是不会改变的

20. 下列关于资本资产定价模型阐述正确的有（　　）。

A. 资本资产定价模型存在着一些明显的局限

B. 资本资产定价模型只能大体描述出证券市场运动的基本状况

C. 资本资产定价模型给出的结果是精确的

D. 资本资产定价模型的最大贡献在于对风险与收益之间的关系进行了实质性的表述

（三）判断题

1. 因企业筹集负债资金方面的原因给企业盈利带来的不确定性为经营风险。（　　）

2．根据资本资产定价模型，市场只对某项资产所承担的非系统风险进行补偿。（　　　）

3．投资于某项资产的必要收益率等于无风险收益率与风险收益率之和。（　　　）

4．如果把通货膨胀因素抽掉，投资报酬率就是时间价值率和风险报酬率之和。（　　　）

5．对于多个投资方案而言，无论各方案的期望值是否相同，标准离差率最大的方案一定是风险最大的方案。（　　　）

6．风险收益率可以表述为风险价值系数与标准离差率的乘积。（　　　）

7．某项资产 β 系数等于 1，说明该资产收益率与市场平均收益率呈同方向、同比变化。（　　　）

8．风险与收益是对等的，风险越大收益的机会越多，实际的收益率也就越高。（　　　）

9．风险报酬率是指投资者因冒风险进行投资而获得的额外报酬率。（　　　）

10．财务风险是由通货膨胀而引起的风险。（　　　）

11．没有经营风险的企业也就没有财务风险；没有财务风险的企业也就没有经营风险。（　　　）

12．资产的收益是指资产的价值在一定时期的增值。（　　　）

13．证券市场线的截距是无风险收益率，斜率是市场风险溢酬。（　　　）

14．短期国债的利率可近似地代替无风险收益率。（　　　）

15．当预期收益率相同时,风险回避者都会偏好于具有低风险的资产。（　　　）

16．风险只会带来损失。（　　　）

17．转移风险是指当资产风险所造成的损失不能由该资产可能获得的收益予以抵消时，应当放弃该资产。（　　　）

18．资产组合的预期收益率就是组成资产组合的各种资产的预期收益率的加权平均数，其权数等于各种资产在组合中所占的数量比例。（　　　）

19．市场组合是市场上所有资产的组合，市场组合的风险就是市场风险或系统风险。（　　　）

20．非系统风险是通过资产组合可以分散的风险。（　　　）

（四）名词解释

1．风险收益率　　2．投资组合　　3．市场风险　　4． β 系数　　5．资本资产定价模型

（五）简答题

1．简述可分散风险的含义及其形成原因。

2．简述不可分散风险的含义及其形成原因。

3．简述经营风险与财务风险的含义及形成原因。

（六）计算分析题

1．某企业有甲、乙两个项目，计划投资额均为 1 000 万元，其收益率的概率分布如

表 3-1 所示。

表 3-1　甲、乙项目收益率的概率分布

市 场 状 况	概　　率	甲 项 目	乙 项 目
好	0.3	20%	30%
一般	0.5	10%	10%
差	0.2	5%	−5%

要求：

（1）分别计算甲、乙两个项目收益率的期望值。

（2）分别计算甲、乙两个项目收益率的标准差、标准离差率。

2．若一投资组合包含 A、B 两种股票，股票 A 的期望收益率为 14%，标准差为 10%；股票 B 的期望收益率为 18%，标准差为 16%，两股股票的相关系数为 0.4，投资股票 A 的权重为 40%，B 的权重为 60%，则该投资组合的期望收益率与标准差分别为多少？

3．A、B、C 三种股票具有相同的期望收益率，它们的收益标准差分别为 0.4、0.2 和 0.4，其收益相关系数如表 3-2 所示。

表 3-2　收益相关系数表

股票	A	B	C
A	1.0		
B	0.9	1.0	
C	0.1	−0.4	1.0

请问，以下几种投资组合哪一种组合的风险最低？风险最低组合的标准差为多少？

（1）平均投资与 A、B；

（2）平均投资与 A、C；

（3）平均投资与 B、C；

（4）全部投资与 C。

4．假设短期国库券的利率为 6%，市场组合收益率为 10%。如果一项资产组合由 25% 的 A 公司股票和 75% 的 B 公司股票组成。A 公司股票的 β 值为 1.1，B 公司股票的 β 值为 1.25，那么该资产组合的风险溢价为多少？

5．若市场资产组合的期望收益率为 11%，无风险利率为 5%。三种股票的预期收益率和 β 值如表 3-3 所示。

表 3-3　三种股票的期望收益率与 β 值

股　　票	期望收益率/%	β 值
A	13.0	1.3
B	14.6	1.6
C	8.0	0.6

要求：若上表预期无误，请根据资本资产定价模型，分析哪种股票被高估？哪种股票被低估？

（七）论述题

谈谈你对资本资产定价模型的认识。

（八）案例分析

北方公司风险收益的计量

【案情介绍】

北方公司现陷入经营困境，原有柠檬饮料因市场竞争激烈，消费者喜好产生变化等开始滞销。为了改变产品结构，开据新的市场领域，拟开发两种新产品。

A：开发洁净纯净水

面对全国范围内的节水运动及限制供应，尤其是北方十年九旱的特殊环境，开发部认为洁净纯净水将进入百姓的日常生活，市场前景看好，有关预测如表3-4所示。

表3-4 洁净纯净水预计年利润及概率

市　场　销　路	概率/%	预计年利润/万元
好	60	150
一般	20	60
差	20	−10

B：开发消渴啤酒

北方人有豪爽、好客、畅饮的性格，亲朋好友聚会的机会日益增多，北方气温大幅度升高，并且气候干燥；北方人的收入明显增多，生活水平日益提高。开发部据此提出开发消渴啤酒方案，有关市场预测如表3-5所示。

表3-5 消渴啤酒预计年利润及概率

市　场　销　路	概率/%	预计年利润/万元
好	50	180
一般	20	85
差	30	−25

【思考与讨论】

（1）对两个产品开发方案的收益与风险予以计量；

（2）进行方案评价。

（资料来源：吴安平，王明珠.财务管理教学案例.北京：中国时代经济出版社，2001年）

四、答案及解析

（一）单项选择题

1．D，【解析】单项资产的 β 系数是反映单项资产收益率与市场平均收益率之间变动关系的一个量化指标，也就是相对于市场组合而言，单项资产所含系统风险的大小。

2．C，【解析】实际收益率是指已经实现或确定可以实现的收益率，期望报酬率是指在不确定的条件下，预期某项资产未来可能实现的收益率；风险报酬率是指持有者因承担风险而要求的超过无风险收益率的额外收益；必要报酬率是指投资者对某资产合理要求的最低收益率。

3．C，【解析】$80\% \times 40\% + 20\% \times (-100\%) = 12\%$。

4．C，【解析】冒风险进行投资是为了获得超过时间价值的那部分收益，即风险报酬率。

5．B，【解析】在期望值不等的时候，采用标准离差率来衡量风险，甲的标准离差率为 0.3（$0.3 = 300/1\,000$），乙的标准离差率为 0.275（$0.275 = 330/1\,200$）。

6．D，【解析】在期望值相等的情况下，可采用标准离差、方差衡量风险大小；在期望值不等的情况下，采用标准离差率来衡量风险。

7．D，【解析】实际收益率是已经实现或确定可以实现的收益率，期望报酬率是在不确定的条件下，预测的某项资产未来可能实现的收益率。

8．A，【解析】期望值相等，标准离差或方差越大，风险越大。

9．B，【解析】实际收益率是已经实现或确定可以实现的收益率；名义收益率是合约注明的收益率；期望报酬率是在不确定的条件下，预测的某项资产未来可能实现的收益率；必要报酬率是投资者对某资产合理要求的最低收益率。

10．A，【解析】方差、标准差及协方差都是绝对数，标准离差率是以相对数衡量资产的全部风险。

11．D，【解析】风险控制的对策有：规避风险、减少风险、转移风险、接受风险。

12．B，【解析】$(0.25 + 12 - 10)/10 = 22.5\%$。

13．A，【解析】$(0.1/4) = 2.5\%$。

14．D，【解析】销售决策是公司特有风险。

15．A，【解析】风险收益率可以表述为风险价值系数和标准离差率的乘积，标准离差率反映了资产全部风险的相对大小，而风险价值系数则取决于投资者对风险的偏好。

16．D，【解析】市场组合是市场上所有资产组成的组合。市场组合的非系统风险已被消除，所以，市场组合的风险就是系统风险。

17．A，【解析】单项资产的 β 系数是相对于市场组合而言，单项资产所含系统风险的大小。A 股票的系统风险是市场组合风险的两倍，而 B 股票的风险与市场组合风险相等。

18．A，【解析】$0.5 \times 0.7 + 1 \times 0.3 = 0.65$。

19．B，【解析】协方差衡量两种资产之间共同变动的程度，协方差为负，说明其收益率变动方向相反，协方差为正，变动方向相同。

20．D，【解析】标准离差率以相对数衡量资产的全部风险大小，是标准差与期望值之比。

21．A，【解析】B、C、D属于经营风险。

22．A，【解析】规避风险是当资产风险所造成的损失不能由该资产可能获得的收益予以抵消时，应当放弃该资产。

23．B，【解析】证券市场线的截距是无风险收益率，斜率是市场风险溢酬。

24．A，【解析】国库券是政府发行的债券，一般不可能违约。

25．B，【解析】——两种证券完全正相关，组合风险不减少也不扩大。

26．D，【解析】由资本资产定价模式可知，β系数为零，则市场风险报酬率为零，某股票的预期收益率等于无风险收益率。

27．B，【解析】非系统风险又称特有风险，是发生于个别公司的特有事件造成的风险。

28．A，【解析】投资者冒风险投资，就要由风险报酬率作补偿，因此，风险越高要求的报酬率就越高。风险会带来超额收益也会带来损失，因此实际的报酬率并不一定就高。

29．D，【解析】β表示个别股票的系统风险。

30．A，【解析】标准离差、方差、标准离差率反映单项资产或资产组合的风险，相关系数反映两项资产收益率变动的关系指标。

31．A，【解析】人们将市场组合的β系数设定为1。

32．C，【解析】股票的β系数衡量个别股票的不可分散风险。

33．B，【解析】风险回避者偏好于低风险的资产，风险中立者不回避风险，也不主动追求风险，风险追求者喜欢收益的动荡胜于喜欢收益的稳定。

34．C，【解析】$(15\% + 20\%)/2 = 17.5\%$。

35．A，【解析】无风险收益率是指可以确定可知的无风险资产的收益率；风险收益率是某资产持有者因承担该资产的风险而要求的超过无风险利率的额外收益；实际收益率是已经实现或确定可以实现的收益率；必要收益率是投资者对某资产合理要求的最低收益率。

36．C，【解析】$12\%/10\% = 1.2$。

37．C，【解析】相关系数反映两项资产收益率的相关程度即两项资产收益率之间相对运动的状态，理论上介于-1和1之间。

38．C，【解析】$10\% - 6\% = 4\%$。

39．B，【解析】两种证券完全正相关，组合风险不减少也不扩大。

40．A，【解析】必要收益率是投资者对某资产合理要求的最低收益率，等于无风险收益率和风险收益率之和。

41．C，【解析】只要组合内两两资产的相关系数小于1，就可以抵消部分风险，因此，组合的标准差就小于组合中各资产标准差的加权平均数。

42．D，【解析】方差、标准差、标准离差率是衡量风险的指标。

（二）多项选择题

1．BD，【解析】风险和报酬率的基本关系是风险越大要求的报酬率也越高。它们的关系可表示如下：期望投资报酬率＝无风险报酬率＋风险报酬率。

2．AD，【解析】股票投资风险分为市场风险和公司特有风险，公司特有风险能够通过持有多样化证券来分散，但分散情况要视股票间相关程度而定。

3．ABCD，【解析】β系数是反映个别股票相对于平均风险股票的变动程度指标，它可以衡量出个别股票的市场风险，而不是公司特有风险。

4．ABD，【解析】资产的收益是资产的价值在一定时期的增值，包括两部分：一是一定时期内资产的现金净收入；二是期末资产的价值相对于期初价值的升值。通常前者为股息、红利或利息等，后者称为资本利得。

5．ABC，【解析】资本资产定价模型的公式为$R_i = R_F + \beta(R_M - R_F)$。

6．AB，【解析】从企业本身来看，按风险形成的原因可将企业特有风险进一步分为经营风险和财务风险两大类。从个别理财主体的角度看，风险分为市场风险和企业特有风险两类。

7．ABCD，【解析】市场风险是指那些影响所有企业的风险，如战争、自然灾害、经济衰退、通货膨胀等。这类风险涉及所有企业，不能通过多角化投资来分散，因此，又称不可分散风险或系统风险。

8．ABC，【解析】企业特有风险是发生于个别企业的特有事项造成的风险，如罢工、诉讼失败、失去销售市场等。这类事件，可以通过多角化投资来分散。这类风险也称可分散风险或非系统风险。

9．ABD，【解析】衡量风险的指标主要是方差、标准差及标准离差率，收益率是衡量资产收益的指标。

10．ACD，【解析】协方差的正负显示了两个投资项目之间报酬率变动的方向。协方差为正，表示两种资产的报酬率呈同方向变动；协方差为负值，表示两种资产的报酬率呈相反方向变化。协方差的绝对值越大，则这两种资产报酬率的关系越密切；绝对值越小，则这两种资产报酬率的关系越疏远。

11．ABCD，【解析】理论上，相关系数在−1和1之间，当相关系数为正值时，表示两种资产报酬率呈同方向变化；类相关系数为负值时，表示两种资产报酬率呈反方向变化。相关系数为−1，表示这两项资产完全负相关，为＋1，表示完全正相关，为0时，表示不相关。

12．ABD，【解析】资本资产定价模型假设没有税金，所以C是错误的。

13. BCD，【解析】甲方案的预期收益率高且风险小，所以应选择甲方案。

14. ABCD，【解析】β系数是反映个别股票相对于平均风险股票的变动程度的指标。它可以衡量出个别股票的市场风险，而不是公司的特有风险。股票组合的β系数是单个股票β系数的加权平均数。

15. ABC，【解析】当两项资产的相关系数为1时，不能抵消任何风险。

16. ABCD，【解析】系统风险影响了所有资产，且不能通过资产组合而消除，但系统风险对各项资产的影响并不是完全相同的。有些资产受系统风险的影响大一些，而有些资产受系统风险的影响则较小，衡量系统风险的指标是β系数。

17. ABD，【解析】市场组合是指由市场上所有资产组成的组合。它的收益率就是市场平均收益率。市场组合的非系统风险已被消除，所以市场组合的风险就是市场风险或系统风险。市场组合的β为1。

18. AB，【解析】资本资产定价模型说明了风险与收益之间的线性关系。

19. ABC，【解析】证券市场线表明，当所有的证券都调整到均衡水平时，所有证券的期望收益都会落在证券市场线上，证券市场线体现了资本市场达到均衡时，不同风险的证券的必要收益率。证券市场线和公司股票在线上的位置将随一些因素的变化而变化。这些因素包括通货膨胀的影响、风险回避程度的变化、股票β系数自身的变化等。

20. ABD，【解析】资本资产定价模型和证券市场线最大的贡献在于它提供了对风险与收益之间的一种实质性的表述。尽管 CAPM 已得到广泛认可，但在实际运用中，仍存在着一些明显的局限。资本资产定价模型只能大体描述出证券市场运动的基本状况，而不能完全确切地揭示证券市场的一切。因此，在运用这一模型时，应该更注重它所揭示的规律，而不是它所给出的具体数字。

（三）判断题

1. ×，【解析】企业筹集负债资金方面的原因给企业盈利带来的不确定性为财务风险。

2. ×，【解析】根据资本资产定价模型，市场只对某项资产所承担的系统风险进行补偿，非系统风险可以通过投资组合分散，市场不予以补偿。

3. √，【解析】必要收益率等于无风险收益率与风险收益率之和。

4. √，【解析】投资报酬率等于风险收益率和无风险收益率之和，而无风险收益率由资金时间价值和通货膨胀补贴两部分组成。

5. √，【解析】标准离差率适用于期望值相同或不同方案的比较。而方差和标准差只适用于期望值相同的方案的风险的比较。

6. √，【解析】风险收益率可以表述为风险价值系数与标准离差率的乘积。

7. √，【解析】市场组合的β系数设为 1，某项资产的β系数若等于 1，说明该资产的收益率与市场平均收益率呈同方向、同比变化。

8. ×，【解析】风险越大，期望的收益率就越高。

9．√，【解析】这是风险报酬率的定义。

10．×，【解析】财务风险是指企业由于举债而引起的风险。

11．×，【解析】一个企业即便没有财务风险，也可能会有经营风险。

12．√，【解析】资产的收益有两种表示方法：金额和百分比，不管哪种方法都反映了资产的价值在一定时期的增值情况。

13．√，【解析】证券市场线的截距是无风险收益率，斜率是市场风险溢酬。

14．√，【解析】因为国债不会有违约风险且收益率确定。

15．√【解析】风险回避者的决策标准是，当预期收益率相同时，偏好于具有低风险的资产；而对于同样风险的资产，会偏好于高预期收益率的资产。

16．×，【解析】不仅会带来损失，也会有收益。

17．×，【解析】是规避风险对策。

18．×，【解析】价值比例。

19．√，【解析】市场组合可以抵消非系统风险，但市场风险无法抵消。

20．√，【解析】投资组合可以分散非系统风险，但无法分散系统风险。

（四）名词解释（略）

（五）简答题（略）

（六）计算分析题

1．解：（1）甲项目收益率的期望值 $= 0.3 \times 20\% + 0.5 \times 10\% + 0.2 \times 5\% = 12\%$。

乙项目收益率的期望值 $= 0.3 \times 30\% + 0.5 \times 10\% + 0.2 \times (-5\%) = 13\%$。

（2）甲项目收益率的标准差为：

$$[(20\% - 12\%)^2 \times 0.3 + (10\% - 12\%)^2 \times 0.5 + (5\% - 12\%)^2 \times 0.2]^{\frac{1}{2}} = 5.57\%$$

乙项目收益率的标准差为：

$$[(30\% - 13\%)^2 \times 0.3 + (10\% - 13\%)^2 \times 0.5 + (-5\% - 13\%)^2 \times 0.2]^{\frac{1}{2}} = 12.49\%$$

甲项目的标准离差率 $= 5.57\% / 12\% \times 100\% = 46.42\%$

乙项目的标准离差率 $= 12.49\% / 13\% \times 100\% = 96.08\%$

2．解：期望收益率 $= 0.14 \times 0.4 + 0.18 \times 0.6 = 16.4\%$

标准差 $= \sqrt{0.4^2 \times 0.1^2 + 0.6^2 \times 0.16^2 + 2 \times 0.4 \times 0.6 \times 0.4 \times 0.1 \times 0.16} = 0.12$

3．解：风险最低的组合为：（3）即平均投资与 B、C。

其组合的标准差为：

$$[0.5^2 \times 0.2^2 + 0.5^2 \times 0.4^2 - 2 \times 0.5^2 \times 0.4 \times 0.2 \times 0.4]^{\frac{1}{2}} = 0.18$$

4．解：该项组合的 β 系数为 $= 0.25 \times 1.1 + 0.75 \times 1.25 = 1.21$

组合的风险溢价为 $= 1.21 \times (10\% - 6\%) = 4.84\%$

5．解：根据资本资产定价模型，各股票的预期收益率为

A 股票的收益率 $= 5\% + 1.3 (11\% - 5\%) = 12.8\%$

B 股票的收益率 $= 5\% + 1.6 (11\% - 5\%) = 14.6\%$

C 股票的收益率 $= 5\% + 0.6 (11\% - 5\%) = 8.6\%$

由上述计算结果可知，A 股票被高估，C 股票被低估。

（七）论述题【答题要点】

资本资产定价模型（CAPM）：是 1990 年度诺贝尔经济学奖获得者威廉·夏普于 20 世纪 60 年代提出的。该模型主要研究证券市场上价格如何决定的问题，其重点在于探索风险资产报酬与其风险的数量关系。资本资产定价模型的具体形式为

$$R_i = R_F + \beta_i (R_M - R_F)$$

式中：（ $R_M - R_F$ ）——市场作为整体对风险的平均"容忍"程度，也就是市场整体对风险的厌恶程度，对风险越是厌恶和回避，要求的补偿就越高，市场风险溢酬的数值就越大。某项资产的风险收益率由该项资产的 β 系数和风险溢酬决定。

资本资产定价模型首次将"高收益伴高风险"这样一种直观认识，用简单的关系式表达出来，是财务人员、金融从业者及经济学家作为处理风险问题的主要工具。然而，将复杂的现实进行简化，必定会遗漏许多有关因素，因此在实际运用中，资本资产定价模型仍存在着一些明显的局限。资本资产定价模型只能大体描述出证券市场运动的基本状况，而不能完全确切揭示证券市场的一切。因此，在运用这一模型时，应该更注重它所揭示的规律，而不是它所给出的具体数字。

（八）案例分析【答题要点】

（1）计算两个产品开发方案的收益与风险。

① 期望收益率。

$$E(A) = 150 \times 60\% + 60 \times 20\% - 10 \times 20\% = 100 \text{（万元）}$$
$$E(B) = 180 \times 50\% + 85 \times 20\% - 25 \times 30\% = 99.5 \text{（万元）}$$

从期望收益来看，开发洁净纯净水比开发消渴啤酒有利，预期每年可多获利利润 0.5 万元。

② 计算标准离差。

$$\sigma_A = \sqrt{(150-100)^2 \times 0.6 + (60-100)^2 \times 0.2 + (-10-100)^2 \times 0.2} \approx 65$$
$$\sigma_B = \sqrt{(180-99.5)^2 \times 0.5 + (85-99.5)^2 \times 0.2 + (-25-99.5)^2 \times 0.3} \approx 89$$

标准差以绝对数衡量决策方案的风险，在期望值相同的情况下，标准离差越大，风险越大。

③ 计算标准离差率。

$$V_A = 65/100 = 0.65 \qquad V_B = 89/99.5 = 0.89$$

（2）在期望值不同的情况下，标准离差率越大，风险越大，依据这一衡量原则，说明开发洁净纯净水比开发消渴啤酒风险要小。

由综合收益与风险的计量，可以看出开发纯净水方案收益较高，风险较小，因此为首选方案。

第四章　筹资方式

一、本章内容框架

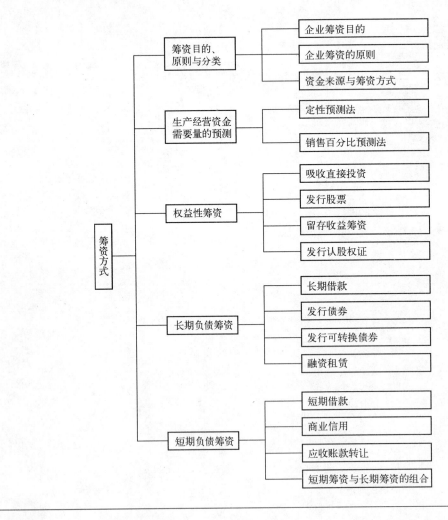

二、本章重点内容概述

（一）企业筹资目的、原则、方式与分类

1. 企业筹资目的

企业筹资是指企业作为筹资主体，根据其设立、生产经营、对外投资及调整资本结构等需要，通过筹资渠道和金融市场，采取适当的方式，经济有效地获取所需资金的一种行为。筹资的目的是以最小的资本成本、适度的财务风险提供企业所需的资本。

2. 企业筹资的原则

筹资规模与战略阶段资金需求相一致、资金及时筹措、筹资方式经济、资金来源合理。

3. 资金来源与筹资方式

资金来源是指企业进行生产经营活动所需的一切资金的源头，是企业资金运动的起点。资金来源主要有：政府财政资金、银行信贷资金、其他金融机构资金、其他企业资金、居民个人资金和企业自留资金。筹资方式主要有：吸收直接投资、发行股票、利用留存收益、向银行借款、利用商业信用、发行公司债券和融资租赁等。

4. 筹资的分类

（1）按筹集资金的来源分为权益筹资与债务筹资。

（2）按筹集资金期限的长短分为长期筹资与短期筹资。

（3）按是否通过金融中介机构进行分为直接筹资与间接筹资。

（4）按资金是否由企业内部生产经营形成分为内部筹资与外部筹资。

（二）生产经营资金需要量的预测

1. 定性预测法

包括集合意见法、德尔菲法等。

2. 销售百分比预测法

销售百分比预测法，是指以资金与销售额的比率为基础，预测未来资金需要量的方法。

销售百分比预测法的计算公式为

$$对外筹资需要量 = 资产增量 - 负债增量 - 留存收益增量$$

$$对外筹资需要量 = A \times S_1 \times \Delta S - B \times S_1 \times \Delta S - P \times E \times S_2$$

（三）权益性资金

权益性资金是投资者投入或经营成果的积累而形成的资金。主要有吸收直接投资、发行股票和留存收益等。发行认股权证则是一种筹集权益性资金的金融创新。

（四）吸收直接投资

吸收直接投资是指企业按照"共同投资、共同经营、共担风险、共享利润"的原则，吸收所有者的资金投资到企业形成权益资本，是非股份制企业筹措资本的一种形式。吸收直接投资的资金来源可以是国家直接投资、其他法人直接投资、个人直接投资、外商投资。企业在采用吸收直接投资方式筹集资金时，投资者可以用现金和非现金方式（厂房、机器设备、材料物资、无形资产等作价）出资。

吸收直接投资的优缺点如下。

优点：有利于增强企业信誉、有利于尽快形成生产能力、有利于降低财务风险。

缺点：资本成本较高、容易分散企业控制权。

（五）发行股票

股票是一种有价证券，是股份有限公司在筹集资金时向出资人公开发行的、代表持有人（即股东）在公司的所有权，并根据所持有的股份数依法享有权益和承担义务的可转让的书面凭证。

按股东权利和义务的不同，可将股票分为普通股票和优先股票。按股票票面是否记名，可将股票分为记名股票和无记名股票。按发行对象和上市地区，可将股票分为 A 股、B 股、H 股、N 股等。

普通股股票的持有人称为普通股股东，普通股股东一般具有以下权利：发言权和表决权、有权获得股利、优先认股权、剩余财产要求权。

普通股筹资优点：没有固定利息负担、没有固定到期日，不用偿还、筹资风险小、能增加公司的信誉、筹资限制较少。

普通股筹资缺点：资本成本较高、容易分散控制权。

（六）留存收益筹资

留存收益筹资的渠道：留存收益筹资的渠道有盈余公积和未分配利润。

留存收益筹资的优缺点:优点是资本成本较普通股低、保持普通股股东的控制权、增强公司的信誉。缺点是筹资数额有限制、资金使用受制约。

（七）长期借款

1. 长期借款的种类

按照用途可分为基本建设贷款、技术改造贷款、科技开发项目贷款和其他项目贷款。按有无担保可分为信用贷款和抵押贷款。

2. 长期借款筹资的优缺点

优点：筹资速度快、借款弹性较大、借款成本较低、可以发挥财务杠杆的作用。

缺点：筹资风险较高、限制性条款比较多、筹资数量有限。

（八）发行债券

1. 按债券的分类

按债券是否记名可将债券分为记名债券和无记名债券。按债券能否转换为公司股票，可将债券分为可转换债券和不可转换债券。按有无特定的财产担保可将债券分为信用债券和抵押债券。

2. 债券的发行

债券发行的基本程序如下：①作出发行债券的决议；②提出发行债券的申请；③公告债券募集办法；④委托证券机构发售；⑤交付债券，收缴债券款，登记债券存根簿。

3. 债券的还本付息

（1）债券的偿还。到期偿还、提前偿还、滞后偿还。

（2）债券的付息。利息率有固定利率与浮动利率。

4. 债券筹资的优缺点

优点：资本成本较低，保证控制权，可以发挥财务杠杆作用。

缺点：筹资风险高，限制条件多，筹资额有限。

（九）发行可转换债券

可转换债券持有人在一定时期内，可按规定价格或一定比例，自由选择转换为普通股。发行可转换债券筹得的资金具有债权性资金和权益性资金双重性质。

优点：可节约利息支出、有利于稳定股票市价、增强筹资灵活性。

缺点：增强了对管理层的压力、存在回购风险、股价大幅度上扬时，存在减少筹资数量的风险。

（十）融资租赁

（1）融资租赁（Financial Leasing）可分为售后租回、直接租赁、杠杆租赁。

（2）融资租赁的程序：①选择租赁公司；②办理租赁委托；③签订购货协议；④签订租赁合同；⑤办理验货与投保；⑥支付租金；⑦处理租赁期满的设备。

（3）融资租赁筹资的优缺点。

优点：①筹资速度快；②限制条款少；③设备淘汰风险小；④财务风险小。

缺点：资本成本较高。

（十一）短期借款

（1）短期借款的信用条件：①信贷额度；②周转信贷协定；③补偿性余额；④借款抵押；⑤偿还条件；⑥以实际交易为贷款条件。

（2）借款利息的支付方式有：利随本清法、贴现法、加息法。

（十二）商业信用

商业信用是指企业之间相互提供的与商品交易直接联系的信用，如赊销赊购商品、预付货款、分期付款、延期付款、经销、代销等形式。

常见的商业信用条件有预收货款；延期付款，但不涉及现金折扣；延期付款，但早付款可享受现金折扣。

（十三）平稳型（配合型或称中庸型）组合策略

平稳型组合策略是指企业的负债结构与资产的寿命周期相对应的组合策略。平稳型组合策略的特点是：对于临时性流动资产，运用短期资金（临时性负债）满足其资金需要；对于永久性流动资产和长期资产（以下统称为永久性资产），则运用长期资金（包括长期负债、自发性负债和权益资本）来满足其资金需要。这里所说的临时性流动资产是指受季节性或周期性影响的流动资产；这里所说的永久性流动资产是指为了满足企业长期稳定的资金需要，即使处于经营低谷时也必须保留的流动资产。

在这种政策下，要求企业的临时性负债融资计划比较严密，实现资金的占用时间与负债的偿还时间配合。在经营性淡季和低谷阶段，企业除了自发性负债外没有其他流动负债；只有在对临时性流动资产的需求达到高峰时，企业才会举借各种临时性债务。因此，平稳型组合策略是一种理想的、对企业有着较高资金使用要求的匹配策略。

（十四）积极型（或称激进型）组合策略

积极型组合策略的特点是：临时性负债不但融通临时性流动资产的资金需要，还解决部分永久性资产的资金需要。

在这种政策下，由于临时性负债(如短期借款)的资本成本一般低于长期负债和权益资本的资本成本，而积极型融资政策下临时性负债所占比例较大，所以，该政策下企业的资本成本较低。但另一方面，为了满足永久性资产的长期资金需要，企业必然要在临时性负债到期后重新举债或申请债务延期，使企业更为经常地举债和还债，从而增大了筹资的困难和风险，所以，积极型融资政策是一种收益性和风险性都较高的组合策略。

（十五）保守型（或称稳健性）组合策略

保守型组合策略的特点是：临时性负债指融通部分临时性流动资产的资金需要，另一部分临时性流动资产和永久性资产，则由长期负债、自发性流动负债和权益资本作为资金来源。

与平稳型组合策略相比，在保守型组合策略下，临时性负债在企业的全部资金来源中所占比例较小，企业保留较多营运资金，可降低企业无法偿还到期债务的风险，同时蒙受短期利率变动损失的风险也较低。但降低风险的同时也降低了企业的收益，因为长期负债和权益资本在企业的资金来源中较高，并且两者的资本成本通常会高于临时性流动负债的资本成本，并且在生产经营淡季，企业仍要负担长期债务的利息。即使将过剩的长期资金投资于短期有价证券，其投资收益一般也会低于长期负债的利息，从而降低了企业整体的收益率。所以，保守型融资政策是一种风险低、收益也低的组合策略。

三、本章习题

（一）单项选择题

1. 按照资金的来源渠道不同，可将企业筹资分为（　　）和负债性筹资。

    A. 短期资金筹集　　　　　　　　B. 长期资金筹集

    C. 权益性筹资　　　　　　　　　D. 银行信贷

2. 按照资金习性，下列不属于资金分类的是（　　）

    A. 不变资金　　　B. 变动资金　　　C. 半变动资金　　　D. 流动资金

3. 从筹资的角度，下列筹资方式中筹资风险较小的是（　　）。

    A. 债券　　　　　B. 长期借款　　　C. 融资租赁　　　D. 普通股

4. （　　）是企业权益性筹资的一种方式。

    A. 发行股票　　　B. 长期借款　　　C. 发行债券　　　D. 商业信用

5. 下列各项中属于商业信用的是（　　）。

    A. 商业银行贷款　　　　　　　　B. 应付账款

    C. 应交税金　　　　　　　　　　D. 融资租赁

6. 出租人既出租某项资产，又以该项资产为担保借入资金的租赁方式是（　　）。

    A. 经营租赁　　　B. 售后回租　　　C. 直接租赁　　　D. 杠杆租赁

7. 下列不属于自发性融资的是（　　）。

    A. 应付债券　　　B. 应付票据　　　C. 应付账款　　　D. 预收账款

8. 商业信用筹资方式筹集的资金只能是（　　）。

    A. 其他企业资金　　　　　　　　B. 企业自留资金

    C. 居民个人资金　　　　　　　　D. 银行信贷资金

9. 将筹资分为权益性筹资和负债性筹资，其标志是（　　）。

    A. 资金的来源渠道不同　　　　　B. 资金使用时间的长短

    C. 资金的用途　　　　　　　　　D. 资金的筹资方式

10. 可转换债券对投资人来说，可在一定时期内将其转换为（　　）。

    A. 普通股　　　　　　　　　　　B. 收益较高的新发行债券

    C. 优先股　　　　　　　　　　　D. 其他有价证券

11. 属于企业内部筹资方式的是（ ）。

    A．发行股票   B．融资租赁   C．留存收益   D．商业信用

12. 银行借款筹资的优点包括（ ）。

    A．筹资速度快   B．借款成本相对高

    C．限制条款少   D．借款弹性差，可以发挥财务杠杆作用

13. 企业资金需要量的常用预测方法有（ ）。

    A．现值法   B．终值法   C．销售百分比法   D．线性回归分析法

14. 在下列支付银行贷款利息的各种方法中，名义利率与实际利率相同的是（ ）。

    A．利随本清法   B．贴现法   C．加息法   D．余额补偿法

15. 与其他负债资金筹集方式相比，下列各项属于融资租赁缺点的是（ ）。

    A．资金成本较高   B．财务风险大

    C．税收负担重   D．筹资速度慢

16. 属于负债筹资且筹集的是长期资金的是（ ）。

    A．商业信用筹资   B．发行股票筹资

    C．留存收益筹资   D．融资租赁筹资

17. 下列不属于留存收益筹资优点的是（ ）。

    A．与普通股相比，资金成本较低   B．可以使普通股股东的控制权不受影响

    C．可以增强公司的信誉   D．资金的使用受制约

18. 在各种筹资方式中，资金成本最低的是（ ）。

    A．留存收益筹资   B．普通股筹资

    C．银行借款筹资   D．发行债券筹资

19. 下列不属于商业信用的是（ ）。

    A．应付账款   B．应付票据   C．应付工资   D．预收账款

20. 下列各种筹资渠道中，属于企业自留资金的是（ ）。

    A．企业提取的公积金   B．非银行金融机构资金

    C．银行信贷资金   D．职工购买企业债券的投入资金

21. 下列关于吸收直接投资的说法不正确的是（ ）。

    A．有利于增强企业信誉   B．有利于尽快形成生产能力

    C．有利于降低财务风险   D．资金成本较低

22. 普通股股东的权利不包括（ ）。

    A．公司管理权   B．分享盈余权

    C．优先认股权   D．优先分配剩余财产权

23. 下列关于普通股筹资的说法不正确的是（ ）。

    A．筹资风险大   B．能增加公司的信誉

    C．筹资限制较少   D．容易分散控制权

24．认股权证的特点不包括（　　　）。

A．在认股之前持有人对发行公司拥有股权

B．它是一种促销手段

C．在认股之前持有人对发行公司拥有股票认购权

D．认股权证具有价值和市场价格

25．在下列各项中，不属于商业信用融资的是（　　　）。

A．应付账款　　　　　　　　　B．预收货款

C．办理应收票据贴现　　　　　D．用商业汇票购货

26．企业向银行借入长期借款，若预测市场利率将上升，企业应与银行签订（　　　）。

A．浮动利率合同　　　　　　　B．固定利率合同

C．有补偿余额合同　　　　　　D．周转信贷协定

27．从发行公司的角度看，股票包销的优点有（　　　）。

A．可获部分溢价收入　　　　　B．降低发行费用

C．可获一定佣金　　　　　　　D．不承担发行风险

28．如果一个企业为了能够正常运转，不论在生产经营的旺季或淡季，都需要保持一定的临时性借款时，则有理由推测该企业所采用的营运资金融资政策是（　　　）。

A．保守型融资政策　　　　　　B．平衡型融资政策

C．积极型融资政策　　　　　　D．平衡型或保守型融资政策

29．一般而言，可转换债券的利率（　　　）不可转换债券的利率。

A．高于　　　　B．低于　　　　C．等于　　　　D．不相关于

30．只能由上市公司发行的债券是（　　　）。

A．上市债券　　B．贴息债券　　C．可转换债券　　D．不可转换债券

31．不属于抵押债券的有（　　　）。

A．不动产抵押债券　　　　　　B．证券信托债券

C．设备抵押债券　　　　　　　D．信用债券

32．普通股筹资的优点不包括（　　　）。

A．没有固定的股利负担　　　　B．没有固定的到期日

C．筹资风险小　　　　　　　　D．资金成本低

33．既具有抵税效应，又能带来杠杆利益的筹资方式是（　　　）。

A．发行债券　　B．发行优先股　　C．发行普通股　　D．使用内部留存

34．在长期借款合同的保护性条款中，属于一般性条款的是（　　　）。

A．限制资本支出规模　　　　　B．限制租赁固定资产的规模

C．贷款专款专用　　　　　　　D．限制资产抵押

35．长期借款筹资与长期债券筹资相比，其特点是（　　　）。

A．利息能节税　　B．筹资弹性大　　C．筹资费用大　　D．债务利息高

36. 相对于股票筹资而言，银行借款的缺点是（　　　）。

    A. 筹资速度慢　　B. 筹资成本高　　C. 借款弹性差　　D. 财务风险大

37. 企业的筹资渠道有（　　　）。

    A. 国家资金　　　B. 发行股票　　　C. 发行债券　　　D. 银行借款

38. 债券的资本成本一般低于普通股，最主要的原因在于（　　　）。

    A. 筹资费用少　　B. 发行量小　　　C. 利息固定　　　D. 利息有减税作用

39. 在计算资金成本时与所得税有关的资金来源是（　　　）。

    A. 普通股　　　　B. 优先股　　　　C. 银行借款　　　D. 留存收益

40. 按照所筹集资金的使用期限长短不同可将筹资分为（　　　）。

    A. 短期资金筹集和长期资金筹集　　　B. 直接筹资和间接筹资

    C. 权益筹资和负债筹资　　　　　　　D. 表内筹资和表外筹资

（二）多项选择题

1. 筹资的动机有（　　　）。

    A. 设立性动机　　B. 扩张性动机　　C. 调整性动机　　D. 混合性动机

2. 下列各项中，（　　　）属于外源筹资的特点。

    A. 自主性　　　　B. 高效性　　　　C. 灵活性　　　　D. 大量性

3. 下列（　　　）属于企业自留资金。

    A. 法定公积金　　B. 任意公积金　　C. 资本公积金　　D. 未分配利润

4. 企业进行筹资需要遵循的基本原则包括（　　　）。

    A. 规模适当原则　　　　　　　　　　B. 筹措及时原则

    C. 来源合理原则　　　　　　　　　　D. 方式经济原则

5. 采用销售额比率法预测对外筹资需要量时，对外筹资需要量受到（　　　）因素的影响。

    A. 销售增长率　　B. 资产利用率　　C. 股利支付率　　D. 销净利率

6. 股票的特征包括（　　　）。

    A. 法定性　　　　B. 收益性　　　　C. 价格波动性　　D. 参与性

7. 股价指数的计算方法包括（　　　）。

    A. 简单算术平均法　　　　　　　　　B. 综合平均法

    C. 几何平均法　　　　　　　　　　　D. 加权综合法

8. 普通股股东的权利包括（　　　）。

    A. 投票权　　　　B. 查账权　　　　C. 出让股份权　　D. 优先分配剩余财产权

9. 股票上市的好处包括（　　　）。

    A. 利用股票收购其他公司　　　　　　B. 利用股票可激励职员

    C. 提高公司知名度　　　　　　　　　D. 增强经理人员操作的自由度

10．企业发行优先股的动机包括（　　　）。

　　A．防止股权分散化　　　　　　　　B．调剂现金余缺

　　C．改善公司的资金结构　　　　　　D．维持举债能力

11．认股权证的基本要素包括（　　　）。

　　A．认购数量　　　B．认购价格　　　C．认购期限　　　D．赎回条款

12．银行借款按照是否需要担保分为（　　　）。

　　A．信用借款　　　B．直接借款　　　C．担保借款　　　D．票据贴现

13．银行借款筹资的优点包括（　　　）。

　　A．筹资速度快　　B．筹资成本低　　C．限制条款少　　D．借款弹性好

14．债券与股票的区别在于（　　　）。

　　A．债券是债务凭证，股票是所有权凭证

　　B．债券的投资风险大，股票的投资风险小

　　C．债券的收入一般是固定的，股票的收入一般是不固定的

　　D．股票在公司剩余财产分配中优先于债券

15．按照有无抵押担保可将债券分为（　　　）。

　　A．收益债券　　　B．信用债券　　　C．抵押债券　　　D．担保债券

16．融资租赁的租金中的租赁手续费包括（　　　）。

　　A．租息　　　　　B．营业费用　　　C．一定的盈利　　D．融资成本

17．下列各项中属于短期筹资特点有（　　　）。

　　A．筹资期限短，速度快　　　　　　B．筹资风险大，成本低

　　C．筹资弹性大，灵活性强　　　　　D．筹资风险低，成本高

18．下列属于商业信用筹资的有（　　　）。

　　A．应付账款　　　B．无担保借款　　C．应付票据　　　D．预收账款

19．补偿性余额的约束使借款公司所受的影响有（　　　）。

　　A．提高了借款的实际利率　　　　　B．降低了借款的实际利率

　　C．减少了可用资金　　　　　　　　D．降低了借款风险

20．在我国内地上市交易的股票主要有（　　　）。

　　A．A股　　　　　B．B股　　　　　C．H股　　　　　D．N股

（三）判断题

1．吸引直接投资有利于降低财务风险。（　　　）

2．可转换债券在权力行使之前属于公司债务，行使之后成为发行公司所有权资本。
（　　　）

3．股票筹资成本比借款筹资的成本低，其原因是可以不付利息。（　　　）

4．融资租赁筹资的资金成本较低，财务风险小。（　　　）

5．与长期负债融资相比较，流动负债融资期限短、成本低，偿债风险相对较大。（　　）

6．补偿性余额使名义借款额高于实际可使用借款额，从而实际借款利率大于名义。（　　）

7．以现金出资为吸收直接投资。（　　）

8．发行普通股容易分散控制权。（　　）

9．企业定量进行资金需要量预测，可以采用的方法包括定性预测法、比率预测法和资金习性预测法。（　　）

10．留存收益筹资的成本与普通股相同。（　　）

11．信贷额度是银行从法律上承诺向企业提供不超过某一最高限额的贷款协定。（　　）

12．应收账款转让筹资具有限制条件少、节省收账成本和降低坏账损失风险等特点。（　　）

13．按照我国《公司法》的有关规定，公司发行的股票必须是记名股票。（　　）

14．不记名股票的转让比较自由、方便，无须办理过户手续。（　　）

15．优先股是股份公司发行的、相对于普通股具有一定的优先权的股票。（　　）

16．对于发行公司来讲，采用自销方式发行股票具有可及时筹足资本，免于承担发行风险等特点。（　　）

17．在市场利率高于票面利率的情况下，债券的发行价格大于其面值。（　　）

18．普通股有到期日。（　　）

19．企业可以通过发行股票筹集权益性资本。（　　）

20．企业可以通过发行债券筹措债务性资本。（　　）

（四）名词解释

1．变动资金　　2．可转换债券　　3．补偿性余额　　4．认股权证　　5．周转信贷协定

（五）简答题

1．筹资分类有哪几种？

2．资金来源和筹资方式各有哪些？二者有何差异？

（六）计算分析题

1．某公司 2010 年实现销售额 1 000 万元，销售净利率为 10%，并按净利润的 60%发放股利，假定该公司的固定资产利用能力已经饱和，2010 年底的资产负债表如表 4-1 所示。

若该公司预计在 2011 年把销售额提高 20%，据历年财务数据分析，公司流动资产与流动负债随销售额同比率增减，公司现有生产能力尚未饱和。销售净利率、股利发放率仍保持

2010 年水平。用销售百分比法预测该公司 2011 年外部资金需要量。

表 4-1 资产负债表　　　　　　　单位：万元

资　　产		负债及所有者权益	
货币资金	100	应付账款	40
应收账款	200	应付票据	60
存　货	300	长期负债	300
固定资产	400	实收资本	400
		留存收益	200
合　　计	1 000		1 000

2. 某企业向银行借款 200 万元，期限为 1 年，名义利率为 10%，利息 20 万元，按照贴现法付息，该项借款的实际利率为多少？

3. 某公司以 6% 的年利率借得贷款 20 万元，银行要求在一年内分 12 个月等额偿还本息，要求：计算该项贷款的实际利率。

4. 某企业的信用条件为"2/10，1/20，N/30"，一顾客购买了 500 万元的商品，第 15 天付款，其实际支付的款项为多少？

5. 某周转信贷额为 1 000 万元，年承诺费率为 0.5%，借款企业年度内使用 600 万元，（使用期为半年），借款年利率 6%，则该企业当年应向银行支付的利息和承诺费共计多少万元？

（七）论述题

试述吸收直接投资、普通股、留存收益等权益性筹资方式的优缺点？

（八）案例分析

【案情介绍】

宏伟公司是一家上市公司，该公司拟决定在 2009 年年底前投资建设一个项目，公司为此需要筹措资金 10 亿元，其中 2 亿元通过公司自有资金解决，剩余的 8 亿元需要从外部筹措。

公司 2008 年 12 月 31 日的有关财务数据如下。

（1）公司总资产为 100 亿元，资产负债率为 40%。

（2）公司有长期借款 2 亿元，年利率为 6%，每年年末支付一次利息，其中 8 000 万元将在 2 年内到期，其他借款期限尚余 5 年。借款合同规定公司资产负债率不得超过 55%。

（3）公司发行在外普通股 50 亿元，另外，公司 2008 年完成净利润 30 亿元，2009 年预计可完成净利润 40 亿元，公司适用的所得税率为 25%，假定公司采用固定的股利支付政策，年股利为每股 0.7 元。

财务部从实际出发，设计了两套方案，具体如下。

方案一：以增发股票方式筹资 8 亿元。

公司目前的普通股每股市价为 15 元，拟增发股票定价为 10.4 元，扣除发行费后，每股净价为 10 元，为此，公司需增发 8 000 万股以筹集 8 亿元资金。为了给公司股东以稳定的回报，维护其良好的市场形象，公司仍将维持设定的每股 0.7 元的固定股利分配政策。

方案二：以发行公司债券的方式筹资 8 亿元。

鉴于目前存款利率较低，公司拟发行公司债券，设定债券年利率为 4.8%，期限为 8 年，每年付息一次，到期一次还本，发行总额为 8.3 亿元（平价），其中预计发行费用为 3 000 万元。

【思考与讨论】

请分析上述两种方案的优缺点，并从中选出较佳的方案。

四、答案及解析

（一）单项选择题

1．C，【解析】按照资金的来源渠道不同，可将企业筹资分为权益性筹资和负债性筹资。

2．D，【解析】按照资金习性，资金可分为不变资金、变动资金、半变动资金。

3．D，【解析】普通股财务风险小，因其无还本付息的压力。

4．A，【解析】权益性筹资称为自有资金筹资，是指企业通过发行股票、吸收直接投资、内部积累等方式筹集资金。

5．B，【解析】商业信用是指商品交易中的延期付款或延期交货所形成的借贷关系，它是筹集短期资金的重要方式。

6．D，【解析】杠杆租赁的出租人只出购买资产所需的部分资金作为自己的投资，另外以该资产为担保向资金出借者借入其余资金。

7．A，【解析】商业信用为自发性融资。

8．A，【解析】商业信用指商品交易中的延期付款或延期交货所形成的借贷关系，占用的是其他企业资金。

9．A，【解析】按资金的来源渠道不同，可将企业筹资分为权益性筹资与负债性筹资。

10．A，【解析】可转换债券持有人，可在一定时期内按规定的价格和一定的比例，将其转换为普通股。

11．C，【解析】留存收益属于企业内部筹资方式。

12．A，【解析】银行借款优点:筹资速度快、借款弹性大、成本较低、发挥财务杠杆作用。

13．C，【解析】常用方法为销售百分比法。

14．A，【解析】利随本清法，是在借款到期时向银行支付利息的方法，其名义利率等于实际利率。

15．A，【解析】融资租赁的缺点是资金成本较高。

16．D，【解析】只有融资租赁筹资筹集的资金即是负债又是长期的资金。

17．D，【解析】A、B、C是留存收益筹资的优点，D属于其缺点。

18．C，【解析】资金成本从高到低的次序为普通股筹资、留存收益筹资、发行债券筹资和银行借款筹资。

19．C，【解析】应付工资不是商品交易中的延期付款或延期交货形成的借贷关系，所以不属于商业信用。

20．A，【解析】企业自留资金是指企业内部形成的资金，主要包括提取公积金和未分配利润等。这些资金的特征是直接由企业内部自动生成或转移。

21．D，【解析】吸收直接投资优点：①有利于增强企业信誉；②有利于尽快形成生产能力；③有利于降低财务风险。缺点：①资本成本较高；②易分散企业控制权。

22．D，【解析】公司破产清算时，财产的变价收入，首先要用来清偿债务，然后支付优先股股利，最后才能分配给普通股股东。

23．A，【解析】由于普通股没有固定到期日，不用支付固定的股利，此种筹资实际上不存在不能偿付的风险，因此普通股的筹资风险小。

24．A，【解析】在认股之前持有人对发行公司拥有股票认购权，而非对发行公司拥有股权。

25．C，【解析】商业信用是指商品交易中的延期付款或延期交货所形成的借贷关系，应收票据贴现属于向银行借入资金，不属于商业信用。

26．B，【解析】固定利率合同不受利率上升的影响。

27．D，【解析】包销方式，企业不承担发行风险。

28．C，【解析】在生产淡季，采取平衡型和保守型政策都没有临时性借款，可以推定只能是积极型融资政策。

29．B，【解析】可转换债券在一定期间内可转换成普通股，一般利率低于不可转换债券利率。

30．C，【解析】可转换债券只能由上市公司发行。

31．D，【解析】信用债券不属于抵押债券。

32．D，【解析】普通股筹资资金成本高。

33．A，【解析】债券利息在税前支付，负债筹资能带来杠杆利益。

34．A，【解析】一般性条款包括：对企业流动资产保持量的规定、对企业支付现金股利的限制、对企业资本性支出规模的限制、对企业借入其他长期债务的限制等。

35．B，【解析】长期借款筹资与长期债券筹资相比筹资弹性大。

36．D，【解析】银行借款相对于股票筹资而言，财务风险大。

37．A，【解析】B、C、D 为筹资方式。

38．D，【解析】债券利息在税前支付。

39．C，【解析】银行借款利息税前支付。

40．A，【解析】按所筹集资金使用期限长短不同，筹资分为短期资金和长期资金筹集。

（二）多项选择题

1．ABCD，【解析】具体来说筹资的动机有以下几种：设立性动机；扩张性动机；调整性动机；混合性动机。

2．BCD，【解析】外源筹资具有高效性、灵活性、大量性和集中性等特点，内源筹资具有原始性、自主性、低成本性和抗风险性等特点。

3．ABD，【解析】自留资金是企业内部形成的资金，也称企业内部留存，主要包括提取公积金和未分配利润等，资本公积金并不是企业内部形成的资金，所以不选。

4．ABCD，【解析】企业进行筹资需要遵循的基本原则包括规模适当原则、筹措及时原则、来源合理原则、方式经济原则。

5．ABCD，【解析】从对外筹资需要量的计算公式可以看出，销售额增长率、资产利用率、资本密集度、销售净利率及企业利润分配政策（股利支付率或收益留存率）等因素都会对企业对外筹资需要量产生重要影响。

6．ABCD，【解析】股票具有以下特征：法定性、收益性、风险性、参与性、无限期性、可转让性、价格波动性。

7．ABCD，【解析】股价指数的计算方法包括简单算术平均法、综合平均法、几何平均法、加权综合法。

8．ABC，【解析】普通股股东的权利包括公司管理权（投票权、查账权、阻止越权经营的权利）；分享盈余权；出让股份权；优先认股权；剩余财产要求权。选项 D 是优先股股东的权利。

9．ABC，【解析】股票上市好处：有助于改善财务状况；利用股票收购其他公司；利用股票市场客观评价企业；利用股票可激励职员；提高公司知名度，吸引更多顾客。股票上市的不利影响包括：使公司失去隐私权；限制经理人员操作的自由度；公开上市需要很高的费用。

10．ABCD，【解析】发行优先股动机：防止股权分散化；调剂现金余缺；改善公司的资金结构；维持举债能力。

11．ABCD，【解析】认股权证的基本要素包括认购数量；认购价格；认购期限；赎回条款。

12．ACD，【解析】银行借款按照是否需要担保分为信用借款、担保借款和票据贴现。

13．ABD，【解析】银行借款筹资的优点包括：筹资速度快；筹资成本低；借款弹性好。银行借款筹资的缺点包括：财务风险大、限制条款多、筹资数额有限。

14．AC，【解析】债券与股票区别：①债券是债务凭证，股票是所有权凭证；②债券的收入一般是固定的，股票收入一般不固定；③债券投资风险小，股票投资风险大；④债券到期必须还本付息，股票一般不退还股本；⑤债券在公司剩余财产分配中优先于股票。

15．BCD，【解析】债券按照有无抵押担保可分为信用债券、抵押债券、担保债券。

16．BC，【解析】融资租赁的租金包括设备价款和租息两部分，其中租息分为租赁公司的融资成本和租赁手续费，租赁手续费包括营业费用和一定的盈利。

17．ABC，【解析】短期筹资期限短，速度快、筹资风险大，成本低、筹资弹性大，灵活性强。

18．ACD，【解析】属于商业信用筹资的有应付账款、应付票据、预收账款。

19．AC，【解析】补偿性余额的约束使借款公司提高了借款的实际利率、减少了可用资金。

20．AB，【解析】在我国内地上市交易的股票主要有 A 股、B 股。

（三）判断题

1．√，【解析】吸引直接投资有利于降低财务风险。

2．√，【解析】可转换债券赋予持有者一种特殊的选择权，即按事先约定在一定时间内将其转换为公司股票的选择权，在转换权行使之前属于公司的债务资本，权利行使之后则成为发行公司的所有权资本。

3．×，【解析】普通股筹资的成本较高，它的股利在税后支付，且一般发行费用较高。

4．×，【解析】融资租赁的租金在整个租期内分摊，不用到期归还大量本金，所以财务风险小；但是一般来说，其租金要比举借银行借款或发行债券所负担的利息高得多，所以它的资金成本较高。

5．√，【解析】与长期负债融资相比，流动负债融资期限短、成本低，由于偿债期限较短，所以，偿债风险相对较大。

6．√，【解析】补偿性余额使借款人的名义借款额高于实际可使用借款额，从而实际借款利率大于名义借款利率，具体计算公式是：

补偿性余额贷款实际利率 = 名义利率/(1 − 补偿性余额比率) × 100%

7．√，【解析】以现金出资为吸收直接投资。

8．√，【解析】发行普通股容易分散控制权。

9．×，【解析】定量进行资金需要量预测，只能采用定量预测方法，不能采用定性预测法。

10．×，【解析】留存收益筹资的成本计算与普通股基本相同，但不用考虑筹资费用。

11．×，【解析】信贷额度是借款人与银行在协议中规定的允许借款人借款的最高限额。周转信贷协定是银行从法律上承诺向企业提供不超过某一最高限额的贷款协定。

12．×，【解析】应收账款转让筹资的优点：①及时回笼资金，避免企业因赊销造成的现金流量不足；②节省收账成本，降低坏账损失风险，有利于改善企业的财务状况，提高资产的流动性。应收账款转让筹资的缺点：①筹资成本较高；②限制条件较多。

13．×，【解析】《公司法》规定，公司发行的股票可以是记名股票，也可以是无记名股票。

14．√，【解析】不记名股票的转让比较自由、方便，无须办理过户手续。

15．√，【解析】优先股相对于普通股具有一定的优先权。

16．×，【解析】自销方式发行股票要承担发行风险。

17．×，【解析】在市场利率高于票面利率的情况下，债券的发行价格小于其面值。

18．×，【解析】普通股无到期日。

19．√，【解析】发行股票筹集权益性资本。

20．√，【解析】通过发行债券筹措债务性资本。

（四）名词解释（略）

（五）简答题（略）

（六）计算分析题

1．解：增加的资产 = (1 000 × 20%) × (100 + 200 + 300) / 1 000 = 120（万元）

增加的自然负债 = (1 000 × 20%) × (40 + 60) / 1 000 = 20（万元）

增加的留存收益 = 1 000 × (1 + 20%) × 10% × (1 − 60%) = 48（万元）

外部资金需要量 = 120 − 20 − 48 = 52（万元）

或：

外部融资需求量 = (100 + 200 + 300) × 20% − (40 + 60) × 20% − 1 000 × (1 + 20%) × 10% × (1 − 60%) = 120 − 20 − 48 = 52（万元）

2．解：实际利率 = 20 / (200 − 20) = 11.11%。

3．解：实际利率 = 200 000 × 6%/(200 000/2) = 12%

4．解：500 × 1% = 5（万元），支付款项 = 500 − 5 = 495（万元）

5．解：利息 = 600 × 6%/2 = 18（万元），承诺费 = 400 × 0.5% + 600 × 0.5/2 = 3.5（万元）

（七）论述题【答题要点】

（1）吸收直接投资的优缺点。

优点：①有利于增强企业信誉；②有利于尽快形成生产能力；③有利于降低财务风险。

缺点：①资本成本较高；②容易分散企业控制权。

（2）普通股筹资的优缺点。

优点：①没有固定利息负担；②没有固定到期日，不用偿还；③筹资风险小；④能增加公司的信誉；⑤筹资限制较少。

缺点：①资本成本较高；②容易分散控制权。

（3）留存收益的优缺点。

优点：①资本成本较普通股低；②保持普通股股东的控制权；③增强公司的信誉。

缺点：①筹资数额有限制；②资金使用受制约。

（八）案例分析【答题要点】

分析两种筹资方案的优缺点如下。

方案一：采用增发股票筹资方式的优缺点。

① 优点：首先，公司不必偿还本金和固定的利息。其次，可以降低公司资产负债率。以 2008 年 12 月 31 日的财务数据为基础，资产负债率将由现在的 40% 降低至 37.04%[37.04% = (100 × 40%) / (100 + 8)]。

② 缺点：首先，公司现金股利支付压力增大，增发股票会使公司普通股增加 8 亿股，由于公司股利分配采用固定股利政策（即每股支付 0.70 元）。所以，公司以后每年需要为此支出现金流量 5 600 万元（8 000 × 0.70），比发行公司债券方式下每年支付的利息多支付现金 1 616 万元（5 600 – 83 000 × 4.8%），现金支付压力较大。其次，采用增发股票方式会使公司每股收益和净资产收益率下降，从而影响盈利能力指标。再次，采用增发股票方式，公司无法享有发行公司债券所带来的利息费用的纳税利益。最后，采用股权筹资，容易分散公司控制权。

方案二：采用增发债券筹资方式的优缺点。

① 优点：首先，可以相对减轻公司现金支付压力。由于公司当务之急是解决当前的资金紧张问题，而在近期，公司发行债券，每年支付利息的现金支出为 3 984 万元，每年比增发股票方式少支出 1 616 万元，从而可以减轻公司的支付压力；其次，因发行公司债券所承担的利息费用还可以为公司带来抵税利益，如果考虑这一因素，公司发行公司债券的实际资本成本将低于票面利率 4.8%；再次，债券筹资保证普通股股东的控制权。最后，债券筹资可以发挥财务杠杆作用。

② 缺点：发行公司债券会使公司资产负债率上升。以 2006 年 12 月 31 日的财务数据为基础，资产负债率将由现在的 40% 上升至 44.72%[44.72% = (100 × 40% + 8.3) / (100 + 8)]，导致公司财务风险增加。但是 44.72% 的资产负债率水平仍符合公司长期借款合同的要求。

筹资建议：将上述两种筹资方案进行权衡，公司应采用发行公司债券的方式。

第五章 资本成本与资本结构

一、本章内容框架

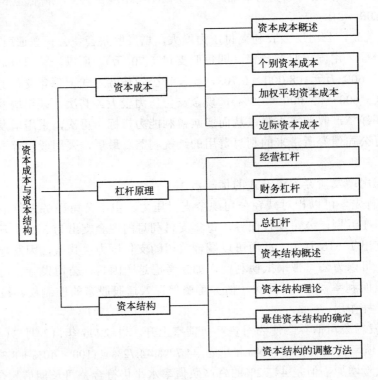

二、本章重点内容概述

（一）资本成本的含义

资本成本（Cost of Capital）是指企业为筹集和使用资本而付出的代价，包括筹资费用和使用费用两部分。

（1）筹资费用（也称取得成本），指在筹集资本过程中为取得资本而支付的各种费用，如银行借款的手续费、发行股票、债券需支付的广告宣传费、印刷费、代理发行费、律师费、资信评估费、公证费等。筹资费用具有一次性支付的特征。

（2）使用费用（也称占用成本），指因使用资本而支付给资本所有者的报酬，如借款、债券的利息，优先股的股息、普通股的红利等。使用费用具有经常性、定期性支付的特征。

（二）资本成本的一般计算公式

为了便于不同筹资方式、不同筹资规模的资本成本的比较，在实务中，资本成本通常用相对数来表示其大小。相对数表示的资本成本的一般计算公式如下：

$$资本成本（率）= \frac{年使用费用}{筹资总额 - 筹资费用} \times 100\% = \frac{年使用费用}{筹资总额 \times (1 - 筹资费率)} \times 100\%$$

（三）资本成本的作用

（1）资本成本是选择筹资方式、拟订筹资方案的依据。

（2）资本成本是评价投资项目可行性的重要标准。

（3）资本成本是评价企业经营成果的尺度。

（四）个别资本成本

个别资本成本是某一种筹资方式的资本成本，如借款资本成本、债券资本成本、商业信用资本成本、优先股资本成本、普通股资本成本、留存收益资本成本和吸收直接投资的资本成本等。其中，前三者称为债务资本成本，后四者称为权益资本成本或自有资本成本。

1. 借款资本成本

借款的成本是指借款的手续费与利息。手续费属于一次性支付的筹资费用。利息是使用费用，利息一般作为财务费用在税前扣除，从而降低企业的利润总额，最终使企业少交所得税，因此，借款筹资方式具有节税作用。

$$k_{借} = \frac{借款总额 \times 年利率（1 - 所得税率）}{借款总额 \times (1 - 筹资费率)} \times 100\% = \frac{i \times (1 - T)}{1 - f}$$

式中：$k_{借}$——借款资本成本；

i——借款利率；

f——借款的筹资费率；

T——企业所得税税率。

2. 债券资本成本

债券的成本是指债券的筹资费用和利息。债券的利息处理同借款相似，可获得税收利益，具有节税作用。

$$k_{债} = \frac{债券面值 \times 票面利率 \times (1 - 所得税率)}{债券发行总额 \times (1 - 筹资费率)} \times 100\% = \frac{B \times i}{P(1-f)} \times (1-T)$$

式中：$k_{借}$——债券资本成本；

B——债券的票面价值总额；

i——债券票面利率；

P——按债券发行价格计算的发行总额；

f——债券的筹资费率。

3. 商业信用资本成本

商业信用的成本是企业放弃现金折扣而发生的损失，是一种机会成本。

$$k_{信用} = 日利率 \times 360$$

$$= \frac{信用额 \times 折扣率}{信用额 \times (1 - 折扣率) \times (信用期 - 折扣期)} \times 360$$

$$= \frac{折扣率}{(1 - 折扣率) \times (信用期 - 折扣期)} \times 360$$

4. 优先股资本成本

优先股的成本是指优先股的筹资费用和固定的股息。股息是在税后支付，没有节税作用。

$$k_{优} = \frac{年股息}{筹资总额 \times (1 - 筹资费率)} \times 100\% = \frac{D}{P(1-f)}$$

式中：$k_{优}$——优先股资本成本；

D——年股息；

P——发行总额；

f——优先股的筹资费率。

5. 普通股资本成本

普通股的成本是指普通股的筹资费用和股利。股利是在税后支付，没有节税作用。其计算方法一般有三种。

（1）估价法，也称为股利增长模型。此计算模型是按照股票投资报酬率不断增长的思路来估算普通股成本的。

$$k_{普} = \frac{预计第一年股利}{筹资总额 \times (1 - 筹资费率)} + 股利年增长率 = \frac{D_1}{P(1-f)} + g$$

式中：$k_普$——普通股资本成本；

   D_1——预计第一年股利；

   P——按普通股发行价格计算的发行总额；

   f——普通股的筹资费率。

（2）资本资产定价模型法（Capital Asset Pricing Model，CAPM）。

$$k_普 = R_F + \beta(R_M - R_F)$$

式中：$k_普$——普通股资本成本（普通股股东的期望收益率）；

   R_F——无风险报酬率，一般用一年期的国库券的收益率来估计；

   R_M——证券市场所有股票的平均收益率；

   β——该只股票的市场风险系数。

（3）风险溢价法。

由于普通股股东对企业的投资风险大于债权人，因此，普通股股东会在债权人要求的报酬率的基础上追加一定的风险溢价。

$$k_普 = k_债 + k_{风险溢价}$$

式中：$k_普$——普通股资本成本；

   $k_债$——债券资本成本；

  $k_{风险溢价}$——普通股投资相对于债券投资的风险溢价。

6. 留存收益资本成本

留存收益的成本是股东放弃获取股利用于其他投资的机会成本。留存收益的成本应视同普通股成本，不同之处是留存收益资本为公司内部的自然融资，不发生筹资费用。

$$k_留 = \frac{预计第一年每股股利}{普通股每股市价} + 股利年增长率$$

7. 吸收直接投资的资本成本

吸收直接投资资本成本除了不考虑筹资费用外，其计算方法与普通股筹资基本相同。

（五）加权平均资本成本

1. 加权平均资本成本的含义

加权平均资本成本（Weighted Average Cost of Capital，WACC），是以各种资本占全部资本的比重为权数，对个别资本成本进行加权平均计算的总成本，也称综合资本成本。

2. 加权平均资本成本的计算公式

$$k_w = \sum_{j=1}^{n} k_j \times w_j$$

式中：k_w——加权平均资本成本；

   k_j——第 j 种个别资本成本；

w_j——第 j 种个别资本占全部资本的比重（权数），

n——资本的种类。

3. 加权平均资本成本权数的确定

①账面价值权数；②市场价值权数；③目标价值权数。

在实务中，当账面价值与市场价值差别不是很大时，为了计算方便，通常以账面价值权数为主计算加权平均资本成本。

（六）边际资本成本

1. 边际资本成本的概念

边际资本成本（Marginal Cost of Capital，MCC），是指企业每增加筹集一个单位的资本而增加的成本。企业在追加投资时通常用边际资本成本作为决策依据。

2. 边际资本成本的计算步骤

①确定目标资本结构；②计算各种个别资本成本；③计算筹资总额分界点；④计算边际资本成本。

3. 边际资本成本曲线

边际资本成本曲线是指边际成本随筹资额度变动而形成的图形。一般来说，随着筹资规模的扩大，债务、权益资本成本将随之提高。以加权平均计算的 MCC 曲线会呈现跳跃式、阶梯状上升，形成一些断点，该断点表示的是企业在 WACC 上升前所能筹集的资本总量。

（七）降低资本成本的途径

（1）合理安排筹资期限；

（2）合理利率预期；

（3）提高企业信誉，积极参与信用等级评估；

（4）积极利用负债经营；

（5）积极利用股票增值机制，降低股票筹资成本。

（八）成本习性、边际贡献、息税前利润与每股收益

1. 成本习性及分类

成本习性是指成本总额与业务量之间在数量上的依存关系。成本按习性分为：①固定成本；②变动成本；③混合成本。

2. 边际贡献及其计算

边际贡献（Marginal earnings，M）是指销售收入减去变动成本的差额。

边际贡献 = 销售收入 − 变动成本 = (销售单价 − 单位变动成本) × 产销量

　　　　　= 单位边际贡献 × 产销量

3. 息税前利润及其计算

息税前利润（Earnings Before Interest &Tax，EBIT），是指企业支付利息和缴纳所得税前的利润。其计算公式为

息税前利润 = 销售收入总额 − 变动成本总额 − 固定成本

　　　　　 = (销售单价 − 单位变动成本) × 产销量 − 固定成本

　　　　　 = 边际贡献总额 − 固定成本

4. 每股收益及其计算

每股收益（Earnings Per Share，EPS），也称每股税后利润、每股盈余，是指普通股的每股税后利润。其计算公式为

$$每股收益 = \frac{(息税前利润 − 利息) × (1 − 所得税率) − 优先股的股息}{流通在外普通股的股数}$$

（九）经营杠杆

1. 经营杠杆的含义

经营杠杆（Operating Leverage），也称营业杠杆，是指由于固定成本的存在而导致的息税前利润变动率大于产销量变动率的杠杆效应。

2. 经营杠杆系数

经营杠杆系数（Degree of Operating Leverage，DOL）是指息税前利润变动率相当于产销量变动率的倍数。

$$经营杠杆系数 = \frac{息税前利润变动率}{产销量变动率}$$

即

$$DOL = \frac{\Delta EBIT / EBIT}{\Delta Q / Q}$$

式中：EBIT ——基期息税前利润；

　　　$\Delta EBIT$——息税前利润变动额；

　　　Q——基期的产销量；

　　　ΔQ——产销量变动数。上述公式可以进一步推导为

$$DOL = \frac{销售收入 − 变动成本}{销售收入 − 变动成本 − 固定成本} = \frac{(p − b) × Q}{(P − b) × Q − F}$$

或，$DOL = \dfrac{M}{EBIT} = \dfrac{EBIT + F}{EBIT} = 1 + \dfrac{F}{EBIT}$

式中：p——产品销售单价；

　　　b——产品单位变动成本；

　　　F——固定成本总额；

　　　Q——产销量；

M——边际贡献总额。

3. 经营风险

经营风险（Business Risk），也称营业风险，是指企业因经营上的原因而导致息税前利润变动的风险，尤其是指利用营业杠杆而导致息税前利润变动的风险。

4. 经营杠杆与经营风险的关系

经营杠杆系数越大，企业经营风险越大。

（十）财务杠杆

1. 财务杠杆的含义

财务杠杆（Financial Leverage），是指由于所筹资本中固定性使用费用（如债务利息、优先股股息）的存在，而导致的普通股每股收益变动率大于息税前利润变动率的杠杆效应。

2. 财务杠杆系数

财务杠杆系数（Degree of Financial Leverage，DFL），是指普通股每股收益变动率相当于息税前利润变动率的倍数。

$$财务杠杆系数（DFL） = \frac{普通股每股收益变动率}{息税前利润变动率}$$

$$DFL = \frac{\Delta EPS / EPS}{\Delta EBIT / EBIT}$$

式中：DFL ——财务杠杆系数；

　　　　EPS ——基期普通股每股收益；

　　　　$\triangle$EPS ——每股收益变动额。

设 I 为债务利息；D 为优先股股息；T 为所得税税率。则化简得：

$$DFL = \frac{EBIT}{EBIT - I - \dfrac{D}{1-T}}$$

3. 财务风险

财务风险（Financial Risk）是指因资本结构不合理、融资不当，丧失支付利息和股息及到期本金能力导致投资者预期收益下降的风险。包括：现金性财务风险和收支性财务风险。

4. 财务杠杆与财务风险的关系

财务杠杆系数越大，财务风险越大。

（十一）总杠杆系数

总杠杆系数（Degree of Combined Leverage，DCL），也称联合杠杆系数，是指在某一产销量水平下普通股每股收益（EPS）变动率相当于销售额或产销量变动率的倍数。总杠杆系数用于衡量企业总风险的大小。

$$DCL = \frac{\Delta EPS/EPS}{\Delta Q/Q} = \frac{\Delta EPS/EPS}{\Delta EBIT/EBIT} \times \frac{\Delta EBIT/EBIT}{\Delta Q/Q} = DFL \times DOL$$

即
$$DCL = DFL \times DOL$$

（十二）资本结构

资本结构（Capital Structure），是指企业各种资本的构成及其比例关系。

（1）广义的资本结构，又称财务结构（Financial Structure），是指企业全部资本来源的构成与比例关系，不仅包括权益资本和长期债务资本，还包括短期债务资本。

（2）狭义的资本结构是指企业长期资本来源的构成与比例关系，仅包括权益资本和长期债务资本，不包括短期债务资本。

（十三）资本结构理论

（1）净收益理论；

（2）净营业收益理论；

（3）传统折中理论；

（4）MM 理论；

（5）平衡理论；

（6）代理理论；

（7）等级筹资理论。

（十四）最佳资本结构的确定

最佳资本结构，是指在一定条件下使企业加权平均资本成本最低、企业价值最大的资本结构。最佳资本结构的确定方法有：

（1）每股收益无差别点法；

（2）比较资本成本法；

（3）公司价值分析法。

（十五）资本结构的调整方法

当企业现有资本结构与目标资本结构存在较大差异时，企业需要进行资本结构的调整。企业调整资本结构的方法主要有：

（1）存量调整；

（2）增量调整；

（3）减量调整。

三、本章习题

（一）单项选择题

1．资本成本包括（　　）。

  A．筹资费用和使用费用   B．筹资费用和利息费用

  C．借款利息、债券利息和手续费 D．利息费用和向所有者分配的利润

2．企业在使用资本过程中向股东支付的股利或者向债权人支付的利息属于（　　）。

  A．固定费用 B．不变费用 C．筹资费用 D．用资费用

3．在计算个别资本成本时，不必考虑筹资费用的是（　　）。

  A．普通股成本 B．债券成本 C．长期借款成本 D．留存收益成本

4．某企业向银行取得借款 500 万元，年利率 7%，期限 3 年。每年付息一次，到期还本，所得税税率 25%，手续费忽略不计，则该项借款的资本成本为（　　）。

  A．3.5% B．5.25% C．4.5%   D．3%

5．某企业按面值发行 100 万元的优先股，筹资费率为 2%，年股息率为 9%，若该企业适用的的所得税率为 25%，则该优先股的资本成本为（　　）。

  A．9%   B．2%   C．9.18%   D．6.89%

6．某企业以赊销方式销售甲产品，为了吸引客户尽快付款，企业给出的信用条件是（2/10，N/30），下面描述正确的是（　　）。

  A．10 天之内付款，可享受 0.2%的折扣

  B．折扣率是 2%，折扣期是 30 天

  C．10 天之后 30 天之内付款，可享受 2%的折扣

  D．10 天之内付款，可享受 2%的折扣

7．某企业发行 5 年期债券，债券面值为 1 000 元，票面利率 8%，每年付息一次，发行价为 1 100 元，筹资费率 2%，所得税税率为 25%，则该债券的资本成本是（　　）。

  A．7.13% B．5.57% C．5.82%   D．6.15%

8．某公司拟增发新的普通股票，发行价为 15 元/股，筹资费率为 3%，该公司本年支付股利为 1.2 元，预计股利每年增长 5%，所得税率 25%，则该普通股资本成本为（　　）。

  A．12.37% B．10.83% C．12.99%   D．13.66%

9．运用每股利润无差别点，当预计 EBIT（　　）无差异点 EBIT 时,运用负债筹资较有利。

  A．小于   B．小于或等于 C．大于   D．无法确定

10．公司增发的普通股的市价为 12 元/股，筹资费率为市价的 6%，本年发放股利每股 0.6 元，已知同类股票的预计收益率为 11%，则维持此股价需要的股利增长率为（　　）。

A．5%　　　　B．5.39%　　　　C．5.68%　　　　D．10.34%

11．某公司股票筹资费率为 3%，预计第一年股利为每股 1.3 元，股利年增长率为 4%，据目前的市价计算出的股票资本成本为 12%，则该股票目前的市价为（　　）元。

　　A．20.12　　　B．19.33　　　C．16.75　　　D．18.21

12．认为负债越多则企业价值越大的理论是（　　）。

　　A．净收益理论　　　　　　　　B．MM 理论

　　C．净营业收益理论　　　　　　D．代理理论

13．某企业以"2/10，N/40"条件购原料一批，则放弃现金折扣的机会成本是（　　）。

　　A．20%　　　B．24.49%　　　C．18%　　　D．36.73%

14．某公司计划使用留存收益 500 万元扩大甲产品的生产规模，目前该公司普通股市价为 35 元，股利年递增率为 6%，本年发放股利 2 元，则该留存收益资本成本是（　　）。

　　A．6%　　　B．12.06%　　　C．11.71%　　　D．6.4%

15．（　　）成本的计算与普通股基本相同，但不用考虑筹资费用。

　　A．银行存款　　B．债券　　C．留存收益　　D．优先股

16．在下列个别资本成本中，（　　）属于债务资本成本。

　　A．普通股成本　　　　　　　　B．商业信用成本

　　C．留存收益成本　　　　　　　D．优先股成本

17．下列各筹资方式中，其用资费用具有抵税作用的是（　　）。

　　A．普通股　　B．优先股　　C．公司债券　　D．以上都不正确

18．一般情况下，下列筹资方式中资本成本较低的是（　　）。

　　A．发行股票　　B．发行债券　　C．留存收益　　D．长期借款

19．某企业的产权比率为 40%，债务平均利率为 8%，股东权益资本的资本成本是 14%，所得税税率为 25%，则该企业的加权平均资本成本是（　　）。

　　A．12.43%　　　B．15.62%　　　C．11.71%　　　D．11.25%

20．某公司资金总额 1 000 万元，负债总额 400 万元，负债利息率 10%，普通股 50 万股，所得税率 25%，息税前利润 200 万元。若息税前利润增长 15%，则每股收益增加（　　）。

　　A．0.45 元　　B．0.30 元　　C．0.35 元　　D．0.28 元

21．实践中，计算加权平均资本成本时，常用的权数为（　　）。

　　A．评估价值权数　　　　　　　B．市场价值权数

　　C．账面价值权数　　　　　　　D．目标价值权数

22．更适用于企业筹措新资本的加权平均资本是按（　　）计算得出的加权平均资本成本。

　　A．账面价值权数　　　　　　　B．市场价值权数

　　C．目标价值权数　　　　　　　D．平均价格权数

23．企业在追加筹资时需要计算（　　）。

A．综合资本成本   B．边际资本成本

C．个别资本成本   D．机会成本

24．某企业长期借款、长期债券和普通股的比例为 3:2:5，企业发行债券在 1 000 万元及以内，其资本成本可以维持在 8%。则筹资突破点为（   ）万元。

A．3 000   B．5 000   C．2 000   D．6 000

25．假定甲企业的信用等级低于乙企业，则下列表述正确的是（   ）。

A．甲企业的筹资成本比乙企业低   B．甲企业的筹资能力比乙企业弱

C．甲企业的债务负担比乙企业轻   D．甲企业筹资风险比乙企业小

26．成本习性是指成本总额与业务量之间在数量上的依存关系。成本按其习性可划分为（   ）。

A．约束成本和酌量成本   B．固定成本、变动成本和混合成本

C．相关成本和无关成本   D．付现成本和非付现成本

27．企业为维持一定经营能力所必须负担的最低成本是（   ）。

A．约束性固定成本   B．酌量性固定成本

C．固定成本   D．沉没成本

28．既具有抵税效应，又能带来杠杆利益的筹资方式是（   ）。

A．使用内部留存   B．发行优先股

C．发行普通股   D．发行债券

29．当经营杠杆系数为1时，下列表述正确的是（   ）。

A．利息费用为零

B．边际贡献为零

C．息税前利润变动率等于产销量变动率

D．产销量增长率为零

30．在正常经营情况下，只要企业存在固定成本，当企业息税前利润大于零时，那么经营杠杆系数必（   ）。

A．恒大于 1   B．与固定成本成反比

C．与风险成反比   D．与销售量成正比

31．当财务杠杆系数为1时，下列说法正确的是（   ）。

A．息税前利润增长为 0

B．息税前利润为 0

C．固定成本为 0

D．普通股每股利润变动率等于息税前利润变动率

32．若企业没有优先股，当财务标杆系数为1时，下列表述正确的是（   ）。

A．息税前利润增长率为零   B．息税前利润为零

C．固定成本为零   D．利息费用为零

33. 财务杠杆效益是指（　　）。

　　A．提高债务比例导致的所得税降低

　　B．利用现金折扣获取的利益

　　C．利用债务筹资给企业带来的额外收益

　　D．降低债务比例所节约的利息费用

34. 某企业生产甲产品，年销售额为 1 000 万元，变动成本 600 万元，固定经营成本 200 万元，则企业的经营杠杆系数为（　　）。

　　A．2　　　　　B．3　　　　　C．4　　　　　D．无法计算

35. 下列各项中，不影响经营杠杆系数的是（　　）。

　　A．产品销售数量　　　　　　B．产品销售价格

　　C．固定成本　　　　　　　　D．利息费用

36. 甲公司 2010 年销售额为 8 000 万元，2011 年预计销售额为 10 000 万元，2010 年息税前利润为 1 000 万元，2011 年预计息税前利润为 1 800 万元，则该公司 2011 年经营杠杆系数为（　　）。

　　A．1.5　　　　B．2.0　　　　C．2.5　　　　D．3.2

37. 某公司全部资本为 1 000 万元，负债比率为 60%，负债利率为 8%，当销售额为 2 000 万元时，息税前利润为 400 万元。所得税率为 25%。则财务杠杆系数为（　　）。

　　A．1.11　　　B．1.21　　　C．1.67　　　D．1.14

38. 某公司财务杠杆系数为 3，该公司目前每股收益为 1 元，若使息税前利润增加 10%，则每股收益将增长为（　　）元。

　　A．1.5　　　　B．3　　　　　C．1　　　　　D．1.3

39. 某企业上年的息税前利润 5 000 万元，利息为 400 万元，融资租赁的租金为 600 万元，假设企业不存在优先股，本年的利息费用和融资租赁的租金较上年没有发生变化，但是本年的息税前利润变为 6 000 万元。则该企业本年的财务杠杆系数为（　　）。

　　A．1.2　　　　B．1.07　　　C．1.25　　　D．1.09

40. 已知某公司经营杠杆系数为 2，固定成本为 500 万元，利息费用为 100 万元，则已获利息倍数为（　　）。

　　A．2　　　　　B．2.5　　　　C．5　　　　　D．1

41. 假定某企业的权益资本与负债资本的比例为 60∶40，据此可断定该企业（　　）。

　　A．经营风险大于财务风险　　　B．只存在经营风险

　　C．同时存在财务风险和经营风险　D．经营风险小于财务风险

42. 某公司的经营杠杆系数为 1.35，财务杠杆系数为 2.4，则该公司销售额每增长 1 倍，就会造成每股收益增加（　　）倍。

　　A．3.75　　　B．3.24　　　C．1.35　　　D．2.4

43. 下列资本结构调整方法中，属于增量调整的是（　　）。

A．债转股 B．发行公司债券

C．提前偿还借款 D．增发新股偿还债务

44．某公司的经营杠杆系数为 2，预计息前税前利润将增长 10%，在其他条件不变的情况下，销售量将增长（ ）。

A．5% B．10% C．15% D．20%

45．（ ）通过计算和比较各种资本结构下公司的市场总价值来确定最佳资本结构的方法。

A．比较资本成本法 B．公司价值分析法

C．每股利润无差别点法 D．因素分析法

（二）多项选择题

1．下列各项费用中，（ ）属于筹资费用。

A．股票的发行费 B．借款手续费

C．债券的印刷费 D．支付的借款利息

2．影响债券资本成本的因素包括（ ）。

A．债券的票面利率 B．债券的发行价格

C．筹资费用的多少 D．公司的所得税税率

3．下列各项费用中，（ ）属于用资费用。

A．向股东支付的股利 B．借款手续费

C．股票、债券的发行费 D．支付的借款利息

4．影响优先股成本的主要因素包括（ ）。

A．优先股股息 B．优先股筹资总额

C．企业所得税税率 D．优先股筹资费率

5．在下列个别资本成本中，（ ）属于权益资本成本。

A．普通股成本 B．优先股成本 C．留存收益成本 D．银行借款成本

6．下列影响商业信用资本成本的因素有（ ）

A．信用额度 B．现金折扣率 C．信用期限 D．折扣期限

7．在计算个别资本成本时，需要考虑所得税抵减作用的筹资方式有（ ）。

A．留存收益 B．发行债券 C．银行借款 D．普通股

8．下列关于债务资本和权益资本的说法正确的有（ ）。

A．债务资本的投资者的风险较小

B．企业对债务资本负担较低的成本，但财务风险较大

C．自有资本的投资者要求获得较高的报酬

D．短期负债没有资本成本

9．关于财务杠杆系数的表述，正确的是（ ）。

A．财务杠杆系数是由企业资本结构决定的，在其他条件不变的情况下，债务比率越高，财务杠杆系数越大

B．财务杠杆系数反映财务风险，即财务杠杆系数越大，财务风险就越大

C．财务杠杆系数与资本结构无关

D．财务杠杆系数反映销售变动引起的每股收益的变化幅度

10．下列项目中，同复合杠杆系数成正比例变动的是（　　）。

A．财务杠杆系数　　　　　　　B．每股利润变动率

C．经营杠杆系数　　　　　　　D．产销量变动率

11．企业财务风险主要体现在（　　）。

A．增加了企业产销量大幅度变动的机会

B．增加了普通股每股利润大幅度变动的机会

C．增加了企业资本结构大幅度变动的机会

D．增加了企业的破产风险

12．下列（　　）筹资方式，能够加大财务杠杆作用。

A．增发普通股　　B．增发优先股　　C．增发公司债券　　D．增加银行借款

13．下列关于杠杆系数的说法，错误的是（　　）。

A．经营杠杆系数越大，企业的经营越稳定

B．经营杠杆系数随着固定成本的变化呈现同方向的变化

C．企业的资金规模、资本结构等都会影响企业的财务杠杆系数

D．复合杠杆系数越大，财务杠杆系数一定越大

14．下列影响经营杠杆系数变动的因素有（　　）。

A．销售价格　　　B．销售量　　　C．负债利息　　　D．固定成本

15．某企业全部资本中，权益资本与债务资本各占50%，下列说法错误的是（　　）。

A．只存在经营风险　　　　　　B．只存在财务风险

C．存在经营风险和财务风险　　D．经营风险和财务风险可以相互抵消

16．关于复合杠杆的说法正确的有（　　）。

A．复合杠杆系数越大，企业经营风险越大

B．复合杠杆能够估计出销售变动对每股收益的影响

C．复合杠杆能够起到财务杠杆和经营杠杆的综合作用

D．只要企业同时存在固定成本和固定财务费用等支出，就会存在复合杠杆的作用

17．企业在最优资本结构情况下（　　）。

A．边际资本成本最低　　　　　B．加权平均资本成本最低

C．企业价值最大　　　　　　　D．每股收益最大

18．确定资本结构的方法主要有（　　）。

A．高低点法　　　　　　　　　B．每股利润无差别点法

C．比较资本成本法 D．公司价值分析法

19．下列属于资本结构理论的是（ ）。

A．净营业收益理论 B．MM 理论

C．代理理论 D．"在手之鸟"理论

20．下列资本结构的调整方法中，属于存量调整的是（ ）。

A．进行融资租赁 B．增发新股偿还债务

C．优先股转为普通股 D．债转股

（三）判断题

1．资本成本是指企业为筹集资金而付出的代价。（ ）

2．长期借款由于借款期限长，风险大，因此借款成本也较高。（ ）

3．留存收益无需企业专门去筹集，所以它本身没有任何成本。（ ）

4．每股收益无差别点法进行筹资决策，能保证加权平均资本成本最低。（ ）

5．通过发行股票筹资，可以不付利息，因此其成本比负债筹资的成本低。（ ）

6．财务杠杆系数是每股利润的变动率，相当于息税前利润变动率的倍数；它是用来衡量财务风险大小的重要指标。（ ）

7．发行优先股筹资，既能为企业带来杠杆利益，又具有抵税效应，所以企业在筹资时应优先考虑发行优先股。（ ）

8．经营杠杆系数越大，息税前利润对于产销量的变化越敏感，经营风险越小。（ ）

9．资本成本可作为判断投资项目是否可行的取舍标准。（ ）

10．职工培训费属于酌量性固定成本。（ ）

11．债券的利息在税前支付，具有节税效应。（ ）

12．若筹集的资本超过筹资总额分界点，即使维持了目标资本结构不变，其资本成本率也会发生变化。（ ）

13．预计销售额小于每股收益无差别点时，增加负债筹资将会得到更高的每股收益。（ ）

14．由于经营杠杆的作用，在息税前盈余下降时，普通股每股盈余会下降得更快。（ ）

15．在各种资金来源中，凡是须支付固定性资本成本的资金都能产生财务杠杆作用。（ ）

16．最佳资本结构是使企业筹集能力最强、财务风险最小的资本结构。（ ）

17．复合杠杆系数越大，复合风险越小。（ ）

18．企业的信用等级越高，其筹资能力就会越强，并且筹资成本也会越高。（ ）

19．当预计的息税前利润小于每股利润无差别点时，运用负债筹资较为有利。（ ）

20．每股利润无差别点考虑了资本结构对每股利润和风险的影响。（ ）

（四）名词解释

1．资本成本　　　　2．息税前利润　　　3．成本习性　　4．财务杠杆
5．筹资总额分界点　6．边际资本成本　　7．经营风险　　8．资本结构

（五）简答题

1．简述财务风险的含义及种类。
2．简述边际资本成本的计算步骤。
3．简述降低资本成本的途径。

（六）计算分析题

1．某企业投资甲项目，需要筹资 5 000 万元，该企业适用的所得税率为 25%。拟采用如下的筹资方案：

（1）向银行借款 1 500 万元，借款年利率为 6%，手续费率为 0.3%；

（2）溢价发行债券，债券面值为 1 000 万元，溢价发行价格为 1 100 万元，票面利率为 8%，筹资费率为 3%，期限为 5 年，每年支付一次利息；

（3）按面值发行优先股 500 万元，预计年股息率为 10%，筹资费率为 4%；

（4）发行普通股 100 万股，面值 10 元，发行价格为 15 元/股，筹资费率为 5%，本年发放股利为每股 1.5 元，以后每年按 5% 递增；

（5）其余所需资本通过留存收益取得。

要求：

（1）计算各种筹资方式的个别资本成本；

（2）计算该筹资方案的加权平均资本成本；

（3）若甲项目预期的投资收益率为 12%，请分析上述筹资方案是否可行。

2．某企业拥有长期资金 3 000 万元，其中长期借款 600 万元，长期债券 900 万元，普通股 1 500 万元。由于扩大经营规模的需要，拟筹集新资金，经分析，认为筹集新资金后仍应保持目前的资本结构，即长期借款占 20%，长期债券占 30%，普通股占 50%。并测算出了随筹资额的增加，各种筹资方式个别资本成本的变化趋势，具体情况见表 5-1。

表 5-1　各种筹资方式的资本成本

资 金 种 类	目标资本结构	新 筹 资 额	资 本 成 本
长期借款	20%	100 万元以内 100 万元以上	4% 5%
长期债券	30%	300 万元以内 300～600 万元 600 万元以上	8% 9% 10%

续表

资金种类	目标资本结构	新筹资额	资本成本
普通股	50%	700 万元以内 700~1 500 万元 1 500 万元以上	13% 14% 15%

要求：

（1）计算各筹资总额分界点；

（2）计算各筹资总额范围的边际资本成本；

（3）画出边际资本成本曲线图；

（4）若企业计划投资一个新项目，需要筹资 2 500 万元，预计投资报酬率为 10%，请问投资该项目是否可行？

3．某股份公司 2010 年税后利润为 1 500 万元，固定成本 2 000 万元，全部资本 5 000 万元，负债比率 40%，负债平均利率 8%，所得税率 25%。

要求：

（1）计算该公司的经营杠杆系数；

（2）计算该公司的财务杠杆系数；

（3）计算该公司的复合杠杆系数；

（4）若 2011 年，该公司的销售收入预计增加 30%，请分析该公司的每股盈余将如何变化？

4．某公司目前息税前利润为 1 500 万元，发行在外普通股 2 000 万股（每股 1 元），已发行利率为 6%的债券 1 000 万元，不存在优先股。该公司打算为一个新的投资项目融资 1 600 万元，新项目投产后，该公司息税前利润预计将增加 400 万元，公司适用所得税率为 25%。现有两个方案可供选择：

A 方案：按 8%的利率平价发行债券；

B 方案：按每股 10 元的价格发行新股，增发 160 万股。

要求：

（1）计算两个方案的每股利润无差别点息税前利润；

（2）不考虑资本结构对风险的影响，请优选方案；

（3）计算所选方案的预计每股利润。

5．某公司年息税前利润为 500 万元，资本全部来源于普通股筹资，无风险报酬率为 6%，证券市场平均报酬率为 12%。该公司认为目前的资本结构不合理，准备用平价发行债券（不考虑筹资费用）购回部分股票的办法予以调整，假定债券的市场价值等于其面值，公司所得税税率为 25%。经过测算，不同债务水平下的债务平均利息率与普通股成本如表 5-2 所示。

要求：

（1）使用公司价值分析法计算各个债务水平下公司的市场价值及其加权平均资本成本率；

（2）比较分析债务筹资多少万元时公司的资本结构最佳？最佳资本结构的加权平均资本成本是多少？

表 5-2 不同债务水平下的债务平均利息率与普通股成本

债务市场价值/万元	税前债券利息率	股票 β 值	普通股资本成本率
0		1.1	12.6%
500	7%	1.3	13.8%
800	8%	1.5	15%
1 000	9%	1.6	15.6%

（七）论述题

结合当前实践，论述影响资本结构的因素。

（八）案例分析

"大宇神话"透视的财务杠杆双刃剑

【案情介绍】

韩国第二大企业集团大宇集团 1999 年 11 月 1 日向新闻界正式宣布，该集团董事长金宇中以及 14 名下属公司的总经理决定辞职，以表示"对大宇的债务危机负责，并为推行结构调整创造条件"。韩国媒体认为，这意味着"大宇集团解体进程已经完成"，"大宇集团已经消失"。

大宇集团于 1967 年开始奠基立厂，其创办人金宇中当时是一名纺织品推销员。经过 30 年的发展，通过政府的政策支持、银行的信贷支持和在海内外的大力购并，大宇成为直逼韩国最大企业——现代集团的庞大商业帝国：1998 年年底，总资产高达 640 亿美元，营业额占韩国 GDP 的 5%；业务涉及贸易、汽车、电子、通用设备、重型机械、化纤、造船等众多行业；国内所属企业曾多达 41 家，海外公司数量创下过 600 家的记录，鼎盛时期，海外雇员多达几十万人，大宇成为国际知名品牌。大宇是"章鱼足式"扩张模式的积极推行者，认为企业规模越大，就越能立于不败之地，即所谓的"大马不死"。据报道，1993 年金宇中提出"世界化经营"战略时，大宇在海外的企业只有 15 家，而到 1998 年年底已增至 600 多家，"等于每 3 天增加一个企业"。还有更让韩国人为大宇着迷的是：在韩国陷入金融危机的 1997 年，大宇不仅没有被危机困倒，反而在国内的集团排名中由第 4 位上升到第 2 位，金宇中本人也被美国《幸福》杂志评为亚洲风云人物。

1997 年年底韩国发生金融危机后，其他企业集团都开始收缩，但大宇仍然我行我素，结果债务越背越重。尤其是 1998 年年初，韩国政府提出"五大企业集团进行自律结构调整"方针后，其他集团把结构调整的重点放在改善财务结构方面，努力减轻债务负担。大宇却认为，只要提高开工率，增加销售额和出口就能躲过这场危机。因此，它继续大量发行债券，进行"借贷式经营"。1998 年大宇发行的公司债券达 7 万亿韩元（约 58.33 亿美元）。1998 年第 4 季度，大宇的债务危机已初露端倪，在各方援助下才避过债务灾难。此后，在严峻的债务压力下，大梦方醒的大宇虽作出了种种努力，但为时已晚。1999 年 7 月中旬，大宇向韩国政府发出求救信号；7 月 27 日，大宇因"延迟重组"，被韩国 4 家债权银行接管；8 月 11 日，大宇在压力下屈服，割价出售两家财务出现问题的公司；8 月 16 日，大宇与债权人达成协议，在 1999 年年底前，将出售盈利最佳的大宇证券公司，以及大宇电器、大宇造船、大宇建筑公司等，大宇的汽车项目资产免遭处理。"8 月 16 日协议"的达成，表明大宇已处于破产清算前夕，遭遇"存"或"亡"的险境。由于在此后的几个月中，经营依然不善，资产负债率仍然居高，大宇终不得不走向本文开头所述的那一幕。

大宇集团为什么会倒下？在其轰然坍塌的背后，存在的问题固然是多方面的，但不可否认有财务杠杆的消极作用在作怪。大宇集团在政府政策和银行信贷的支持下，走上了一条"举债经营"之路。试图通过大规模举债，达到大规模扩张的目的，最后实现"市场占有率至上"的目标。1997 年亚洲金融危机爆发后，大宇集团已经显现出经营上的困难，其销售额和利润均不能达到预期目的，而与此同时，债权金融机构又开始收回短期贷款，政府也无力再给它更多支持。1998 年初韩国政府提出"五大企业集团进行自律结构调整"方针后，其他集团把结构调整的重点放在改善财务结构方面，努力减轻债务负担。但大宇却认为，只要提高开工率，增加销售额和出口就能躲过这场危机。因此，它继续大量发行债券，进行"借贷式经营"。正由于经营上的不善，加上资金周转上的困难，韩国政府于 7 月 26 日下令债权银行接手对大宇集团进行结构调整，以加快这个负债累累的集团的解散速度。由此可见，大宇集团的举债经营所产生的财务杠杆效应是消极的，不仅难于提高企业的盈利能力，反而因巨大的偿付压力使企业陷于难于自拔的财务困境。从根本上说，大宇集团的解散，是其财务杠杆消极作用影响的结果。

【思考与讨论】

（1）取得财务杠杆利益的前提条件是什么？实践中，如何理解"财务杠杆效应是一把双刃剑"这句话？

（2）我国企业从"大宇神话"中应该吸取哪些教训？

（资料来源：天津财经大学商学院，财务管理精品课程）

四、答案及解析

（一）单项选择题

1. A，【解析】资本成本是企业筹集和使用资本而付出的代价，包括资本筹集费和资本使用费（也称用资费或占用费）两部分。

2．D，【解析】用资费用是使用资本过程中因占有资本而付出的代价，如股利、利息等。

3．D，【解析】留存收益是税后净利形成的盈余公积和未分配利润，不发生筹资费用。

4．B，【解析】借款成本 = [500 × 7% × (1 − 25%)/500] × 100% = 5.25%。

5．C，【解析】优先股成本 = (100 × 9%)/[100 × (1 − 2%)] × 100% = 9.18%。

6．D，【解析】10 天之内付款，可享受 2% 的折扣，30 天之内必须全额付款。

7．B，【解析】债券成本 = 1 000 × 8% × (1 − 25%)/[1 100 × (1 − 2%)] × 100% = 5.57%。

8．D，【解析】该普通股资本成本率 = [1.2 × (1 + 5%)]/[15 × (1 − 3%)] + 5% = 13.66%。

9．C，【解析】当预计 EBIT 大于无差异点 EBIT 时，负债筹资方式的每股利润大于股票筹资方式的每股利润，所以运用负债筹资较为有利；反之使用股票筹资更有利。

10．B，【解析】资本成本是投资者对投入资本所要求的收益率。增发普通股的投资者要求得到同类股票的预期收益率，即[0.6 × (1 + g)]/[12 × (1 − 6%)] + g = 11%，则 g = 5.39%。

11．C，【解析】1.3/[市价 × (1 − 3%)] + 4% = 12%，则市价 = 16.75（元）。

12．A，【解析】净收益理论认为负债可以降低资本成本，负债越多则企业价值越大。

13．B，【解析】放弃现金折扣的机会成本 = 现金折扣率 ÷ [(1 − 现金折扣率) × (信用期 − 折扣期)] × 360 = 24.49%。

14．B，【解析】该留存收益资本成本 = [2 × (1 + 6%)]/35 + 6% = 12.06%。

15．C，【解析】留存收益成本的计算与普通股基本相同，但不用考虑筹资费用。

16．B，【解析】商业信用筹集的资本属于企业的债务。

17．E，【解析】公司债券的利息、借款的利息等是在税前支付的，所以具有抵税作用。

18．D，【解析】债务利息在税前支付，有抵税作用，其成本一般低于权益资本。债券利息和筹资费用一般高于长期借款，即债券成本高于长期借款成本，长期借款资本成本较低。

19．C，【解析】产权比率 = 负债总额/所有者权益，则负债 = 0.4 × 所有者权益，因此，在资本结构中，负债占总资本的比例为：负债/(负债 + 所有者权益) = 0.4 × 所有者权益/(0.4 × 所有者权益 + 所有者权益) = 2/7，权益资本占的比例为：所有者权益/(负债 + 所有者权益) = 所有者权益/(0.4 × 所有者权益 + 所有者权益) = 5/7 则加权平均资本成本 = 8% × (1 − 25%) × 2/7 + 14% × 5/7 = 11.71%。

20．A，【解析】财务杠杆系数（DFL）= 200 ÷ (200 − 400 × 10%) = 1.25

每股收益(EPS) = [(200 − 400 × 10%) × (1 − 25%)] ÷ 50 = 2.4（元/股）

ΔEPS/EPS ÷ ΔEBIT/EBIT = 1.25，即 ΔEPS/2.4 ÷ 15% = 1.25，则每股收益增加（ΔEPS）= 1.25 × 15% × 2.4 = 0.45（元）

21．C，【解析】实务中，当账面价值与市场价值差别不是很大时，为了计算方便，通常以账面价值为主计算加权平均资本成本。

22．C，【解析】目标价值权数能体现期望的资本结构，所以按目标价值权数计算得出的加权平均资本成本更适用于企业筹措新资本。

23．B，【解析】边际资本成本是追加筹资时所使用的加权平均资本成本,是评价投资项目可行性的经济参考标准。

24. B,【解析】筹资突破点,也称筹资总额分界点,筹资突破点＝个别资本成本分界点/个别资本占总资本的比例＝1 000/20%＝5 000（万元）。

25. B,【解析】信用等级越高,筹资能力越强,并且筹资成本也会相对较低。

26. B,【解析】成本按其习性可划分为固定成本、变动成本和混合成本。

27. A,【解析】约束性固定成本,属于企业"经营能力"成本,是企业为维持一定的业务量所必须负担的最低成本,如厂房、机器设备的折旧费、长期租赁费等。

28. D,【解析】负债筹资的利息在税前支付,计入财务费用,具有抵税作用,同时当企业资本收益率大于借款利率时,负债还能够带来财务杠杆利益,借款和债券均有这种属性;优先股只有杠杆效应没有抵税作用;普通股既无杠杆效应也无抵税作用。

29. C,【解析】经营杠杆系数＝息税前利润变动率/产销量变动率,当经营杠杆系数为1时,息税前利润变动率等于产销量变动率。

30. A,【解析】DOL＝(EBIT＋F)/EBIT,只要有固定资本,经营杠杆系数必大于1。

31. D,【解析】财务杠杆系数＝普通股每股利润变动率/息税前利润变动率,当财务杠杆系数为1时,分子分母应该相等,即普通股每股利润变动率等于息税前利润变动率。

32. D,【解析】财务杠杆系数＝息税前利润/(息税前利润－利息费用),由公式中可看出,利息为零时,财务标杆系数为1。

33. C,【解析】企业负债经营,当负债数额一定时,不论利润多少,其利息是不变的。于是,当利润增大时,每一元利润所负担的利息就会相对减少,从而给投资者收益带来更大幅度的提高。这种债务对投资者收益的影响称作财务杠杆。

34. A,【解析】经营杠杆系数＝(1 000－600)/(1 000－600－200)＝2。

35. D,【解析】DOL 指销量变所引起的息税前利润的变动幅度。利息对息税前利润没有影响。

36. D,【解析】2011 年经营杠杆系数＝息税前利润增长率/销售额增长率
＝[(1 800－1 000)/1 000]÷[(10 000－8 000)/8 000]＝0.8÷0.25＝3.2

37. D,【解析】财务杠杆系数＝400/(400－1 000×60%×8%)＝1.14

38. D,【解析】财务杠杆系数＝每股收益增长率/息税前利润增长率＝3,则每股收益增长率＝3×10%＝30%,每股收益＝1×(1＋30%)＝1.3（元）。

39. C,【解析】由于存在融资租赁的租金,所以,本年的财务杠杆系数＝EBIT÷(EBIT－利息－股息－租金)＝5 000÷(5 000－400－600)＝1.25,注意,计算本年的财务杠杆系数时,应该使用基期的数据计算,所以,本题应该使用上年的数据计算本年的财务杠杆系数,而不能按照本年的息税前利润（6 000）计算本年的财务杠杆系数。

40. C,【解析】DOL＝(EBIT＋F)/EBIT,则(EBIT＋500)/EBIT＝2,得 EBIT＝500（万元）,已获利息倍数＝息税前利润/利息费用＝500/100＝5。

41. C,【解析】企业有负债,就存在财务风险;同时,只要企业经营,就存在经营风

险。但是无法根据权益资本和负债资本的比例判断出财务风险和经营风险孰大孰小。

42．B，【解析】复合杠杆系数＝经营杠杆系数×财务杠杆系数＝1.35×2.4＝3.24，所以每股收益增加3.24倍。

43．B，【解析】A、D是存量调整；C是减量调整。

44．A，【解析】经营杠杆系数＝息税前利润变化率/产销量变化率。则产销量变化率＝10%/2＝5%。

45．B，【解析】通过计算和比较各种资本结构下公司的市场总价值来确定最佳资本结构的方法是公司价值分析法。

（二）多项选择题

1．ABC，【解析】股票的发行费、借款手续费、债券的印刷费都属于筹资费用；支付的借款利息属于用资费用。

2．ABCD，【解析】债券成本＝年利息×(1－所得税率)/债券筹资总额×(1－筹资费率)×100%，其中年利息＝债券面值×票面利率；债券资总额是债券发行总价，ABCD均影响债券成本。

3．AD，【解析】借款手续费、债券和股票发行费属于筹资费用；股利以及利息是用资费用。

4．ABD，【解析】优先股成本＝年股息÷[筹资总额(1－筹资费率)]，根据公式可知，影响优先股成本的主要因素有：优先股股息、优先股筹资费率、优先股筹资总额。

5．ABC，【解析】银行借款筹集的资本形成企业的负债，所以银行借款成本属于债务资本成本。优先股、普通股和留存收益筹集的资本形成企业的所有者权益，称为权益资本成本。

6．BCD，【解析】根据商业信用资本成本的计算公式，商业信用资本成本＝现金折扣率÷[(1－现金折扣率)×(信用期－折扣期)]×360，信用额度不影响商业信用的资本成本。

7．BC，【解析】由于负债的利息是在税前支付，具有抵税作用，所以，在计算负债筹资方式的个别资本成本时须考虑所得税因素。发行债券、银行借款属于负债筹资方式。

8．ABC，【解析】短期负债，如借款商业信用均有资本成本。

9．AB，【解析】在其他条件不变情况下，债务比率越高，负债利息越大，财务杠杆系数越大。财务风险是指全部资本中债务资本比率的变化带来的风险，财务杠杆系数越大，财务风险就越大。财务杠杆系数受资本结构的影响，故C错误。财务杠杆系数说明的是息税前盈余增长引起的每股盈余的增长幅度。故D错误。

10．ABC，【解析】总杠杆系数＝经营杠杆系数×财务杠杆系数＝每股利润变动率/产销量变动率。

11．BD，【解析】企业财务风险即筹资风险，主要体现在：财务风险大，意味着普通股每股利润的变动幅度就大，不能偿还到期债务的风险就大，增加了企业的破产风险。

12．BCD，【解析】财务杠杆作用是指由于存在负债利息和优先股息等固定性财务支出，而导致的息税前利润较小变动就会引起税后每股利润较大变动的效应。普通股没有固定的支付股利义务，因而不能加大财务杠杆作用。

13．AD，【解析】经营杠杆系数越大，企业的经营风险也越大，经营越不稳定，A 错误。其他因素不变时，财务杠杆系数越大，则复合杠杆系数越大，D 的说法相反。

14．ABD，【解析】影响经营杠杆系数的因素包括产品销售数量、产品销售价格、单位变动成本和固定成本等因素，不包括负债利息，利息影响的是财务杠杆系数。

15．ABD，【解析】经营风险是指由于生产经营的不确定性所引起的风险，企业只要经营就存在经营风险；财务风险是由于负债筹资引起的风险。经营风险和财务风险不能抵消，两者的连锁作用会加大复合风险。

16．BCD，【解析】复合杠杆系数 = 经营杠杆系数 × 财务杠杆系数 = 每股利润变动率/产销量变动率。

17．BC，【解析】所谓最优资本结构，是指在一定条件下使企业加权平均资本成本最低企业价值最大的资本结构。

18．BCD，【解析】确定最佳资本结构的方法有每股利润无差别点法、比较资本成本法和公司价值分析法。

19．ABC，【解析】资本结构理论包括净收益理论、净营业收益理论、传统折中理论、MM 理论、平衡理论、代理理论和等级筹资理论等。"在手之鸟"理论属于股利理论。

20．BCD，【解析】进行融资租赁属于资本结构的增量调整法。

（三）判断题

1．×，【解析】资本成本是企业为筹集和使用资金而付出的代价。

2．×，【解析】利用长期借款筹资，其利息可以在所得税前列支，故可减少企业实际负担的成本。因此，比股票筹资的成本要低得多。与债券资本成本相比，借款利率一般会低于债券利率，此外，由于借款属于直接筹资，筹资费用也较少。

3．×，【解析】留存收益是所得税后形成的，其所有权属于股东，相当于股东对公司的追加投资。股东将留存收益用于公司，是想从中获取投资报酬，所以留存收益也有资本成本，它是一种机会成本。

4．×，【解析】 每股收益无差别点法没有考虑资本结构对于风险的影响，使用该种方法选出的是每股利润最大的筹资方式，但并不一定是加权平均资本成本最低。

5．×，【解析】发行股票筹资，虽不付利息，但要支付股利，且股利由税后利润负担，不能抵税，因此其成本比负债筹资的成本高。

6．√，【解析】财务杠杆系数表明的是息前税前盈余增长所引起的每股盈余的增长幅度，财务杠杆系数越高，财务风险越大。

7．×，【解析】优先股股利在税后支付，只有杠杆效应，没有抵税作用。

8．×，【解析】经营杠杆系数越大，相同数量的产销业务量的变化引起的息税前利润的变化越大，企业的经营风险越大。

9．√，【解析】资本成本是投资人对投入资金所要求的收益率，一般国际上通常把资本成本作为投资项目最低收益率。

10．√，【解析】酌量性固定成本属于"经营方针"成本，根据企业经营方针由管理当局确定的一定时期的成本。广告费、研究与开发费、职工培训费等都属于这类成本。

11．√，【解析】债券利息在税前支付，减少了企业的利润总额，具有节约税收的效应。

12．√，【解析】筹集的资金超过筹资总额分界点后，个别筹资方式的资本成本是发生变化的，所以即使维持了目标资本结构，其平均资本成本率也会发生变化。

13．×，【解析】销售额大于每股收益无差别点时，负债筹资将会得到更高的每股收益。

14．×，【解析】经营杠杆表示的是在固定成本不变的情况下，销售量对利润产生的作用。财务杠杆的作用，才是用来估计息税前盈余变动所引起的每股盈余的变动幅度。

15．√，【解析】在各种资金来源中，负债和优先股都有固定的用资费用，即固定的利息或优先股息负担，因而会发生财务杠杆作用。

16．×，【解析】最佳资本结构下，企业的财务风险不一定最小。

17．×，【解析】复合杠杆系数越大，复合风险越大。

18．×，【解析】信用等级越高，筹资能力越强，且筹资成本也会相对较低。

19．×，【解析】当预计息税前利润小于每股利润无差别点时，运用权益筹资较为有利。

20．×，【解析】无差别点只考虑资本结构对每股利润影响，没有考虑资本结构对风险影响。

（四）名词解释（略）

（五）简答题（略）

（六）计算分析题

1．解：

（1）各种筹资方式的个别资本成本。

银行借款成本 $= [1\ 500 \times 6\% \times (1 - 25\%)]/[1\ 500 \times (1 - 0.3\%)] \times 100\% = 4.51\%$

债券资本成本 $= [1\ 000 \times 8\% \times (1 - 25\%)]/[1\ 100 \times (1 - 3\%)] \times 100\% = 5.62\%$

优先股资本成本 $= (500 \times 10\%)/[500 \times (1 - 4\%)] \times 100\% = 10.42\%$

普通股资本成本 $= [1.5 \times (1 + 5\%)]/[15 \times (1 - 5\%)] \times 100\% + 5\% = 16.05\%$

留存收益成本 $= [1.5 \times (1 + 5\%)]/15 \times 100\% + 5\% = 15.5\%$

（2）该筹资方案的加权平均资本成本。

银行借款占资本总额的比例 $= 1\ 500/5\ 000 \times 100\% = 30\%$

债券占资本总额的比例 = 1 100/5 000 × 100% = 22%

优先股占资本总额的比例 = 500/5 000 × 100% = 10%

普通股占资本总额的比例 = 1 500/5 000 × 100% = 30%

留存收益占资本总额的比例 = (5 000 − 1 500 − 1 100 − 500 − 1 500)/5 000 × 100% = 8%

加权平均资本成本 = 4.51% × 30% × +5.62% × 22% + 10.42% × 10% × + 16.05% × 30% + 15.5% × 8% = 9.69%

（3）甲项目预期的投资收益率为 12%，大于筹资方案的加权平均资本成本 9.69%，因此，上述筹资方案可行。

2．解：（1）计算各筹资总额的分界点。

长期借款筹资总额分界点：100/20% = 500（万元）

长期债券筹资总额分界点：300/30% = 1 000（万元）；600/30% = 2 000（万元）

普通股筹资总额分界点： 700/50% = 1 400（万元）；1 500/50% = 3 000（万元）

（2）计算各筹资总额范围的边际资本成本。

由上述各筹资总额分界点，可得出六组筹资范围，其边际资本成本如下。

① 500 万元以内：边际成本 = 4% × 20% + 8% × 30% + 13% × 50% = 9.7%。

② 500～1 000 万元：边际成本 = 5% × 20% + 8% × 30% + 13% × 50% = 9.9%。

③ 1 000～1 400 万元：边际成本 = 5% × 20% + 9% × 30% + 13% × 50% = 10.2%。

④ 1 400～2 000 万元：边际成本 = 5% × 20% + 9% × 30% + 14% × 50% = 10.7%。

⑤ 2 000～3 000 万元：边际成本 = 5% × 20% + 10% × 30% + 14% × 50% = 11%。

⑥ 3 000 万元以上：边际成本 = 5% × 20% + 10% × 30% + 15% × 50% = 11.5%。

（3）边际资本成本曲线图如图 5-1 所示。

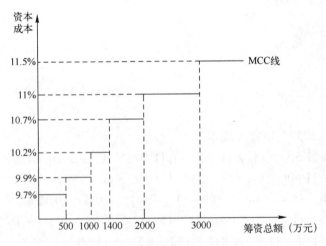

图 5-1　边际资本成本曲线图

（4）若该企业有一个新项目需要筹资 2 500 万元，由上述计算结果可知：筹资 2 000～

3 000 万元时，边际资本成本为 11%，而该新项目的预计报酬率 10% 小于边际资本成本 11%，所以投资该项目不可行。

3．解：

（1）计算该公司的经营杠杆系数：

利息 = 5 000 × 40% × 8% = 160（万元）

息税前利润 = 税前利润 + 利息 = 1 500/(1 − 25%) + 160 = 2 160（万元）

经营杠杆系数 = (息税前利润 + 固定成本)/息税前利润 = (2 160 + 2 000)/2 160 = 1.93

（2）计算该公司的财务杠杆系数：

财务杠杆系数 = 息税前利润/(息税前利润 − 利息) = 2 160/(2 160 − 160) = 1.08

（3）计算该公司的复合杠杆系数：

复合杠杆系数 = 经营杠杆系数 × 财务杠杆系数 = 1.93 × 1.08 = 2.08

（4）分析该公司每股盈余如何变化：

复合杠杆系数 = 经营杠杆系数 × 财务杠杆系数，按定义公式化简后，复合杠杆系数 = 每股盈余变动率/产销量变动率，若 2011 年该公司销售收入预计增加 30%，则每股盈余变动率 = 2.08 × 30% = 62.4%，说明在其他条件不变情况，该公司销售收入增加 30%，每股盈余将增加 62.4%。

4．解：

（1）设每股利润无差别点息税前利润为 $EBIT_0$，则：

$(EBIT_0 − 1\ 000 × 6\% − 1\ 600 × 8\%) × (1 − 25\%)/2\ 000 = (EBIT_0 − 1\ 000 × 6\%) × (1 − 25\%)/2\ 160$ 得，$EBIT_0 = 1\ 788$（万元）

（2）新项目投产后，该公司息税前利润预计将增加 400 万元，则投产后息税前利润 $EBIT = 1\ 500 + 400 = 1\ 900$（万元）

由于 $EBIT > EBIT_0$，所以，应该采用负债多的筹资方案，即优选 A 方案。

（3）设 A 方案的预计每股利润为 EPS，则

$EPS = (EBIT − 1\ 000 × 6\% − 1\ 600 × 8\%) × (1 − 25\%)/2\ 000$
$= (1\ 900 − 60 − 128) × (1 − 25\%)/2\ 000 = 0.64$（元/股）

5．解：

（1）计算各个债务水平下公司的市场价值及其加权平均资本成本率。

公司的市场价值 = 股票的市场价值 + 债券的市场价值

由题意可知，债券的市场价值等于其面值。

同时，由"公司价值分析法"原理可知，

股票的市场价值 = (息税前利润 − 利息) × (1 − 所得税率)/普通股资本成本率

① 债券市场价值为 0 时

股票市场价值 = (500 − 0) × (1 − 25%)/12.6% = 2 976.19（万元）

公司的市场价值 = 2 976.19 + 0 = 2 976.19（万元）

加权平均资本成本率 = 12.6%

② 债券市场价值为 500 万元时

股票市场价值 = [(500 − 500 × 7%) × (1 − 25%)]/13.8% = 2 527.17（万元）

公司的市场价值 = 2 527.17 + 500 = 3 027.17（万元）

债券的权数 = 500/3 027.17 = 16.52%，股票的权数 = 2 527.17/3 027.17 = 83.48%

加权平均资本成本率 = 7% × (1 − 25%) × 16.52% + 13.8% × 83.48% = 12.39%

③ 债券市场价值为 800 万元时

股票市场价值 = [(500 − 800 × 8%) × (1 − 25%)]/15% = 2 180（万元）

公司的市场价值 = 2 180 + 800 = 2 980（万元）

债券的权数 = 800/2 980 = 26.85%，股票的权数 = 2 180/2 980 = 73.15%

加权平均资本成本率 = 8% × (1 − 25%) × 26.85% + 15% × 73.15% = 12.58%

④ 债券市场价值为 1 000 万元时

股票市场价值 = (500 − 1 000 × 9%) × (1 − 25%)/15.6% = 1 971.15（万元）

公司的市场价值 = 1 971.15 + 1 000 = 2 971.15（万元）

债券的权数 = 1 000/2 971.15 = 33.66%，股票的权数 = 1 971.15/2 971.15 = 66.34%

加权平均资本成本率 = 9% × (1 − 25%) × 33.66% + 15.6% × 66.34% = 12.62%

（2）由上述计算结果可以看出：在债务为 500 万元时，公司的市场价值最大，加权平均资本成本率最低，因此，债务为 500 万元的资本结构为最佳资本结构，其加权资本成是 12.39%。

（七）论述题【答题要点】

影响资本结构的因素既有企业外部影响因素，又有企业内部影响因素。

（1）外部影响因素：①国家的发达程度；②经济周期；③企业所处行业的竞争程度；④税收机制；⑤利率变动趋势。

（2）内部影响因素：①企业规模；②资产结构；③企业获利能力；④企业偿债能力；⑤股利政策；⑥所有者和经营者对公司权利和风险的态度。

总之，企业资本结构是受到外部、内部因素的影响，这些因素并非一成不变，而是处于不断变化中，资本结构应该根据变化作出调整，在筹资过程中，应综合考虑以上因素，为了有利于企业的长远发展，应选择弹性较大的筹资方式，为资本结构再调整留有余地。

（八）案例分析【答题要点】

（1）取得财务杠杆利益的前提条件是总资产利润率大于借款利率。举债经营对企业的影响是双向的，当总资产利润率大于借款利率时，负债的运用会大幅度提高企业的每股利润，负债体现的是一种正杠杆的效应；反之，负债的运用会大幅度地降低企业的每股利润，负债体现的是一种负杠杆的效应。

（2）我国企业应该吸取教训是：不求最大，但求最好。有规模并不等于一定有效益。一个企业的大小应取决于企业核心竞争能力大小的要求。只有拥有核心竞争能力，才能将企业做得最好。没有核心竞争能力的企业，一味追求企业规模的扩大，其结果只能是无功而返，甚至陷入困境。

当前，我国企业，特别是一些靠国家政策扶持的国有企业，应该加强企业自身管理的改进，避免盲目从事多元化经营，及时清理与企业核心竞争能力无关的资产和业务，保留与企业核心竞争能力相关的业务，优化企业资本结构，进一步提高企业的核心竞争能力。

第六章　项目投资

一、本章内容框架

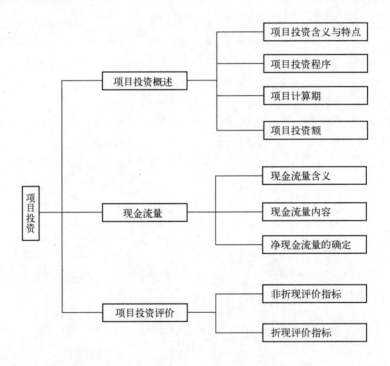

二、本章重点内容概述

（一）项目投资含义

项目投资是一种以特定项目为对象，直接与新建项目或更新改造项目有关的长期投资行为。从性质上看，它是企业直接的、生产性的对内实物投资，通常包括固定资产投资、无形资产投资、流动资金投资。

（二）项目投资的特点

（1）投资金额大；

（2）影响时间长；

（3）变现能力差；

（4）投资风险大。

（三）项目投资的程序

（1）投资项目的提出；

（2）投资项目的评价；

（3）投资项目的决策；

（4）投资项目的执行；

（5）投资项目的再评价。

（四）项目计算期的构成

项目计算期是指投资项目从投资建设开始到最终清理报废为止全过程所经历的时间，包括建设期和生产经营期。

建设期（记作 s）的第 1 年年初（记作第 0 年）称为建设起点，建设期的最后一年年末（第 s 年）称为投产日。项目计算期的最后一年年末（第 n 年）称为终结点。从投产日到终结点之间的时间间隔称为生产经营期（记作 p），生产经营期又包括试产期和达产期。项目计算期与建设期、生产经营期之间的关系是 $n = s + p$。

（五）项目资金构成

1. 原始总投资（记作 I）

原始总投资是为使项目完全达到设计生产能力、开展正常经营而投入的全部现实资金。

2. 投资总额（记作 I'）

投资总额是反映项目投资总体规模的价值指标，它是原始总投资与建设期资本化利息之和。建设期资本化利息是指项目建设期发生的与购建固定资产、无形资产等长期资产有关的借款利息。

（六）现金流入量的内容及估算

现金流入量是指能够使投资方案的现实货币资金增加的项目金额。主要包括以下内容。

1. 营业收入

营业收入指项目投产后每年实现的全部销售收入或业务收入，是经营期现金流入量的最主要项目。应按照项目在经营期内有关产品的各年预计单价的预测销售量进行估算。

2. 回收固定资产余值

回收固定资产余值指项目的固定资产在终结点报废清理时净残值或中途转让变价收入。

3. 回收流动资金

回收流动资金指新建项目在计算期终结点因不再发生新的替代投资而回收的原垫付的全部流动资金投资额。

4. 其他现金流量

其他现金流量指除上述三项之外的现金流入量，如营业外收入、补贴收入等。

（七）现金流出量

现金流出量是指能够使投资方案的现实货币资金减少的项目金额。主要包括以下内容。

1. 建设投资（含更新改造投资）

建设投资指在建设期内按一定生产经营规模和建设内容进行的固定资产投资、无形资产投资的总称。它是建设期发生的主要现金流出量。

2. 流动资金投资

流动资金投资指在完整工业投资项目中发生的用于生产经营期周转使用的营运资金投资。建设投资与流动资金投资统称为项目的原始总投资。流动资金投资的估算方法为：

某年流动资金投资额＝本年流动资产需用额－本年流动负债可用额－截至上年年末流动资金占用额

3. 经营成本

经营成本指在经营期内为满足正常生产经营活动需要而动用现实货币资金支付的成本费用，也称为付现成本。它是生产经营过程中最主要的现金流出量。其估算方法是：

某年经营成本＝当年不包括财务费用的总成本费用－折旧、摊销等非付现成本

4. 各项税款

各项税款指项目投产后依法缴纳的、单独列示的各项税款，包括营业税、资源税、城市维护建设税、教育费附加和所得税等。

（八）净现金流量的确定

净现金流量（用 NCF 表示）是指在项目计算期内由每年现金流入量与该年现金流出量之间的差额所形成的序列指标。其理论公式如下：

净现金流量＝现金流入量－现金流出量

1. 单独固定资产投资项目

（1）建设期净现金流量。

假设原始投资都在建设期内投入，则

建设期净现金流量＝－原始投资额

即 $NCF_t = -I_t$（$t = 0，1，2，\cdots，S，S \geqslant 0$），

式中：I_t——第 t 年原始投资额；

　　　S——建设期年限。

（2）经营期净现金流量

经营期某年所得税前净现金流量＝该年因使用该固定资产新增的息税前利润＋该年因使用该固定资产新增的折旧＋该年回收的固定资产净残值

经营期某年所得税后净现金流量＝经营期某年所得税前净现金流量－该年因使用该固定资产新增的所得税

2. 完整工业投资项目

（1）建设期净现金流量。

假设完整工业投资项目的原始投资都在建设期内投入，则

建设期净现金流量＝－原始投资额

即 $NCF_t = -I_t$（$t = 0，1，2，\cdots，S，S \geqslant 0$）

式中：I_t——第 t 年原始投资额；

　　　S——建设期年限。

（2）经营期净现金流量。

如果项目在经营期内不追加流动资金投资，则完整工业投资项目净现金流量计算如下：

经营期某年所得税前净现金流量（NCF_t）＝该年息税前利润＋该年折旧＋该年摊销＋该年回收额－该年维持运营投资

经营期某年所得税后净现金流量（NCF_t）＝该年息税前利润×(1－所得税税率)＋该年折旧＋该年摊销＋该年回收额－该年维持运营投资

3. 更新改造投资项目

（1）建设期某年净现金流量＝－（该年发生的新固定资产投资－旧固定资产变现净收入）

建设期末的净现金流量＝因旧固定资产提前报废发生净损失而抵减的所得税税额

（2）如果建设期为零，则经营期所得税后净现金流量计算如下：

经营期第一年所得税后净现金流量＝该年因更新改造而增加的息税前利润×(1－所得

税税率) + 该年因更新改造而增加的折旧 + 因旧固定资产提前报废发生净损失而抵减的所得税税额

经营期其他各年所得税后净现金流量 = 该年因更新改造而增加的息税前利润 × (1 - 所得税税率) + 该年因更新改造而增加的折旧 + 该年回收新固定资产净残值超过假定继续使用的旧固定资产净残值之差值。

（九）非折现评价指标

项目投资评价指标分为非折现评价指标和折现评价指标两类。

非折现评价指标是指在计算过程中不考虑资金时间价值因素的指标，也称为静态指标，主要有投资利润率和静态投资回收期两个指标。

1. 投资利润率（记作 ROI）

投资利润率，也称投资收益率，是达产期正常年度年息税前利润或年平均息税前利润占投资总额的百分比。

投资利润率 = 年息税前利润或年均息税前利润/项目总投资 × 100%

即 $ROI = P/I \times 100\%$

其中，I = 原始投资额 + 资本化利息。

（1）ROI ≥ 无风险投资利润率或期望投资利润率时，方案可行；且 ROI 越高，方案越优。

（2）ROI < 无风险投资利润率或期望投资利润率时，方案不可行。

2. 静态投资回收期

静态投资回收期是指以投资项目经营净现金流量抵偿原始投资额需要的全部时间。该指标以年为计量单位，具体有包括建设期的回收期 PP′ 和不含建设期的回收期 PP 两种形式。

$$PP' = PP + S$$

式中：S——建设期年限；

PP——按以下两种情况计算。

（1）投资后，每年净现金流量相等时：

不含建设期的回收期 PP = 原始投资额/年净现金流量 = I/NCF

（2）投资后，每年净现金流量不相等时：

PP = 累计 NCF 最后出现负数的年份数 + 该年尚未收回的投资额/次年的净现金流量 NCF

（十）折现评价指标

折现评价指标是指在计算中考虑了时间价值因素，包括净现值、净现值率、获利指数和内部收益率。

1. 净现值

净现值（记作 NPV）是指项目计算期内各年现金净流量的现值之和与原始投资总现值之间的差额，它以现金流量的形式反映投资所得与投资的关系。

$$净现值＝投资项目未来报酬总现值－原始投资总现值$$

$$NPV = \sum_{i=0}^{n} NCF_t \cdot (P/F, i, t) - I$$

式中：NCF_t——各年现金净流量；

$(P/F, i, t)$——第 t 年折现率为 i 的复利现值系数。

决策标准是：

（1）NPV≥0，方案可行；在各方案原始投资额相等的条件下，NPV 越大，方案越优。

（2）NPV＜0，方案不可行。

2．净现值率

净现值率（记作 NPVR）是指投资项目的净现值占原始投资总现值的比例。

净现值率 NPVR＝净现值/原始投资总现值 × 100%

$$NPVR = NPV/I \times 100\%$$

决策标准如下。

① NPVR≥0，方案可行，且 NPVR 越高，方案越优。

② NPVR＜0，则方案不可行。

3．获利指数

获利指数（记作 PI）是指项目计算期内各年现金净流量的现值之和与原始投资总现值之比，也称为现值指数。其计算公式如下：

获利指数＝投资项目未来报酬总现值/原始投资总现值

$$PI = \frac{\sum_{i=0}^{n} NCF_t \cdot (P/F, i, t)}{I}$$

决策标准：

（1）PI≥1，方案可行，且 PI 越大，方案越优。

（2）PI＜1，方案不可行。

4．内部收益率

内部收益率（记作 IRR）是指投资项目客观上可望达到的内部报酬率，也是指能使投资项目的净现值等于 0 时的折现率，又称为内含报酬率。

其计算方法主要采用逐次测试法，此法适用于任何情况，其基本原理如下。

（1）现确立一个折现率 r_1，代入净现值计算公式，求出相应的 NPV_1，并进行判断。

（2）若净现值 $NPV_1 = 0$，则内部收益率 $IRR = r_1$，此时完成计算；若净现值 $NPV_1 > 0$，则内部收益率 $IRR > r_1$，应重新设定 $r_2 > r_1$，再将 r_2 代入有关计算净现值的公式，求出净现值 NPV_2，继续进行下一轮判断。

（3）经过多次测试，有可能找到内部收益率 IRR。每一轮判断的标准相同，若设 r_j 为第 j 次测试的折现率，NPV_j 为按 r_j 计算的净现值，则有：

当 $NPV_j > 0$ 时，$IRR > r_j$，继续测试；

当 $NPV_j < 0$ 时，$IRR < r_j$，继续测试；

当 $NPV_j = 0$ 时，$IRR = r_j$，继续结束。

（4）若经过多次测试，仍未找到相应的内部收益率 IRR 指标，则可以在净现值为零的附近找出正负相邻两个净现值 NPV_m 与 NPV_{m+1}，根据对应的两个折现率 r_m 与 r_{m+1}，然后采取内插法计算近似的内部收益率。用数学表达式为：

$NPV_m > 0$

$NPV_{m+1} < 0$

$r_m < r_{m+1}$

$r_{m+1} - r_m \leqslant d \ (2\% \leqslant d \leqslant 5\%)$

那么，根据如下公式可以计算内部收益率 IRR

$$IRR = r_m + \frac{NPV_m - 0}{NPV_m - NPV_{m+1}}(r_{m+1} - r_m)$$

三、本章习题

（一）单项选择题

1. 甲公司拟购建一项固定资产，建设期为 2 年，预计使用寿命为 20 年。则该项目的项目计算期为（   ）年。

    A. 22   B. 2   C. 20   D. 18

2. 在不考虑所得税的情况下，以"利润十折旧"估计经营期净现金流量时，"利润"是指（   ）。

    A. 净利润   B. 息税前利润   C. 营业利润   D. 利润总额

3. 某投资项目投产后预计第一年流动资产需用额为 300 万元，流动负债需用额为 180 万元，第二年流动资产需用额 350 万元，流动负债需用额 200 万元，则第二年的流动资金投资额为（   ）万元。

    A. 30   B. 20   C. 10   D. 0

4. 下列评价指标中，属于非折现正指标的是（   ）。

    A. 静态投资回收期   B. 投资利润率

    C. 内部收益率   D. 净现值

5. 包括建设期的静态投资回收期是（   ）。

    A. 累计净现金流量为零的年限   B. 净现金流量为零的年限

    C. 净现值为零的年限   D. 累计净现值为零的年限

6. 下列关于评价投资项目的静态投资回收期法的说法中，不正确的是（   ）。

    A. 未考虑资金时间价值

B．优先考虑急功近利项目，可能导致放弃长期成功的方案

C．它不能测度项目的盈利性

D．它不能测度项目的流动性

7．甲公司投资方案 A 的年销售收入为 300 万元，年销售成本和费用为 200 万元，其中折旧为 50 万元，所得税率为 25%，则该投资方案的年现金净流量为（　　）。

A．125 万元　　　B．100 万元　　　C．150 万元　　　D．75 万元

8．净现金流量等于（　　）。

A．现金流出量－现金流入量　　　B．现金流入量－现金流出量

C．现金流入量＋现金流出量　　　D．现金流入量/现金流出量

9．某项目投资需要的固定资产投资额为 100 万元，无形资产投资额为 10 万元，流动资金投资额为 5 万元，建设期资本化利息为 2 万元，则该项目的投资总额为（　　）万元。

A．117　　　B．115　　　C．110　　　D．100

10．关于估计现金流量应当考虑的问题中说法错误的是（　　）。

A．不能考虑沉没成本　　　B．充分关注机会成本

C．必须考虑现金流量的总量　　　D．尽量利用现有会计利润数据

11．在资本限量情况下最佳投资组合方案必然是（　　）。

A．净现值之和大于零的投资组合　　　B．获利指数大于 1 的投资组合

C．净现值合计最高的投资组合　　　D．内部收益率合计最高的投资组合

12．原始总投资不包括（　　）。

A．固定资产投资　　　B．开办费投资

C．资本化利息　　　D．流动资金投资

13．某项目投资的原始投资额为 800 万元，建设期资本化利息为 100 万元，投产后年均利润为 90 万元，则该项目的投资收益率为（　　）。

A．11.25%　　　B．12%　　　C．10%　　　D．12.5%

14．在考虑所得税的情况下，计算项目的现金流量时，不需要考虑（　　）的影响。

A．更新改造项目中旧设备变现收入

B．因项目投产引起企业其他产品销售收入的减少

C．固定资产的折旧额

D．以前年度支付的研究开发费

15．对项目投资内部收益率大小不产生影响的是（　　）

A．项目的原始投资　　　B．项目的现金流量

C．项目计算期　　　D．项目的设定折现率

16．在下列评价指标中，属于非折现评价指标的是（　　）。

A．净现值　　　B．内部收益率　　　C．获利指数　　　D．静态投资回收期

17．某投资项目原始投资额为 500 万元，建设期为 2 年，投产后第 1 年至第 5 年每年

NCF 为 90 万元，第 6 年至第 10 年每年 NCF 为 80 万元。该项目包括建设期的静态投资回收期为（   ）年。

    A．6.375   B．8.375   C．5.625   D．7.625

18．项目投资决策中，完整的项目计算期是指（   ）。

    A．生产经营期   B．建设期+运营期

    C．建设期+达产期   D．建设期

19．利用静态投资回收期指标评价方案的财务可行性，容易造成管理人员在决策上的短见，不符合股东的利益，这是因为（   ）。

    A．静态投资回收期指标未考虑投资的风险价值

    B．静态投资回收期指标未考虑货币时间价值因素

    C．静态投资回收期指标未利用现金流量信息

    D．静态投资回收期指标忽略了还本以后现金流量的经济效益

20．下列投资项目评价指标中，不受建设期长短、投资回收时间先后及现金流量大小影响的评价指标是（   ）。

    A．现值指数   B．投资回收期   C．净现值率   D．投资收益率

21．净现值、净现值率和获利指数指标共同的缺点是（   ）。

    A．不能直接反映投资项目的实际收益率

    B．不能反映投入与产出之间的关系

    C．没有考虑资金时间价值

    D．无法利用全部净现金流量的信息

22．下列各项中，不属于投资项目的现金流出量的是（   ）。

    A．固定资产折旧   B．流动资金投资

    C．建设投资   D．经营成本

23．如果某一投资方案的净现值大于零，则必然存在的结论是（   ）。

    A．现值指数大于 1

    B．投资报酬率高于 100%

    C．年均现金净流量大于原始投资额

    D．投资回收期在一年以内

24．某项目投资需要的固定资产投资额为 300 万元，流动资金投资 20 万元，建设期资本化利息 10 万元，则该项目的原始投资为（   ）万元。

    A．320   B．300   C．330   D．310

25．某投资项目在建设期内投入全部原始投资，该项目的获利指数为 1.25，则该项目的净现值率为（   ）。

    A．0.25   B．0.75   C．0.125   D．0.8

26．某投资方案，当折现率为 6% 时，其净现值为 10 万元；当折现率为 8% 时，其净现

值为 -15 万元。该方案的内部收益率（　　　）。

  A．介于 6% 与 8% 之间　 B．小于 6%

  C．大于 8%　 D．无法确定

27．已知某投资项目原始投资额为 200 万元，使用寿命为 10 年，已知该项目第 10 年的经营净现金流量为 25 万元，期满处置固定资产残值收入及回收流动资本共 6 万元，则该投资项目第 10 年的净现金流量为（　　　）。

  A．31 万元　 B．25 万元　 C．8 万元　 D．43 万元

28．甲企业投资方案 A 的年销售收入 1 000 万元，年总成本 800 万元，其中含年折旧额 170 万元，无形资产年摊销额 30 万元，所得税税率 25%，则该项目经营现金净流量为（　　　）。

  A．200 万元　 B．350 万元　 C．400 万元　 D．150 万元

29．折旧具有抵税作用，可用来计算由于计提折旧而减少的所得税的公式是（　　　）。

  A．(总成本 - 折旧) × 所得税税率　 B．折旧额 × (1 - 所得税税率)

  C．付现成本 × 所得税税率　 D．折旧额 × 所得税税率

30．假定某项目的原始投资在建设期初全部投入，其预计的净现值率为 20%，则该项目的现值指数是（　　　）。

  A．2.3　 B．1.8　 C．1.5　 D．1.2

31．某投资项目的项目计算期为 10 年，没有建设期，投产后每年的净现金流量均为 300 万元，原始总投资 500 万元，资金成本为 8%，$(P/A,8\%,10) = 6.710\ 1$，则该项目的年等额净回收额约为（　　　）万元。

  A．225.48　 B．230.87　 C．267.12　 D．198.65

32．其他因素不变，如果折现率提高，则下列指标中数值将会变小的是（　　　）。

  A．内部收益率　 B．净现值　 C．投资利润率　 D．投资回收期

33．下列指标中，（　　　）指标为反指标。

  A．净现值率　 B．内部报酬率

  C．静态投资回收期　 D．获利指数

34．当净现值大于 0 时，则内部收益率（　　　）。

  A．一定大于 1　 B．大于投资者要求的必要报酬率

  C．小于投资者要求的必要报酬率　 D．一定大于 0

35．A 企业拟建造一项生产设备。预计建设期为 1 年，所需原始投资 200 万元于建设起点一次投入。该设备预计使用寿命为 5 年，使用期满报废清理时无残值。该设备折旧方法采用直线法。该设备投产后每年增加息税前利润 60 万元，项目的基准投资收益率为 15%。该企业为免税企业。

（1）该项目不包括建设期的静态投资回收期为（　　　）。

  A．2　 B．3　 C．4　 D．5

（2）该项目包括建设期的静态投资回收期为（　　　）。

A．2   B．3   C．4   D．5

（3）该投资项目的投资收益率（ROI）为（   ）。

     A．10%   B．30%   C．15%   D．20%

（4）假定该投资项目适用的行业基准折现率为10%，则该项目净现值为（   ）。

     A．120.35   B．144.62   C．156.78   D．135.63

（5）该项目净现值率为（   ）。

     A．72.31%   B．57.23%   C．65.96%   D．70.92%

（二）多项选择题

1．项目投资的评价指标中按照指标的性质可以分为（   ）。

     A．动态指标   B．反指标   C．静态指标   D．正指标

2．与其他形式的投资相比，项目投资具有以下特点（   ）。

     A．投资金额大   B．影响时间长   C．变现能力差   D．投资风险大

3．下列各项中，属于现金流出项目的有（   ）。

     A．建设投资   B．经营成本   C．所得税支出   D．固定资产折旧

4．按投资行为介入程度，投资分为直接投资和间接投资，其中间接投资对象包括（   ）。

     A．股票   B．设备   C．债券   D．现金

5．如果其他因素不变，一旦折现率降低，则下列指标中其数值将会变大的是（   ）。

     A．内部收益率   B．净现值   C．净现值率   D．获利指数

6．某完整工业投资项目的净现金流量如下：$NCF_0 = -100$ 万元，$NCF_1 = -30$ 万元，$NCF_{2-5} = 40$ 万元，$NCF_6 = 50$ 万元。则下列说法正确的有（   ）。

     A．项目的运营期为 7 年   B．项目的建设期为 1 年

     C．项目的原始总投资为 130 万元   D．终结点的回收额为 15 万元

7．投资利润率指标的缺点是（   ）。

     A．未考虑资金时间价值

     B．无法直接利用净现金流量指标

     C．不能反映投资方案的收益水平

     D．分子分母时间特征不一致，计算口径可比性差

8．原始总投资包括（   ）。

     A．固定资产投资   B．开办费投资

     C．资本化利息   D．流动资金投资

9．下列属于完整的工业投资项目的现金流入的有（   ）。

     A．折旧   B．营业收入   C．补贴收入   D．回收的流动资金

10．与项目相关的经营成本等于总成本扣除（   ）后的差额。

     A．无形资产摊销   B．固定资产折旧

C. 开办费摊销　　　　　　　　D. 计入财务费用的利息

11. 内部收益率是指（　　　）。

    A. 项目投资实际可望达到的收益率

    B. 投资报酬与总投资的比率

    C. 投资报酬现值与总投资现值的比率

    D. 使投资方案净现值为零的折现率

12. 静态投资回收期法的缺点是（　　　）。

    A. 未考虑资金时间价值

    B. 未考虑回收期满后的现金流量变化情况

    C. 无法直接利用净现金流量指标

    D. 分子分母时间特征不一致，计算口径可比性差

13. 投资项目评价指标计算，所依据折现率需事先已知，属于这类指标的有（　　　）。

    A. 获利指数　　　B. 投资利润率　　　C. 净现值　　　　　　D. 内部收益率

14. 下列投资决策评价指标中，其数值越大越好的指标是（　　　）。

    A. 静态投资回收期　　　　　　B. 投资收益率

    C. 内部收益率　　　　　　　　D. 净现值率

15. 下列关于静态投资回收期指标评价，正确的是（　　　）。

    A. 无法直接利用净现金流量指标　　B. 未考虑回收期满后的现金流量变化情况

    C. 未考虑资金时间价值　　　　　　D. 容易理解，计算简单

16. 利用获利指数法进行项目投资分析的决策标准是（　　　）。

    A. 获利指数小于1，该方案可行

    B. 获利指数大于或等于1，该方案可行

    C. 几个方案的获利指数均大于1，获利指数越大方案越好

    D. 几个方案的获利指数均小于1，获利指数越小方案越好

17. 在对独立项目的决策分析中，净现值（NPV）、获利指数（PI）和内部收益率（IRR）之间的关系，以下列示正确的是（　　　）。

    A. 当 IRR >0 时，PI >1　　　　B. 当 NPV < 0 时，IRR < 0

    C. 当 NPV > 0 时，PI >1　　　　D. 当 NPV = 0 时，PI =1

18. 单纯固定资产投资项目的现金流出量包括（　　　）。

    A. 流动资金投资　　　　　　　B. 固定资产投资

    C. 新增经营成本　　　　　　　D. 增加的各项税款

（三）判断题

1. 在项目决策中，只有投资收益率大于等于基准投资收益率（事先给定），方案才可行。（　　）

2．项目计算期包括试产期和达产期。（　　　）

3．净现值与现值指数之间存在一定的对应关系，当净现值大于零时，现值指数小于1。（　　　）

4．直接投资可以直接将投资者与投资对象联系在一起，而间接投资主要是证券投资。（　　　）

5．甲公司正在讨论更新现有的生产线，有两个备选方案：A 方案的净现值为 600 万元；B 方案的净现值为 500 万元。据此可以认定 A 方案较好。（　　　）

6．净现值小于零，则获利指数也小于零。（　　　）

7．投资项目净现值大于 0，说明该项目的实际收益率大于投资者要求的最低收益率。（　　　）

8．投资总额就是初始投资，是指企业为使项目完全达到设计的生产能力、开展正常经营而投入的全部现实资金。（　　　）

9．在计算投资项目的现金流量时，经营期与固定资产的折旧年限或使用年限相同。（　　　）

10．内部收益率评价指标可以从动态的角度直接反映投资项目的实际收益率水平。（　　　）

11．在项目投资决策中，只要投资利润率大于零，该方案就是可行方案。（　　　）

12．已知项目的获利指数为 1.2，则可以知道项目的净现值率为 2.2。（　　　）

13．不考虑时间价值的前提下，投资回收期越短，投资获利能力越强。（　　　）

14．净现值大于 0 时，净现值率大于 1。（　　　）

15．对于单纯固定资产投资项目来说，若项目建设期为 0，则说明固定资产的投资方式是一次投入。（　　　）

16．某投资方案按 10%的贴现率计算的净现值大于零，该方案的内含报酬率大于 10%。（　　　）

17．折旧对投资决策产生影响，实际上是由于所得税的存在引起的。（　　　）

18．以特定项目为对象，直接与新项目或更新改造项目有关的长期投资称为项目投资。（　　　）

19．内含报酬率是使项目的获利指数等于 1 的折现率。（　　　）

20．完整的项目计算期包括建设期和运营期。（　　　）

（四）名词解释

1．项目投资　　2．项目计算期　　3．现金流量　　4．净现金流量　　5．内部收益率

（五）简答题

1．项目投资决策使用的非折现评价指标和折现评价指标各包括哪些？

2．简述内部收益率投资决策法的优缺点。

3．简述净现值率投资决策法的优缺点。

（六）计算分析题

1．某项目投资 100 000 元，项目周期为 5 年，各年现金流量等相关资料如表 6-1 所示。

表 6-1　现金流量

年　序	现金流量/元	年金现值系数（13%）	年金现值系数（14%）
0	－ 100 000		
1	28 000	0.885	0.877
2	25 000	0.783	0.769
3	30 000	0.693	0.675
4	32 000	0.613	0.592
5	30 000	0.543	0.519

要求：计算该项目的内含报酬率 IRR。

2．某公司准备购置一新型设备以提高生产能力，现有甲、乙两个方案可供选择：甲方案需投资 20 000 元，使用寿命为 5 年，采用直线法计提折旧，5 年后设备无残值，5 年中每年销售收入为 8 000 元，每年的付现成本为 3 000 元。乙方案需投资 24 000 元，采用直线法计提折旧，使用寿命为 5 年，5 年后设备残值为 4 000 元，5 年中每年的销售收入为 10 000 元，付现成本第 1 年为 4 000 元，以后随着设备陈旧，每年将增加修理费 200 元，另需垫支流动资金 3 000 元。假设所得税税率为 25%。要求计算两方案的现金流量。

3．某企业拟进行一项固定资产投资项目决策，行业基准折现率为 12%，有四个方案可供选择。其中甲方案的获利指数为 36%；乙方案的项目计算期为 10 年，净现值为 1 000 万元，(F/P, 12%, 10) = 3.105；丙方案的内部收益率为 10%；丁方案的项目计算期为 8 年，其年等额净回收额为 160 万元。试分析哪个方案是最佳投资方案。

4．甲企业计划投资某一项目，原始投资为 200 万元，该公司拟采用平价发行债券和优先股的方式筹集资金，其面值为 1 000 元，票面年利率为 4%，按年付息，期限为 5 年的债券 1 200 张；剩余资金以发行优先股的方式筹集，固定股息率 8%，所得税税率为 25%。全部在建设起点一次投入，建设期为 1 年，资本化利息为 8 万元。投产开始时需垫支 10 万元流动资金，项目终结时回收，投产后第一年到第四年增加销售收入 76.67 万元，以后每年增加 82 万元；付现成本每年增加 22 万元；第一年到第四年每年需支付利息 8 万元。该项固定资产预计使用 10 年，按直线法计提折旧，预计残值率为原始投资的 4%。要求：

（1）计算债券成本，优先股成本和项目综合资金成本（筹资费忽略不计）；

（2）计算项目各年度现金净流量；

（3）计算项目的净现值；

（4）评价项目的财务可行性。

（七）论述题

试论述净现值、净现值率、获利指数、内部收益率指标之间的关系。

（八）案例分析

"利达 VCD"新建项目投资决策

【案情介绍】

利达 VCD 制造厂是生产 VCD 的中型企业，该厂生产的 VCD 质量优良，价格合理，长期以来供不应求。该厂所得税税率为 25%。为扩大生产能力，厂家准备新建一条生产线。负责这项投资工作的总会计师经过调查研究后，得到如下有关资料。

（1）该生产线的原始投资额为 12.5 万元，分两年投入。第一年初投入 10 万元，第二年初投入 2.5 万元。第二年年末项目完工可正式投产使用。投产后每年可生产 VCD 1000 台，每台销售价格为 300 元，每年可获销售收入 30 万元，投资项目可使用 5 年，残值 2.5 万元，垫支流动资金 2.5 万元，这笔资金在项目结束时可全部收回。

（2）该项目生产的产品总成本的构成如下：材料费用 20 万元、制造费用 2 万元、人工费用 3 万元、折旧费用 2 万元。

（3）总会计师通过对各种资本来源进行分析，得出该厂加权平均的资金成本为 10%。

【思考与讨论】

（1）计算利达公司新建项目的现金流量；

（2）根据新建项目的净现值，分析该新建项目是否可行。

（资料来源：刘桂英.财务管理案例实验教程.北京：经济科学出版社，2005.）

（九）研究性学习

无形资产风险投资分析的蒙特卡洛随机模拟

1 前言

无形资产是指企业拥有的没有实物形态的、可使企业长期获得超额收益的资产，通常包括专利权、专有技术、商标权等。随着经济发展与科学技术进步，无形资产的内涵将不断丰富、外延将不断拓展，其重要性将逐渐凸显出来。

然而，我国企业对无形资产重视不够，许多中小企业资产负债表中的无形资产仍为空白，在大力倡导自主知识产权、提高企业核心竞争力的今天，是值得引起注意的。

当然，由于无形资产往往没有实物形态，产生的现金流量具有高度的不确定性，给无形资产风险投资评价带来很大的困难，这里引用以大量实验为特征的蒙特卡洛（Monte

Carlo）模拟，对无形资产风险投资评价问题进行初步探讨。

2　蒙特卡洛（Monte Carlo）模拟原理及步骤

2.1　Monte Carlo 模拟原理

蒙特卡洛（Monte Carlo）模拟，不同于确定性的数值计算方法，是用来解决工程和经济中的非确定性问题，曾在 20 世纪 40 年代用于研制核武器的科学研究中。

蒙特卡洛模拟通过成千上万次的实验，可以涵盖相应概率的分布空间，从而获得一定概率下的不同结果和频度分布，通过对大量样本值的分析，得到满足一定精度的结果。

蒙特卡洛模拟应用财务分析、投资评价具有相当的优势：

（1）由于蒙特卡洛模拟是以实验为基础的，因此可以成为财务分析师、资产评估师的"实验室"，弥补了常用分析手段的不足；

（2）通过蒙特卡洛模拟，可以对财务分析、资产评估中存在的大量不确定与风险型问题进行有效分析，解决常用决策方法所无法解决的难题；

（3）通过蒙特卡洛模拟，可以取得大量的财务分析与资产评估方面的统计信息，从而有利于不确定环境下的决策。

2.2　Monte Carlo 模拟步骤

以无形资产风险投资评价为例，Monte Carlo 模拟的分析步骤如下：

（1）分析评价参数的特征，并根据历史资料或专家意见，确定随机变量的某些统计规律；

（2）按照一定的参数分布规律，在计算机上产生随机数，如采用均匀分布产生现金流量；

（3）建立资产评价的数学模型，如净现值 NPV 等；

（4）通过足够数量的计算机仿真，得到大量相关的参数样本值；

（5）根据计算机仿真的参数样本值，求出无形资产风险投资评价需要的指标值；

（6）对大量的评价指标值的样本，进行统计特征分析。

3　无形资产风险投资评价实例

3.1　手工常用分析方法——期望值法

假设某企业外购一项无形资产，初期投资为 5 000 万元，投资基准贴现率为 10%，无形资产服务周期为 3 年，有关投资的现金流量与概率分布如表 6-2 所示。

表 6-2　现金流量与概率分布表

项　　目	第 1 年			第 2 年			第 3 年		
概率分布	0.25	0.5	0.25	0.2	0.6	0.2	0.3	0.4	0.3
现金流量/万元	3 000	2 000	1 000	4 000	3 000	2 000	2 500	2 000	1 500

先计算各年的现金流量期望值：

第 1 年现金流量：$0.25 \times 3\,000 + 0.5 \times 2\,000 + 0.25 \times 1\,000 = 2\,000$（万元）；

第 2 年现金流量：$0.2 \times 4\,000 + 0.6 \times 3\,000 + 0.2 \times 2\,000 = 3\,000$（万元）；

第 3 年现金流量：$0.3 \times 2\,500 + 0.4 \times 2\,000 + 0.3 \times 1\,500 = 2\,000$（万元）；

最后，得到无形资产风险投资的净现值 $NPV = 2\,000 \times (P/A, 10\%, 1) + 3\,000 \times (P/A, 10\%, 2) + 2\,000 \times (P/A, 10\%, 3) - 5\,000 = 800.15$（万元）。

不难理解，上述分析实际上是将一个不确定型问题转化成确定型问题，虽然问题得到大大简化，但是却失去许多风险方面的信息，使投资者误认为该投资是十分安全的，这一点应引起足够注意。

3.2 Monte Carlo 模拟分析

3.2.1 基于 Excel 的 Monte Carlo 模拟

Excel 软件内含大量的财务与统计函数，结合方便快捷的单元格操作，可以实时反映各种变量之间的变化，是进行 Monte Carlo 模拟的较为理想的软件。

Monte Carlo 模拟常采用的函数如下。

（1）RANDBETWEEN：利用该函数产生均匀的随机数。

（2）VLOOKUP：利用该函数寻找随机数所对应的现金流量。

（3）NPV：利用该函数计算投资净现值。

（4）STDEV：利用该函数计算投资净现值的标准差。

（5）COUNTIF：利用该函数计算满足指定条件的样本数量。

（6）AVERAGE：利用该函数计算指标的平均数。

（7）MAX：利用该函数计算样本最大值。

（8）MIN：利用该函数计算样本最小值。

在 Excel 表格中利用 RANDBETWEEN 产生随机数，利用 VLOOKUP 寻找对应现金流量，对单元格实施快速拖动，产生 2\,000 次、4\,000 次、6\,000 次、8\,000 次与 10\,000 次计算机仿真，通过 STDEV、AVERAGE、MAX、MIN 等函数，求出大量样本的一些统计特征数值，结果如表 6-3 所示。

表 6-3 不同模拟次数下的净现金流量特征值表

模拟次数	2 000	4 000	6 000	8 000	10 000
净现值	776.39	784.87	791.69	798.89	800.92
标准离差	867.77	879.96	878.68	873.35	877.12
误差率	−2.97%	−1.91%	−1.06%	−0.16%	0.1%
变异系数	1.12	1.12	1.11	1.09	1.1
净现值最大值	2 911.34				
净现值最小值	−1 311.04				

3.2.2 对模拟数据的分析

在常用的手工计算中，通常以每年现金流量的期望值为基础进行折现，得到的净现金流量是唯一的，但 Monte Carlo 模拟是按照现金流量的随机性，案例中共有 3×3×3=27 种排列组合，根据一定的概率分布随机交替的出现，当模拟次数达到足够数量时，其模拟样本的平均值逐步逼近期望值，在案例中的 27 种现金流量排列组合中，其中有 20 种组合 NPV 为正，7 种组合 NPV 为负，模拟净现值 NPV 取值范围及发生概率如表 6-4 所示。

表 6-4 净现值 NPV 取值范围及发生概率

序 号	净现值取值范围	模拟区域数量	发 生 概 率
1	(−2 000,−1 000)	144	1.44%
2	(−1 000,0)	2 124	21.24%
3	(0,1 000)	3 481	34.81%
4	(1 000,2 000)	3 016	30.16%
5	(2 000,3 000)	1 235	12.35%

为了进一步分析现金流量的随机排列组合对净现值 NPV 的影响，从 27 种现金流量排列组合中选择具有代表意义的 3 种现金流量组合，详细情况如表 6-5 所示。

表 6-5 3 种典型现金流量组合

序 号	第 1 年	第 2 年	第 3 年	NPV
1	3 000	4 000	2 500	2 911.34
2	2 000	3 000	2 000	800.15
3	1 000	2 000	1 500	−1 311.04

上表中的第 1 种情况，每年的现金流量都取最大值时，相应的净现金流量 NPV 取最大值；表 6-5 中的第 3 种情况，每年的现金流量都取最小值时，相应的净现金流量 NPV 取最小值；而表 6-5 中的第 2 种情况，每年的现金流量正好与对应年份的现金流量期望值相同，其结果与手工常用的期望值方法相同。

4 结论

（1）Excel 软件操作简单，图表功能齐全，含有大量的财务与统计函数，是进行 Monte Carlo 模拟的有力工具。

（2）Monte Carlo 模拟与现行常用的手工计算方法相比，能够揭示手工计算方法所无法取得的大量有用的信息，对全面深刻了解投资风险信息是有益的。

（3）Monte Carlo 模拟是进行风险分析有效的方法，同样可以应用到随机存货分析、项目可行性研究等。

四、答案及解析

（一）单项选择题

1．A，【解析】项目计算期 $n = 2 + 20 = 22$（年）。

2．B，【解析】不考虑筹资费用，应该用息税前利润。

3．A，【解析】第一年所需流动资金 $= 300 - 180 = 120$（万元），首次流动资金投资额 $= 120 - 0 = 120$（万元），第 2 年所需流动资金 $= 350 - 200 = 150$（万元），第 2 年流动资金投资额 $=$ 本年流动资金需用额 $-$ 上年流动资金需用额 $= 150 - 120 = 30$（万元）。

4．B，【解析】选项 A、B 均为非折现指标，但 A 是反指标，即越小越好的指标，B 是正指标，即越大越好的指标。

5．A，【解析】静态投资回收期是指以投资项目经营净现金流量抵偿原始总投资所需要的全部时间。

6．D，【解析】静态投资回收期计算简便，但没有考虑投资回收期以后的收益，优先考虑急功近利的项目，可能导致长期成功的方案。主要用于测定方案的流动性而非营利性。

7．A，【解析】现金净流量 $=$ 息税前利润 $\times (1 - $ 所得税率$) + $ 折旧

$= (300 - 200) \times (1 - 25\%) + 50 = 125$（万元）。

8．B，【解析】净现金流量=现金流入量－现金流出量

9．A，【解析】投资总额是原始总投资与建设期资本化利息之和。原始总投资是企业为使项目完全达到设计生产能力、开展正常经营而投入的全部现实资金。投资总额 $= 100 + 10 + 5 + 2 = 117$（万元）。

10．C，【解析】在计算现金流量时，应注意以下几点：（1）必须考虑现金流量的增量，而不是总量；（2）尽量利用现有会计利润数据；（3）不能考虑沉没成本因素；（4）充分关注机会成本；（5）考虑项目对企业其他部门的影响。

11．C，【解析】多方案比较决策的主要依据，就是能否保证在充分利用资金的前提下，获得尽可能多的净现值总量。

12．C，【解析】原始总投资是企业为使项目完全达到设计生产能力、开展正常经营而投入的全部现实资金。包括固定资产投资、流动资金投资、开办费投资等。

13．C，【解析】投资收益率 $=$ 年均利润/项目总投资 $= 90/(800 + 100) = 10\%$。

14．D，【解析】以前年度支付的研究开发费属于沉没成本，不影响项目的现金流量的计算。

15．D，【解析】内部收益率是项目投资本身的真实收益率，与项目的设定折现率无关，但受项目的原始投资、项目计算期及项目的现金流量的影响。

16．D，【解析】非折现评价指标是指在计算过程中不考虑资金时间价值因素的指标，也称为静态指标，主要有投资利润率和静态投资回收期两个指标。

17．D，【解析】建设期的静态投资回收期 = 2 + 5 + (500 − 5 × 90)/80 = 7.625。

18．B，【解析】项目计算期是指从投资建设开始到最终清理结束整个过程的全部时间。包括建设期和运营期。运营期又包括试产期和达产期两部分。

19．A，【解析】利用静态投资回收期指标评价方案的财务可行性，容易造成管理人员在决策上的短见，不符合股东的利益，这是由于该指标未考虑投资的风险价值。

20．D，【解析】投资收益率 = 年息税前利润或年均息税前利润/项目总投资 × 100%，从上式可以看出投资收益率指标不受建设期长短、投资回收时间先后及现金流量大小影响。

21．A，【解析】净现值、净现值率和获利指数指标共同的缺点是不能直接反映投资项目的实际收益率。

22．A，【解析】现金流出量主要包括以下内容：建设投资（含更新改造投资）、流动资金投资、经营成本、各项税款。

23．A，【解析】净现值大于零，按行业基准收益率或设定折现率折算的各年净现金流量的现值大于原始投资的现值，现值指数是其两者之比，当分子大于分母时，现值指数大于 1。

24．A，【解析】原始投资包括建设投资和流动资金投资，所以原始投资 = 300 + 20 = 320（万元）。

25．A，【解析】获利指数 = 1 + 净现值率，因此净现值率 = 1.25 − 1 = 0.25

26．A，【解析】根据内插法，内部收益率应该介于 6%～8% 之间。

27．A，【解析】该投资项目第 10 年的净现金流量 = 25 + 6 = 31（万元）。

28．B，【解析】经营现金净流量 = 净利润 + 折旧 = (1 000 − 800) × 25% + 170 + 30 = 350 万元。

29．D，【解析】折旧抵税额 = 折旧额 × 所得税税率。

30．D，【解析】现值指数（PI） = 1 + 净现值率（NPVR） = 1 + 15% = 1.15。

31．A，【解析】年等额净回收额 = (300 × 6.710 1 − 500)/6.710 1 = 225.48（万元）。

32．B，【解析】其他因素不变，净现值与折现率变动成反比。

33．C，【解析】静态投资回收期越小越好，故为反指标。

34．B，【解析】净现值大于 0，说明内部收益率大于投资者要求的必要报酬率。

35．（1）A，【解析】不包括建设期的静态投资回收期 = 200/100 = 2（年）。

（2）B，【解析】包括建设期的静态投资回收期 = 1 + 2 = 3（年）。

（3）B，【解析】投资收益率 = 60/200 × 100% = 30%。

（4）B，【解析】净现值（NPV） = −200 + 100 × [(P/A, 10%, 6) − (P/A, 10%, 1)] = −200 + 100 × (4.355 3 − 0.909 1) = 144.62（万元）。

（5）A，【解析】净现值率 = 144.62/200 × 100% = 72.31%。

（二）多项选择题

1．BD，【解析】按性质不同，可分为在一定范围内越大越好的正指标和越小越好的反指标。

2．ABCD，【解析】项目投资特点：投资金额大、影响时间长、变现能力差、投资风险大。

3．ABC，【解析】现金流出量包括建设投资、流动资金投资、经营成本、各项税款。

4．AC，【解析】直接投资是形成实物或者购买企业资产的一种投资。债券和股票是间接投资。

5．BCD，【解析】内部收益率指标是方案本身的报酬率，其指标大小不受折现率高低的影响。

6．BC，【解析】原始总投资包括建设期内的固定资产、无形资产、其他资产和流动资金投资，该项目建设期内的全部原始投资 = 100 + 30 = 130（万元）；项目的建设期为 1 年，运营期为 5 年，计算期为 6 年。终结点的回收额包括固定资产残值回收和垫付流动资金回收，本题的资料无法得知终结点的回收额为 12 万元。

7．ABD，【解析】投资利润率指标缺点是：①未考虑资金时间价值；②分子分母的时间特征不一致，计算口径可比性差；③无法直接利用净现金流量指标。

8．ABD，【解析】原始总投资包括固定资产投资、流动资金投资、开办费投资等。

9．BCD，【解析】现金流入量包括营业收入，补贴收入，在终结点上一次回收的流动资金。

10．ABCD，【解析】与项目相关的经营成本等于总成本扣除折旧、无形资产摊销、开办费摊销、计入财务费用的利息。

11．AD，【解析】指项目实际可望达到的收益率。实质上，是使项目净现值等于零的折现率。

12．AB，【解析】缺点：①未考虑资金时间价值；②未考虑回收期满后的现金流量变化情况。

13．AC，【解析】计算所依据的折现率需要事先已知的指标有获利指数、净现值、净现值率。

14．BCD，【解析】投资回收期为反指标，即越小越好，其余均为正指标，即越大越好。

15．BCD，【解析】优点是容易理解，计算简单。缺点是：①未考虑资金时间价值；②未考虑回收期满后的现金流量变化情况。

16．BC，【解析】决策标准：获利指数大于或等于 1，方案可行；获利指数小于 1，方案不可行；如果几个方案的获利指数均大于 1，那么获利指数越大，投资方案越好。

17．CD，【解析】NPV > 0，PI > 1；NPV = 0，PI = 1；IRR 与 PI 无关；NPV 与 IRR 无关。

18．BCD，【解析】现金流出量包括固定资产投资、新增经营成本和增加的各项税款等内容。

（三）判断题

1．√，【解析】只有当投资收益率大于等于基准投资收益率（事先给定）时，方案才可行。

2．×，【解析】项目计算期包括建设期和生产经营期。生产经营期又包括试产期和达产期。

3．×，【解析】现值指数是按行业基准收益率或设定折现率的各年净现金流量现值合计与原始投资现值合计之比。净现值大于零时，其分子大于分母，现值指数大于1，而不是小于1。

4．√，【解析】本题的考点是直接投资与间接投资的实质区别。

5．√，【解析】因为两种方案的净现值均大于零，所以净现值较大的方案为较优方案。

6．×，【解析】净现值小于零，则获利指数小于1。

7．√，【解析】当某投资项目的净现值大于0时，则说明投资者要求的最低收益率要比该投资项目的实际收益率小。

8．×，【解析】投资总额是原始总投资与建设期资本化利息之和。

9．√，【解析】在计算投资项目现金流量时有6个假设，其中第4个经营期与折旧年限一致假设指出：假设项目主要固定资产的折旧年限或使用年限与经营期相同。

10．√，【解析】能从动态上直接反映项目的实际收益水平是内部收益率法的优点之一，除此外还有：①注重资金时间价值；②不受行业基准折现率高低的影响，比较客观。

11．×，【解析】决策标准：投资利润率越高越好，低于无风险投资利润率或期望投资利润率的方案为不可行方案。

12．×，【解析】获利指数为1.2时，净现值率为0.2。

13．×，【解析】投资回收期只考虑回收期满以前的现金流量，没有考虑回收期满以后的现金流量，所以即使不考虑时间价值也不能根据投资回收期的长短判断投资获利能力的高低。

14．×，【解析】净现值率＝净现值/原始投资总现值×100%，净现值大于0，净现值率不一定大于1。

15．√，【解析】一次投资方式是指投资行为集中一次发生在项目计算期第一个年度的年初或年末。

16．√，【解析】某一投资方案按10%的贴现率计算的净现值大于零，说明该方案的内含报酬率大于所选定的10%的贴现率。

17．√，【解析】折旧之所以对投资决策产生影响，是因为折旧具有抵减所得税的作用。

18．√，【解析】以特定项目为对象，直接与新建项目或更新改造项目有关的长期投资行为称为项目投资，包括固定资产、无形资产、其他资产及流动资金投资等，所以不能将项目投资简单地等同于固定资产投资。

19．√，【解析】内含报酬率（记作IRR）是指投资项目客观上可望达到的内部报酬率，也是指能使投资项目的净现值等于 0 时的折现率，此时获利指数等于 1。

20．√，【解析】完整的项目计算期包括建设期和运营期（具体又包括投产期和达产期）。

（四）名词解释（略）

（五）简答题（略）

（六）计算分析题

1．解：当折现率为 13% 时，

净现金流量 $= -100\,000 + 28\,000 \times 0.885 + 25\,000 \times 0.783 + 30\,000 \times 0.693 + 32\,000 \times 0.613 + 30\,000 \times 0.543 = 1\,051$ 元；

当折现率为 14% 时，

净现金流量 $= -100\,000 + 28\,000 \times 0.877 + 25\,000 \times 0.769 + 30\,000 \times 0.675 + 32\,000 \times 0.592 + 30\,000 \times 0.519 = -1\,455$ 元。

假设该项目的折现率为 x，则有如下关系：

折现率	净现值
13%	1 051
x	0
14%	−1 455

利用直线插入法计算得到：

$$\frac{x - 13\%}{14\% - 13\%} = \frac{0 - 1\,051}{-1\,455 - 1\,051}$$

$x = 13.42\%$，即该项目的内含报酬率为 13.42%。

2．解：（1）建设期现金流量。甲 $NCF_0 = -20\,000$ 元；乙 $NCF_0 = -(24\,000 + 3\,000) = -27\,000$ 元。

（2）经营期现金流量。

甲方案每年折旧额 $= 20\,000/5 = 4\,000$ 元；乙方案每年折旧额 $= (24\,000 - 4\,000)/5 = 4\,000$ 元。如表 6-6 所示。

表 6-6　甲、乙方案财务表　　　　　　　　　　　　　　单位：元

甲　方　案	第 1 年	第 2 年	第 3 年	第 4 年	第 5 年
销售收入	8 000	8 000	8 000	8 000	8 000
付现成本	3 000	3 000	3 000	3 000	3 000
折旧	4 000	4 000	4 000	4 000	4 000
税前利润	1 000	1 000	1 000	1 000	1 000

续表

甲　方　案	第 1 年	第 2 年	第 3 年	第 4 年	第 5 年
税后利润	750	750	750	750	750
现金流量	4 750	4 750	4 750	4 750	4 750
乙　方　案	第 1 年	第 2 年	第 3 年	第 4 年	第 5 年
销售收入	10 000	10 000	10 000	10 000	10 000
付现成本	4 000	4 200	4 400	4 600	4 800
折旧	4 000	4 000	4 000	4 000	4 000
税前利润	2 000	1 800	1 600	1 400	1 200
税后利润	1 500	1 350	1 200	1 050	900
现金流量	5 500	5 350	5 200	5 050	4 900

（3）终结点现金流量。

甲方案 $NCF_5 = 0$（元）；乙方案 $NCF_5 = 4\,000 + 3\,000 = 7\,000$（元）。

3．解：甲方案的获利指数小于 1，丙方案的内部收益率小于行业基准折现率，均为不可行方案。乙、丁方案的项目计算期不同，应采取年等额净回收额法。

根据已知条件得到：$(P/A, 12\%, 10) = \dfrac{1 - \dfrac{1}{3.105\,8}}{12\%} = 5.650\,2$

乙方案的年等额净回收额 $= \dfrac{1\,000}{5.650\,2} = 177$（万元）

由于乙方案的年等额净回收额大于丁方案（160 万元），故乙方案为最佳方案。

4．解：（1）计算资本成本：

债券成本 $= 4\% \times (1 - 25\%) = 3\%$，优先股成本 $= 8\%$，

综合资金成本 $= 3\% \times \left(\dfrac{120}{200}\right) + 8\% \times \left(\dfrac{80}{200}\right) = 5\%$。

（2）计算项目各年现金净流量：

$$年折旧 = \frac{200 + 8 - 200 \times 4\%}{10} = 20（万元）$$

$NCF_0 = -200$（万元），$NCF_1 = -10$（万元）

投产后 1～4 年每年净利润 $= [76.67 - (22 + 20 + 8)] \times (1 - 25\%) = 20$（万元）

投产后 5～10 年每年净利润 $= [82 - (22 + 20)] \times (1 - 25\%) = 30$（万元）

$NCF_{2-5} = 净利润 + 折旧 + 利息 = 20 + 20 + 8 = 48$（万元）

$NCF_{6-10} = 净利润 + 折旧 = 30 + 20 = 50$（万元）

$NCF_{11} = 净利润 + 折旧 + 残值 + 流动资金回收 = 30 + 20 + 8 + 10 = 68$（万元）

（3）计算净现值。

NPV = −200 − 10 × (P/F,5%,1) + 48 × (P/A,5%,4) × (P/F,5%,1) + 50 × (P/A,5%,5) × (P/F, 5%,5) + 68 × (P/F,5%,11) = 162（万元）

（4）该项目净现值大于 0，说明该方案财务上可行。

（七）论述题【答题要点】

（1）当净现值 NPV > 0 时：净现值率 NPVR > 0，获利指数 PI > 1，内部收益率 IRR > 基准收益率 i，可行。

（2）当净现值 NPV = 0 时：净现值率 NPVR = 0，获利指数 PI = 1，内部收益率 IRR = 基准收益率 i，可行。

（3）当净现值 NPV < 0 时：净现值率 NPVR < 0，获利指数 PI < 1，内部收益率 IRR < 基准收益率 i，不可行。

（八）案例分析【答题要点】

（1）计算投资项目各年的营业现金流量

各年营业现金流量 = [300000 − (200000 + 30000 + 20000) − 20000] × (1 − 25%) + 20000
= 42500（元）

利达公司新建项目建设期及经营期的现金流量计算如表 6-7 所示。

表 6-7 投资项目现金流量计算表 单位：元

项　目	投资建设期			经　营　期				
	0	1	2	3	4	5	6	7
初始投资	100 000	25 000						
流动资金投资			25 000					
营业现金流量				42 500	42 500	42 500	42 500	42 500
设备残值								25 000
流动资金回收								25 000
现金流量合计	100 000	25 000	25 000	42 500	42 500	42 500	42 500	92 500

（2）新建项目净现值 = − 100000 − 25000 × (P/F,10%,1) − 25000 × (P/F,10%,2)
+ 42500 × (P/A,10%,5) × (P/F,10%,2) + 50000 × (P/F,10%,7)
= 15412.98（元）> 0

因为新建项目净现值大于零，所以该新建项目方案可行。

第七章　证券投资

一、本章内容框架

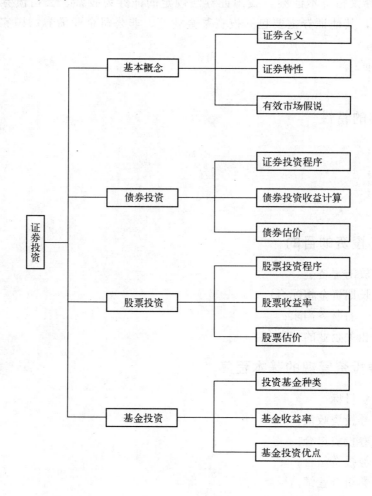

二、本章重点内容概述

（一）证券的含义与特征

证券是指各类记载并代表了一定权利的法律凭证，它用以证明持有人有权按其所持凭证记载内容来取得应有的权益。从一般意义上来说，证券是指用以证明或设定权利而形成的书面凭证，它表明证券持有人或第三者有权取得该证券拥有的特定权益，或证明其曾经发生过的行为。证券有广义和狭义之分，广义的证券一般指财物证券（如货运单、提单等）、货币证券（如支票、汇票、本票等）和资本证券（如股票、公司债券、基金凭证等）。狭义的证券仅指资本证券。我国证券法规定的证券为股票、公司债券和国务院依法认定的其他证券，其他证券主要包括投资基金凭证、非公司企业债券、国家政府债券等。其基本特征包括：

（1）法律特征；

（2）书面特征。

（二）证券的特性

（1）产权性；

（2）收益性；

（3）流通性；

（4）风险性。

（三）证券投资的目的

（1）暂时存放闲置资金；

（2）与筹集长期资金相配合；

（3）满足未来的财务需求；

（4）获得对相关企业的控制权。

（四）证券投资管理的基本程序

（1）确定投资目标；

（2）制定证券投资政策；

（3）构建证券投资组合；

（4）修订证券投资组合；

（5）评估证券组合业绩。

（五）投资债券原则

（1）收益性原则；

（2）安全性原则；

（3）流动性原则。

（六）股票投资的程序

（1）开设股票账户；

（2）开设资金账户；

（3）填写委托单；

（4）证券商受理委托；

（5）撮合成交；

（6）清算与交割；

（7）过户。

（七）基金投资优缺点

1. 基金投资优点

能够在不承担太大风险的情况下获得较高收益。原因在于投资基金具有专家理财优势和资金规模优势。

2. 基金投资的缺点

（1）无法获得很高的投资收益。投资基金在投资组合过程中，在降低风险的同时，也丧失了获得巨大收益的机会。

（2）在大盘整体大幅度下跌的情况下，投资人可能承担较大风险。

三、本章习题

（一）单项选择题

1. 某公司持有平价发行的债券，面值 10 万元，5 年期，票面利率 12%，单利计息，到期一次还本付息，该债券的到期收益率是（   ）。

    A. 6%   B. 6.3%   C. 9.86%   D. 5.92%

2. 决定债券收益率的因素中不包括（   ）。

    A. 票面利率   B. 持有时间   C. 市场利率   D. 购买价格

3. 下列各项中违约风险最小的是（   ）。

    A. 公司债券   B. 国库券   C. 金融债券   D. 工商企业发行的债券

4．某公司发行 5 年期债券，债券的面值为 10 万元，票面利率 4%，每年付息一次，到期还本，投资者要求的必要报酬率为 6%。则该债券的价值是（　　）万元。

  A．10   B．7.69   C．8.34   D．9.15

5．某种股票每年的股利固定为每股 0.8 元，无风险收益率为 10%，市场上所有股票的平均收益率为 14%，而该股票的 β 系数为 1.5，假设企业购买该股票 2 年后（持有期间获得 2 年的现金股利），以每股 8 元的价格卖出，则该股票的内在价值为（　　）元。

  A．7.23   B．8.5   C．8   D．9

6．基金收益率用以反映基金增值的情况，它通过（　　）的变化来衡量。

  A．基金赎回价 B．基金认购价 C．基金单位净值 D．基金净资产的价值

7．假设某基金资产总额的市价价值为 2 400 万元，该基金负债总额为 800 万元，基金单位总份额为 1 500 万份。则基金单位净值为（　　）元。

  A．1.16   B．1.32   C．1.07   D．1.23

8．按照组织形态不同基金可以分为（　　）。

  A．契约型基金和公司型基金   B．封闭式基金和开放式基金

  C．期权基金和期货基金   D．股票基金和债券基金

9．按证券收益稳定状况的不同，证券可以分为固定收益证券和变动收益证券，典型的变动收益证券是（　　）。

  A．普通股   B．优先股   C．国库券   D．公司债券

10．按照证券收益的决定因素，证券可以分为（　　）。

  A．上市证券和非上市证券   B．原生证券和衍生证券

  C．所有权证券和债券证券   D．公募证券和私募证券

11．一般而言，下列已上市流通的证券中，流动性风险相对较小的是（　　）。

  A．可转换债券   B．普通股股票

  C．公司债券   D．国库券

12．下列各项中，属于企业短期证券投资直接目的的是（　　）。

  A．获取财务杠杆利益   B．降低企业经营风险

  C．扩大本企业的生产能力   D．暂时存放闲置资金

13．下列各种证券中，属于变动收益证券的是（　　）。

  A．国库券   B．无息债券   C．普通股股票   D．不参加优先股股票

14．下列各项中，不能通过证券组合分散的风险是（　　）。

  A．非系统性风险   B．公司特别风险

  C．可分散风险   D．市场风险

15．在证券投资中，通过证券进行组合可以分散掉的风险是（　　）。

  A．所有风险   B．市场风险   C．系统性风险   D．非系统性风险

16．低风险、低收益证券占比重较小，高风险、高收益证券占比重较高投资组合属于

（　　）。

  A．冒险型投资组合   B．适中型投资组合

  C．保守型投资组合   D．随机型投资组合

17．下列各项中，属于证券投资系统性风险（市场风险）的是（　　）。

  A．利息率风险   B．违约风险   C．破产风险   D．流动性风险

18．下列各项中，不能衡量证券投资收益水平的是（　　）。

  A．持有期收益率   B．到期收益率

  C．息票收益率   D．标准离差率

19．下列各项中，关于投资基金优点的说法错误的是（　　）。

  A．具有专家理财优势   B．具有资金规模优势

  C．可以完全规避投资风险   D．可能获得很高的投资收益

20．利率与证券投资的关系，以下叙述正确的是（　　）。

  A．利率上升，则证券价格上升   B．利率上升，则企业派发的股利将增多

  C．利率上升，则证券价格会下降 D．利率上升，证券价格变化不定

21．当市场利率上升时，长期固定利率债券价格的下降幅度（　　）短期债券的下降幅度。

  A．大于   B．小于   C．等于   D．不确定

22．契约型投资基金投资结构中的当事人不包括（　　）。

  A．董事会   B．委托人   C．受托人   D．受益人

23．已知某证券的 β 系数等于 2，则表明该证券（　　）。

  A．有非常低的风险   B．无风险

  C．与金融市场所有证券平均风险一致

  D．比金融市场所有证券平均风险大 1 倍

24．某人持有 A 种优先股股票。A 种优先股股票每年分配股利 2 元，股票的最低报酬率为 16%。若 A 种优先股股票的市价为 13 元，则股票预期报酬率（　　）。

  A．大于 16%   B．小于 16%   C．等于 16%   D．不确定

25．投资一笔国债，5 年期，平价发行，票面利率 12.22%，单利计息，到期收取本金和利息，则该债券的投资收益率是（　　）。

  A．9%   B．11%   C．10%   D．12%

26．通货膨胀会影响股票价格，当发生通货膨胀时，股票价格（　　）。

  A．降低   B．上升   C．不变   D．以上三种情况都有可能

27．某股票为固定成长股，其成长率为 3%，预期第一年后股利为 4 元，假定目前国库券收益率 13%，平均风险股票必要收益率为 18%，而该股票的 β 系数为 1.2，那么该股票的价值为（　　）元。

  A．25   B．23   C．20   D．4.8

28．淮海公司发行的股票，预期报酬率为 20%，最近刚支付的为每股 4 元，估计该公司的股利保持平稳，则该种股票的价值为（　　）元。

  A．20　　　　　　B．21　　　　　　C．22　　　　　　D．40

29．华联公司投资一笔企业债券，4 年期，平价购买，票面利率 15%，单利计息，到期收取本金和利息，则该债券的投资收益率是（　　）。

  A．11%　　　　　B．15%　　　　　C．12.47%　　　　D．12%

30．某人以 40 元的价格购入一张股票，该股票目前的股利为每股 1 元，股利增长率为 2%，一年后以 50 元的价格出售，则该股票的投资收益率应为（　　）。

  A．2%　　　　　B．20%　　　　　C．21%　　　　　D．27.55%

31．债券投资者购买证券时，可以接受的最高价格是（　　）。

  A．出卖市价　　B．到期价值　　C．投资价值　　D．票面价值

32．华联公司股票的风险是市场平均风险的 1.5 倍，无风险收益率为 5%，市场上所有股票的平均收益率为 9%，则该公司股票的必要收益率应为（　　）。

  A．14%　　　　　B．12%　　　　　C．10.5%　　　　D．11%

（二）多项选择题

1．下列各项中，能够影响债券内在价值的因素有（　　）。

  A．债券的价格　　　　　　　　B．债券的计息方式（单利还是复利）
  C．市场利率　　　　　　　　　D．票面利率

2．进行证券投资，应考虑的风险有（　　）。

  A．违约风险　　B．利息率风险　　C．购买力风险　　D．流动性风险

3．投资基金作为一种有价证券，它与股票的区别主要表现在（　　）。

  A．发行的主体不同　　　　　　B．体现的权利关系不同
  C．风险和收益不同　　　　　　D．存续时间不同

4．投资基金按照组织形式不同，可以分为（　　）。

  A．契约型投资基金　　　　　　B．公司型投资基金
  C．股权式投资基金　　　　　　D．证券投资基金

5．投资基金按照能否赎回，可以分为（　　）。

  A．封闭型投资基金　　　　　　B．开放型投资基金
  C．契约型投资基金　　　　　　D．公司型投资基金

6．投资基金的创立和运行主要涉及（　　）。

  A．投资人　　　B．发起人　　　C．管理人　　　D．托管人

7．股票价格的影响因素有（　　）。

  A．预期股利报酬　　　　　　　B．金融市场利率
  C．宏观经济环境　　　　　　　D．投资者心理

8. 下列引起的风险属于可分散风险的情况是（　　　　）。

    A. 银行调整利率水平　　　　　　B. 公司劳资关系紧张

    C. 公司诉讼失败　　　　　　　　D. 大规模的金融危机

9. 与股票内在价值呈反方向变化的因素有（　　　　）。

    A. 股利年增长率　　　　　　　　B. 年股利

    C. 预期的报酬率　　　　　　　　D. β 系数

10. 证券投资保守型投资策略的好处有（　　　）。

    A. 能分散掉大部分的非系统风险　B. 证券投资管理费比较低

    C. 收益较高　　　　　　　　　　D. 可以取得市场平均收益率

11. 按照投资的风险分散理论，以等量资金投资于 A、B 两项目（　　　）。

    A. 若 A、B 项目完全负相关，组合后的非系统风险完全抵消

    B. 若 A、B 项目完全负相关，组合非系统风险不扩大也不会减少

    C. 若 A、B 项目完全正相关，组合非系统风险完全抵消

    D. 若 A、B 项目完全正相关，组合非系统风险不扩大也不减少

12. 按照资本资产价模式，影响特定股票预期收益率的因素有（　　　）。

    A. 无风险的收益率　　　　　　　B. 平均风险股票的必要收益率

    C. 特定股票的 β 系数　　　　　　D. 资产规模大小

13. 债券投资与股票投资相比（　　　）。

    A. 收益稳定性强　　　　　　　　B. 投资风险较小

    C. 收益较高　　　　　　　　　　D. 没有经营控制权

14. 下列证券中属于固定收益的是（　　　）。

    A. 公司债券　　　B. 金融债券　　　C. 优先股股票　　　D. 普通股股票

15. 证券投资组合的非系统风险包括（　　　）。

    A. 货币政策的变动　　　　　　　B. 利率政策的变动

    C. 产品价格降低　　　　　　　　D. 企业经营管理水平低

（三）判断题

1. 债券证券比所有权证券的投资风险低，其投资者要求的投资收益也较低。（　　　）

2. 证券投资风险按风险性质分为系统性风险和非系统性风险两大类别。系统性风险主要包括利息率风险和破产风险。（　　　）

3. 按证券发行主体可以分为所有权证券和债权证券。（　　　）

4. 公司型基金投资者是基金公司的收益人；契约型基金投资者是基金公司的股东。（　　　）

5. 债券投资与股票投资相比本金安全性高，收入稳定性强，但是购买力风险较大。（　　　）

6．非系统性风险会造成个别行业或个别股票价格下跌，不会造成所有股票价格下跌。（　　　）

7．短期证券与长期证券相比能更好地避免流动性风险。（　　　）

8．可分散风险通常可以用 β 系数来衡量。（　　　）

9．期权投资和期货投资都属于证券投资。（　　　）

10．通常，发生通货膨胀时，固定收益证券要比变动收益证券能更好地避免购买力风险。（　　　）

11．相对于实物投资而言，证券投资流动性强、价格不稳定、交易成本高。（　　　）

12．相对其他证券投资，国库券投资的违约风险最小。（　　　）

13．投资基金按能否赎回，分为封闭型投资基金和开放型投资基金两种类型。（　　　）

14．由两种完全正相关的股票组成的证券组合不能抵消任何风险。（　　　）

15．通常，股票市场价格会随着市场利率的上升而下降，随着市场利率的下降而上升。（　　　）

16．人们在进行证券投资决策时，之所以选择低风险的证券，是因为低风险会带来高收益，而高风险的证券则往往收益偏低。（　　　）

17．投资基金的收益率是通过基金净资产的价值变化来衡量的。（　　　）

18．当通货膨胀发生时，变动收益证券如普通股劣于固定收益证券如公司债券。（　　　）

19．投资于企业债券，可拥有优先求偿权，即企业破产时，优先于股东分得企业资产，因此本金安全性较高。（　　　）

20．开放型投资基金持有人赎回基金证券时，按净资产价值减除一定比例的手续费作为赎回价格。（　　　）

（四）名词解释

1．证券投资　　2．开放型投资基金　　3．证券投资基金　　4．基金单位净值

（五）简答题

1．简要说明证券的四个基本特性。

2．简述股票投资的主要程序。

3．简要说明股票投资与基金投资的主要区别。

（六）计算分析题

1．大江公司股票为固定成长股票，股利年增长率为 5%，预期一年后的股利为 6 元，现行国库券的收益率为 8%，平均风险股票的必要收益率等于 14%，而该股票的 β 系数为 1.5，要求计算该股票现在的价值。

2．公司 2005 年 1 月 1 日平价发行新债券，每张面值 1 000 元，票面利率 10%，5 年期，

每年 12 月 31 日付息一次，到期按面值偿还（计算过程保留 4 位小数，结果保留 2 位小数）

要求：（1）假定 2005 年 1 月 1 日的市场利率为 12%，债券发行价格低于多少时公司将可能取消债券发行计划？

（2）假定 2005 年 1 月 1 日的市场利率为 8%，公司每半年支付一次利息，债券发行价格高于多少时，你可能不再愿意购买？

（3）假定 2009 年 1 月 1 日债券市价为 1 042 元，你期望的投资报酬率为 6%，你是否愿意购买？

3. 某人购买了一张面值 1 000 元、票面利率 10%、期限为 5 年的债券。该债券每年付息 2 次，于每半年末支付利息。

要求：（1）如果该债券当时按 1 050 元溢价购入，要求计算该债券的收益率。

（2）如果该债券的 β 系数为 0.8，证券市场平均收益率为 9%，现行国库券的收益率为 6%，采用资本资产定价模型计算该债券的预期收益率。

4. 丽江公司原持有甲、乙、丙三种股票构成证券组合，它们的 β 系数分别为 2.0、1.5、0.5；它们在证券组合中所占比重分别为 60%、30% 和 10%，市场上所有股票的平均收益率为 14%，无风险收益率为 10%。该公司为降低风险，售出部分甲股票，买入部分丙股票，甲、乙、丙三种股票在证券组合中所占比重变为 20%、30% 和 50%，其他因素不变。

要求：（1）计算原证券组合的 β 系数；

（2）判断原证券组合的收益率达到多少时，投资者才会愿意购买；

（3）判断新证券组合的收益率达到多少时，投资者才会愿意购买。

（七）论述题

论述影响债券投资收益的主要因素。

（八）案例分析

【案情介绍】

A 先生曾有过一段对开放式基金频繁进行短线操作的经历。下面将 A 先生进行操作的过程描述出来，然后计算一下 A 先生到底挣了多少钱？

2007 年初，A 先生购买了净值为 1.100 0 元/份的开放式基金 A 20 000 份，短期持有后，该基金净值上升为 1.150 0 元/份，A 先生将该基金出售；同时，A 先生申购了净值为 0.950 0 元/份的开放式基金 B 20 000 份，短期持有后，该基金净值上升为 0.980 0 元/份，A 先生再次将该基金抛售。计算一下 A 先生经过两次短线操作后到底挣了多少钱？

申购基金单位金额计算方法如下：

申购金额 = 申购份额 × 交易日基金单位净值 + 申购费用

申购费用 = 申购份额 × 交易日基金单位净值 × 申购费率

赎回基金单位金额计算方法如下：

赎回金额 = 赎回份额 × 交易日基金单位净值 − 赎回费用

赎回费用 = 赎回份额 × 交易日基金单位净值 × 赎回费率

假设开放式基金的赎回费率为 1.5% 左右，申购费率为 1.0%。那么可以计算出来：

A 先生申购开放式基金 A 的价格为：

开放式基金 A 的申购费用为：20 000 份 × 1.100 0 元/份 × 1.0% = 220 元

开放式基金 A 的申购价为：20 000 份 × 1.100 0 元/份 + 220 元 = 22 220 元

开放式基金 A 的赎回费用为：20 000 份 × 1.150 0 元/份 × 1.5% = 345 元

开放式基金 A 的赎回金额为：20 000 份 × 1.150 0 元/份 − 345 元 = 22 655 元

A 先生对开放式基金 A 的短线操作利润为：22 655 元 − 22 220 元 = 435 元

而 A 先生申购、赎回基金 A 的交易费用共计：220 元 + 345 元 = 565 元

交易费用是所获利润的 1.30 倍。

开放式基金 B 的申购费用为：20 000 份 × 0.950 0 元/份 × 1.0% = 190 元

开放式基金 B 的申购价为：20 000 份 × 0.950 0 元/份 + 190 元 = 19 190 元

开放式基金 B 的赎回费用为：20 000 份 × 0.980 0 元/份 × 1.5% = 294 元

开放式基金 B 的赎回价格为：20 000 份 × 0.980 0 元/份 − 294 元 = 19 306 元

A 先生对开放式基金 B 的短线操作利润为：19 306 元 − 19 190 元 = 116 元

A 先生申购、交易基金 B 的交易费用共计：190 元 + 294 元 = 484 元

A 先生对基金 B 的交易费用是其利润的 4.17 倍。

【思考与讨论】

（1）分析 A 先生投资毛利和手续费各为多少？

（2）A 先生对开放式基金投资操作的亲身经历给我们带来怎样的启示？

（资料来源：邢恩泉. 证券投资禁忌 50 例. 北京：电子工业出版社，2006.）

四、答案及解析

（一）单项选择题

1. C，【解析】$(1 + i)^5 = 1 + 5 × 12\% = 1.6$，$i = 9.86\%$。

2. C，【解析】特定证券收益率由票面规定利率、持有时间和购买的价格决定，与市场利率无必然联系。

3. B，【解析】国库券以政府信用为基础，违约风险最小，一般可以认为没有违约风险。

4. D，【解析】债券价值 $= 100\,000 × 4\% × (P/A,4,6\%) + 100\,000/(1 + 6\%)^5 = 91\,500$

5. A，【解析】$K = 10\% + 1.5(14\% − 10\%) = 16\%$，$P = 8/(1 + 16\%)^2 + 0.8 × 1.605 = 7.23$

6. D，【解析】基金净资产价值是计算基金收益率的基础，通过其变化反映基金增值情况。

7．C，【解析】单位净值 = (2 400 − 800)/1 500 = 1.07 元。

8．A，【解析】按组织形态可以将基金划分为契约型基金和公司型基金，前者基于一定的信托契约，后者是公司法人的组织形式。

9．A，【解析】普通股的收益状况随着被投资企业的财务状况的变化而变化，因此是变动收益证券，其他选项为固定收益证券。

10．B，【解析】按证券收益决定因素分为原生证券和衍生证券。原生证券收益大小取决于发行者的财务状况。衍生证券收益大小取决于原生债券价格，包括期货合约和期权合约。

11．D，【解析】国库券以政府信用为基础，变现的流动性风险最小。

12．D，【解析】企业短期证券投资的目的主要是为了调节现金存量，暂时存放闲置资金，其他选项均不是短期债券投资的直接目的。

13．C，【解析】普通股收益率随企业财务状况的变化而变动，其他选项为固定收益证券。

14．D，【解析】通过对收益率负相关证券的组合投资可以分散非系统性风险，即公司特别风险或可分散风险，而市场风险为不可分散风险。

15．D，【解析】非系统风险可以通过证券组合方式分散。

16．A，【解析】高风险、高收益证券所占比重较高的投资组合属于冒险型投资。

17．A，【解析】利息率的变动会影响所有的证券价格，因此属于不可分散的系统风险。

18．D，【解析】标准离差率用于衡量证券收益的风险水平，而无法反映投资收益水平。

19．C，【解析】基金投资虽然有专家理财优势和规模优势，但无法完全规避风险。

20．C，【解析】利率的变化与证券价格呈负相关关系，即利率上升证券价格会下降。而利率变化与企业的股利政策无直接关系。

21．A，【解析】利率上升会造成证券价格下降，而长期固定利率债券所受利率变化的影响较短期债券所受的影响要大，所以长期固定利率债券的下降幅度要大于短期债券。

22．A，【解析】契约型投资基金结构中当事人包括三方面：受托人、委托人和受益人。

23．D，【解析】β 系数反映证券风险水平，如果等于 1 则和所有证券的平均风险相当，等于 2 则表明其风险比金融市场证券平均风险大 1 倍。

24．B，【解析】在预期报酬为 16%的情况下，则股票价值 = 2/16% = 12.5 元，此时股价为 13 元，则预期报酬率会小于 16%。

25．C，【解析】$(1 + i)^5 = 1 + 12.22\% \times 5$，所以 $i = 10\%$。

26．B，【解析】通货膨胀时，现金性资产会贬值，固定性资产会升值，股票价格会上升。

27．A，【解析】根据资本资产定价模型，该股票预期收益 = 13% + 1.2 × 5% = 19%，所以该股票价值 = $D_1/(K - g)$ = 4/(19% − 3%) = 25 元。

28．A，【解析】黄河公司股票价值 = D/K = 4/20% = 20 元。

29．C，【解析】$(1 + i)^4 = 1 + 15\% \times 4$，所以 $i = 12.47\%$。

30．D，【解析】收益率 = (50 − 40 + 1.02)/40 = 27.55%。

31．C，【解析】投资价值为购买债券可接受的最高价格，高出此价格在会使投资收益率低于预期的报酬率。

32．D，【解析】由于风险为平均风险的 1.5 倍，所以 $\beta = 1.5$，根据资本资产定价模型，必要收益率 $= 5\% + (9\% - 5\%) \times 1.5 = 11\%$。

（二）多项选择题

1．BCD，【解析】根据债券估价公式，票面利率、计息方式、市场利率、计息周期等都会影响到债券的股价，而债券价格则是内在价值的表现。

2．ABCD，【解析】证券投资应考虑违约、利息率、购买力、流动性风险等。

3．ABCD，【解析】投资基金与股票区别：发行主体不同、期限不同、股票与投资基金的风险及收益不同、投资者的权益有所不同、流通性不同等，因此 A、B、C、D 的论述都是正确的。

4．AB，【解析】证券投资基金按组织形式分为契约型和公司型投资基金。

5．AB，【解析】投资基金按能否赎回，分为封闭型投资基金和开放型投资基金。

6．ABCD，【解析】证券投资基金指一种利益共享、风险共担的集合证券投资方式，即通过发行基金单位，集中投资者的资金，由基金托管人托管，由基金管理人管理和运用资金，从事股票、债券等金融工具投资。因此投资基金的创立和运行主要涉及投资人、发起人、管理人和托管人，选 ABCD。

7．ABCD，【解析】根据股票股价的折现模型，预计股利、市场利率、股利增长率等都会影响股价，同时宏观经济环境和投资者的心理预期等都会对股价产生影响，应选 ABCD。

8．BC，【解析】银行利率调整和大规模的金融危机属于系统性风险，不可分散。而企业自身的劳资关系紧张和诉讼失败则是特有风险，可以分散。

9．CD，【解析】根据股票股价的现金流折现模型，股利增长率和年股利与股票价值为正向关系；而预期报酬率和 β 系数越高，则折现模型中的折现率越高，所以股价也会越低。

10．ABD，【解析】运用证券投资保守型投资策略可以分散掉大部分的非系统风险、证券投资管理费比较低，可以取得市场平均收益率，但收益率不会太高。

11．AD，【解析】根据组合投资理论，仅有非系统风险可以分散，如果两个项目完全正相关，则非系统风险无法分散，保持不变。如果完全负相关，则可以将非系统风险完全抵消。

12．ABC，【解析】根据资本资产定价模型，选项 A、B、C 均为影响预期收益率的因素。

13．ABD，【解析】债券投资较股票投资收益稳定、风险较小，但相对收益要低于股票投资，同时没有经营控制权。

14．ABC，【解析】公司债券、金融债券、优先股股票都是固定收益证券，而股票的收益则会随企业财务状况的变动而发生变动。

15．CD，【解析】利率政策和货币政策都属于系统风险。

（三）判断题

1. √，【解析】债券型证券收益稳定，且求偿权在前，因此其风险比所以权分险低。

2. ×，【解析】破产风险为非系统性风险。

3. ×，【解析】按照证券发行主体的不同，可分为政府证券、金融证券和公司证券。

4. ×，【解析】公司型基金和契约型基金的投资者分别为股东和收益人。

5. √，【解析】债券投资较股票投资风险小，但在通货膨胀时具有较大的购买力风险。

6. √，【解析】非系统风险为特有风险，只会影响特定行业或企业。

7. ×，【解析】流动性风险是指到期不能变现的风险，与证券期限无直接联系。

8. ×，【解析】不可分散风险即系统性风险用 β 系数来衡量。

9. √，【解析】证券投资包括债券投资、股票投资、期权投资、期货投资及基金投资等。

10. ×，【解析】通货膨胀时，变动收益债券的购买力风险相对于固定收益证券小。

11. ×，【解析】相对实物投资，证券投资方便快捷，因此其交易成本更低。

12. √，【解析】国库券违约风险最小，可以认为短期国库券的违约风险为 0。

13. √，【解析】按投资基金能否赎回，可以分为封闭型基金和开放型基金。

14. √，【解析】完全正相关的股票所承担的特有风险是相同的，其组合无法起到分散特有风险的作用。

15. √，【解析】利率为系统性风险，会对所有股票价格产生影响。一般情况下，利率的变化与证券价格变化呈负相关关系。

16. ×【解析】收益与风险是相对应的，高收益与高风险对应。之所以偏好低风险的证券，是因为投资者对风险的厌恶。

17. √，【解析】基金净资产价值是计算基金收益率基础，通过其变化反映基金增值情况。

18. ×，【解析】通货膨胀条件下，变动收益证券较固定收益证券相比购买力风险较小。

19. √，【解析】债券的求偿权优先于权益证券，因此风险相对较低。

20. √，【解析】开放基金赎回按申购合约需支付一定比例的手续费。

（四）名词解释（略）

（五）简答题（略）

（六）计算分析题

1. 解：根据资本资产定价模型，该股票的预期收益率为

$$8\% + 1.5 \times (14\% - 8\%) = 17\%$$

根据股票估价的固定增长率模型，该股票的价值 = 6/(17% - 5%) = 50（元）

2．解：（1）债券发行价格的下限应是按 12% 计算的债券价值（V）

$$V = 1\,000 \times 10\% \times (P/A,\ 12\%,\ 5) + 1\,000 \times (P/F,\ 12\%,\ 5) = 927.88（元）。$$

即发行价格低于 927.88 元时，公司将可能取消发行计划。

（2）债券发行价格的上限应是按 8% 计算的债券价值（V）

$$V = 1\,000 \times 10\% \div 2 \times (P/A,\ 4\%,\ 10) + 1\,000 \times (P/F,\ 4\%,\ 10) = 1\,081.15（元）。$$

即发行价格高于 1 081.15 元，将可能不再愿意购买。

（3）设到期收益率为 i，则：

$$1\,042 = 1\,000 \times 10\% \div (1 + i) + 1\,000 \div (1 + i),$$

得 $i = 5.57\% < 6\%$

所以不应该购买。

3．解：（1）$1\,050 = 1\,000 \times 5\% \times (P/A,\ i,\ 10) + 1\,000 \times (P/F,\ i,\ 10)$

设 $i = 5\%$ 时：

$$1\,000 \times 5\% \times (P/A,\ 5\%,\ 10) + 1\,000 \times (P/F,\ 5\%,\ 10) = 1\,000$$

$i = 4\%$ 时：

$$50 \times (P/A,\ 4\%,\ 10) + 1\,000 \times (P/F,\ 5\%,\ 10) = 1\,081.15$$

利用插值法：

$$(i - 4\%)/(5\% - 4\%) = (1\,050 - 1\,081.15)/(1\,000 - 1\,081.15)$$

$$i = 4.38\%$$

年名义债券收益率 $2 \times 4.38\% = 8.76\%$　　即该债券的收益率为 8.76%。

（2）根据资本资产定价模型，其收益率为：

$$6\% + 0.8 \times (9\% - 6\%) = 8.4\%$$

4．解：（1）计算原证券组合的 β 系数

$$\beta_p = \sum x_i \beta_i = 60\% \times 2.0 + 30\% \times 1.5 + 10\% \times 0.5 = 1.7$$

（2）计算原证券组合的风险收益率

$$R_p = \beta_p \times (K_m - R_f) = 1.7 \times (14\% - 10\%) = 6.8\%$$

原证券组合的必要收益率 = 10% + 6.8% = 16.8%，只有原证券组合的收益率达到或者超过 16.8%，投资者才会愿意投资。

（3）计算新证券组合的 β 系数和风险收益率

$$\beta_\rho = \sum x_i \beta_i = 20\% \times 2.0 + 30\% \times 1.5 + 50\% \times 0.5 = 1.1$$

新证券组合的风险收益率：

$$R_p = \beta_p \times (K_m - R_f) = 1.1 \times (14\% - 10\%) = 4.4\%$$

新证券组合的必要收益率 = 10% + 4.4% = 14.4%，只有新证券组合的收益率达到或者超

过 14.4%，投资者才会愿意投资。

（七）论述题【答题要点】

影响债券投资收益的主要因素如下。

（1）债券的利率。债券利率越高，债券收益也越高。反之，收益下降。形成利率差别的主要原因是：利率、残存期限、发行者的信用度和市场性等。

（2）债券价格与面值的差额。当债券价格高于其面值时，债券收益率低于票面利息率。反之，则高于票面利息率。

（3）债券的还本期限。还本期限越长，投资者承担的风险越大，因此票面利息率越高。

（4）市场供求、货币政策和财政政策。市场供求、货币政策和财政政策对债券价格产生影响，就直接影响到投资者的成本，成本越高则收益率越低，成本越低则收益率越高，所以除了利率差别会影响投资者的收益之外，市场供求、货币政策和财政政策也是考虑投资收益时所不可忽略的因素。

（八）案例分析【答题要点】

（1）假如不存在交易费用，A 先生所获得的毛利是多少呢？是 1 600 元。而实际上扣除交易费用后 A 先生获得了多少利润呢？仅为 551 元！毛利中的 65.6%就这样被交易费用所吞噬。

（2）A 先生对开放式基金的投资经历属于"短线操作，开放基金"行为，是在基金投资过程中，某些投资者经常触犯到的一个投资禁忌，属于一种"短视"的证券投资基金操作行为，投资者应该在基金投资活动中尽量避免该现象的发生。"短线操作，开放基金"的危害主要包括以下两个方面。

① 对投资者来讲，能够找到一个优秀的基金管理者是个非常幸运的事情，就如同你找到了一个可靠而且非常善于理财的"管家"。"短线操作，开放基金"，就如同投资者频繁更换"管家"，其投资效果可想而知。

② 开放式基金为了防止投资者频繁更换基金而设置了一种障碍：开放式基金的交易价格则取决于基金每单位净资产值的大小，其申购价一般是基金单位净资产值加一定的申购费，赎回价是基金单位净资产值减去一定的赎回费。由此可见，开放式基金虽然给了投资者随时申购和赎回的权力，但是却用申购费和赎回费来对投资者滥用权力的行为加以制约。也就是说，如果投资者"短线操作，开放基金"，会花掉相当部分的"交易费用"。

综上所述，对于投资者来讲，频繁短线操作是开放式基金投资的一大禁忌。这中间既有更换基金存在的"看走眼"的风险在其内，更有基金更换所需要的"交易费用"较高的原因。选择一个对自己最合适的基金进行长期投资，与该基金共同成长，不轻易赎回，以避免交易费用过高，这对投资者是一种有利的投资策略。至少，短线操作，对开放式基金的投资者来讲，是非常不利的。

第八章　营运资金管理

一、本章内容框架

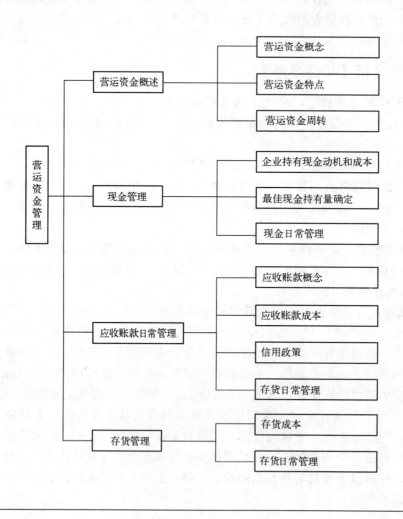

二、本章重点内容概述

（一）营运资金含义及特点

营运资金是指在企业生产经营活动中占用在流动资产上的资金。广义的营运资金又称为毛营运资金，是指一个企业流动资产的总额；狭义的营运资金，又称为净营运资金，是指流动资产减去流动负债后的余额。营运资金特点如下。

（1）周转具有短期性；

（2）实物形态具有易变现性；

（3）数量具有波动性；

（4）实物形态具有动态性；

（5）来源具有灵活多样性。

（二）持有现金的动机

1．交易动机

在正常经营下应当保持的现金支付能力。一般说来，企业为满足交易动机所持有的现金余额主要取决于企业销售水平。

2．预防动机

指企业持有现金，以应付意外事件对现金的需求。

3．投机动机

持有现金以抓住各种市场机会，为获取较大利益而做准备。

（三）持有现金的成本

1．持有成本

指企业因保留一定的现金余额而增加的管理费用及丧失的再投资收益。持有成本与现金持有量成正比关系。

2．转换成本

指企业用现金购入有价证券或转让有价证券换取现金时所需要付出的交易费用，即现金与有价证券之间相互转换的成本。转换成本与现金持有量成反比关系。

3．短缺成本

指因现金持有量不足而又无及时变现的有价证券加以补充，给企业所带来的损失。短缺成本与现金持有量成反方向变动关系。

（四）最佳现金持有量的确定

最佳现金持有量是指使持有现金发生的总成本最少的一个现金持有量。即持有成本、转换成本、短缺成本之和最低时的现金持有量。确定最佳现金持有量的方法主要有两种：

1. 成本分析模式

成本分析模式下的最佳现金持有量，就是持有现金而产生的机会成本与短缺成本之和最小时的现金持有量。

2. 存货模式

存货模式也称鲍莫模式，存货模式是将存货经济进货批量模型用于确定现金持有量。此模式下，使机会成本与固定性转换成本之和最低的现金持有量，即最佳现金持有量。

最佳现金持有量：$Q_O = \sqrt{\dfrac{2TF}{K}}$

最低相关总成本：$T_C = \sqrt{2TFK}$

式中：T—— 一个周期内现金总需求量；

$\quad\quad F$—— 每次转换的固定成本；

$\quad\quad Q_O$—— 最佳现金持有量；

$\quad\quad K$—— 有价证券利息率（机会成本）；

$\quad\quad T_C$—— 现金管理相关总成本。

（五）应收账款的相关成本

1. 应收账款的机会成本

是企业的资金投放在应收账款上而必然放弃其他投资机会而丧失的收益。其计算公式为：

应收账款的机会成本 = 维持赊销业务所需要的资金 × 资本成本率

其中，维持赊销业务所需要的资金 = 应收账款平均余额 × 变动成本率

应收账款平均余额 = (赊销收入净额/360) × 平均收账天数

2. 管理成本

是指企业对应收账款进行管理而耗费的开支。

3. 坏账成本

是指由于某种原因导致应收账款不能收回而给企业造成的损失。

4. 现金折扣

为鼓励顾客提前付款而给予的现金优惠。

（六）信用政策

信用政策是企业对应收账款进行规划与管理而制定的基本原则和行为规范。包括以下内容。

1. 信用标准

信用标准是企业同意向客户提供商业信用而要求对方必须具备的最低条件。通常以预计的坏账损失率表示。

2. 信用条件

信用条件是指企业向对方提供商业信用时要求其支付赊销款项的条件。包括：①信用期限；②现金折扣和折扣期限。

信用条件的选择：比较不同的信用条件的销售收入及相关成本，最后计算出各自的净收益，并选择净收益最大的信用条件。

3. 收账政策

收账政策是指客户超过信用期限而仍未付款或拒付账款时企业采取的收账策略与措施。

（七）应收账款的日常管理

（1）应收账款跟踪分析；

（2）应收账款账龄分析；

（3）应收账款收现保证率分析；

（4）建立应收账款坏账准备金制度。

（八）存货的成本

（1）进货成本，是指取得存货发生的成本费用支出。主要由存货进价和进货费用两个方面构成。存货进价属于决策的无关成本；进货费用有一部分与订货次数成正比例变动关系，属于决策的相关成本。

（2）储存成本，是指企业为持有存货而发生的成本费用支出。有一部分储存成本随存货的储存数量的增减成正比例变动关系，属于决策的相关成本。另有一部分储存成本则与存货的储存数量没有密切的关系，属于决策的无关成本。

（3）缺货成本，缺货成本是指因存货不足而给企业造成的损失。

（九）存货经济进货批量模型

经济进货批量：$Q_0 = \sqrt{\dfrac{2AB}{C}}$

最低相关总成本：$T_C = \sqrt{2ABC}$

式中：Q_0——经济进货批量；

A——某种存货一定时期的总需要量；

B——平均每次进货费用；

C——单位存货年度平均储存成本；

T_C——存货相关总成本。

（十）存货 ABC 分类管理控制

ABC 分类管理就是按照一定的标准，将企业的存货划分为 A、B、C 三类，分别实行分品种重点管理、分类别一般控制和按总额灵活掌握的存货管理方法。存货 ABC 的分类标准如下：

（1）金额标准；

（2）品种数量标准。

其中金额标准是最基本的，品种数量标准仅作为参考。A 类存货的特点是金额很大，但品种数量较少；B 类存货金额一般，品种数量相对较多；C 类存货品种数量繁多，但价值金额却很小。

一般而言，三类存货的金额比重大致为 A：B：C = 0.7：0.2：0.1，而品种数量比重大致为 A：B：C = 0.1：0.2：0.7。

三、本章习题

（一）单项选择题

1．企业置存现金主要是为了满足（　　）。

A．交易性、预防性、收益性需要　　　　B．交易性、投机性、收益性需要

C．交易性、预防性、投机性需要　　　　D．预防性、收益性、投机性需要

2．经济订货量是指（　　）。

A．订货成本最低的采购批量　　　　　　B．储存成本最低的采购批量

C．缺货成本最低的采购批量　　　　　　D．存货总成本最低的采购批量

3．现金管理的首要目的是（　　）。

A．保证日常生产经营业务的现金需要

B．获得最大收益

C．使机会成本与固定性转换成本之和最低

D．使机会成本与短缺成本之和最低

4．各种持有现金的动机中，属于应付未来现金流入和流出随机波动的动机是（　　）。

A．交易动机　　　　　　　　　　　　　B．投机动机

C．预防动机　　　　　　　　　　　　　D．长期投资动机

5．对信用期限的叙述，正确的是（　　）。

A．信用期限越长，企业坏账风险越小。

B．信用期限越长，表明客户享受的信用条件越优越。

C．延长信用期限，不利于销售收入的扩大。

D．信用期限越长，应收账款的机会成本越低。

6．某公司 2010 年应收账款总额为 1 000 万元，当年必要现金支出为 900 万元，应收账款收现以外的其他稳定可靠现金流入为 600 万元，则应收账款收现保证率为（　　）。

A．70%　　　　　　B．30%　　　　　　C．25%　　　　　　D．50%

7．下列项目属于存货储存成本的是（　　）。

A．存货储存利息　　　　　　　　　B．进货差旅费

C．材料中断损失　　　　　　　　　D．入库检验费

8．存货 ABC 分类控制法中对存货划分的最基本的分类标准为（　　）。

A．金额标准　　　　　　　　　　　B．品种数量标准

C．重量标准　　　　　　　　　　　D．金额与数量标准

9．信用条件"1/10，N/30"表示（　　）。

A．信用期限为 10 天，折扣期限为 30 天

B．如果在开票后 10 天至 30 天内付款可享受 10% 的折扣

C．信用期限为 30 天，现金折扣为 10%

D．如果在 10 天内付款，可享受 1% 的现金折扣，否则应在 30 天内全额付款

10．企业 6 月 10 日购商品时约定"2/10，N/20"。在 6 月 15 日有能力付款，但直到 6 月 20 日才支付这笔款项。其目的是运用现金日常管理策略中的（　　）。

A．力争现金流量同步　　　　　B．使用现金浮游量

C．推迟应付款的支付　　　　　D．加速收购

11．某企业预测年赊销额为 900 万元，应收账款平均收账期 60 天，变动成本率为 60%，资金成本率 10%，则应收账款的机会成本为（　　）万元

A．7.88　　　B．8.2　　　C．7.21　　　D．9

12．某企业现金收支状况比较稳定，预计每年需要现金 600 000 元，每次转换成本为 600 元，有价证券利息率为 20%，则最佳现金管理相关总成本是（　　）元。

A．6 000　　　B．12 000　　　C．4 000　　　D．8 000

13．采用 ABC 法对存货进行控制时，应当重点控制的是（　　）。

A．数量较多的存货　　　　　　B．占用资金较多的存货

C．品种较多的存货　　　　　　D．库存时间较长的存货

14．在应收账款管理中，规定信用期限、折扣期限和现金折扣率等内容的是（　　）。

A．客户资信程度　　　　　　　B．收账政策

C．信用等级　　　　　　　　　D．信用条件

15．应收账款的信用标准通常以（　　）指标来表示。

A．应收账款收现保证率　　　　B．客户资信

C．应收账款周转率　　　　　　D．预期坏账损失率

16．某企业销售商品，年赊销额为 500 万元，信用条件为（2/10，1/20，N/40），预计

将会有 70%客户享受 2%的现金折扣，20%的客户享受 1%的现金折扣，其余的客户均在信用期付款，则企业应收账款平均收账天数为（　　）天。

  A．14   B．15   C．16   D．无法计算

17．下列各项成本中与现金的持有量成正比例关系的是（　　）。

  A．管理成本 B．转换成本 C．机会成本 D．短缺成本

18．某企业现金收支状况比较稳定，全年的现金需要量为 250 000 元，每次转换有价证券的固定成本为 400 元，有价证券的年利率为 2%，则全年固定性转换成本是（　　）元。

  A．1 000   B．2 000   C．3 000   D．4 000

19．下列各项中，属于应收账款机会成本的是（　　）。

  A．收账费用   B．客户资信调查费用

  C．坏账损失   D．应收账款占用资金的应计利息

20．持有过量现金可能导致的不利后果是（　　）。

  A．财务风险加大   B．收益水平下降

  C．偿债能力下降   D．资产流动性下降

21．如果企业制定的信用标准较严，只对信誉好、坏账损失率低的客户给予赊销，则会（　　）。

  A．扩大销售量   B．减少销售量

  C．增加坏账成本   D．增加应收账款的机会成本

22．成本分析模式下的最佳现金持有量应是（　　）之和最小时的现金持有量。

  A．持有成本和短缺成本   B．机会成本和短缺成本

  C．持有成本和转换成本   D．持有成本、短缺成本和转换成本

23．下列项目中，与应收账款投资额成正比例关系变化的是应收账款的（　　）。

  A．总成本   B．机会成本   C．管理成本   D．收账费用

24．在赊销业务中，企业允许顾客从购货到付款的间隔时间叫作（　　）。

  A．信用条件   B．折扣期间   C．付款时间   D．信用期间

25．延长信用期间有可能会使（　　）。

  A．销售额降低   B．应收账款占用资金提高

  C．收账费用降低   D．坏账损失降低

26．下列说法中正确的是（　　）。

  A．现金持有量越大，机会成本越高 B．现金持有量越低，短缺成本越小

  C．现金持有量越大，管理成本越大 D．现金持有量越大，收益越高

27．下列属于缺货成本的是（　　）。

  A．产品供应中断导致延误发货的信誉损失

  B．储存存货发生的仓储费用

  C．存货的保险费用

D．存货残损霉变损失

28．某公司应收账款周转期为 70 天，应付账款平均付款天数为 50 天，存货周转期为 60 天，则该企业的现金周转期为（   ）。

    A．150 天   B．30 天   C．50 天   D．80 天

29．在对存货采用 ABC 法进行控制时，应当重点控制的是（   ）。

    A．数量较大的存货   B．占用资金较多的存货

    C．品种多的存货   D．价格昂贵的存货

30．下列关于存货管理的 ABC 分析法描述不正确的是（   ）。

    A．A 类存货金额巨大，但品种数量较少

    B．C 类存货金额巨大，但品种数量较少

    C．对存货进行分类的标准是金额标准

    D．对 C 类存货应重点控制

（二）多项选择题

1．关于营运资金的说法正确的是（   ）。

    A．营运资金通常是指流动资产减去流动负债后的差额

    B．流动资产占用资金的数量具有波动性

    C．流动负债期限短，风险高于长期债务

    D．存货周转期，是指将原材料转化成产成品所需要的时间

2．下列各项成本中与现金的持有量成反比例关系的是（   ）。

    A．管理成本   B．企业持有现金放弃的再投资收益

    C．固定性转换成本   D．短缺成本

3．发生应收账款的原因是（   ）。

    A．商业竞争   B．提高速动比率

    C．加强流动资金的周转   D．销售和收款的时间差距

4．延期支付账款的方法包括（   ）。

    A．合理利用"浮游量"   B．推迟支付应付款

    C．采用汇票付款   D．加速收款

5．下列项目中，公司持有现金是为了满足属于交易性需要的是（   ）。

    A．缴纳税款   B．支付材料采购费

    C．支付借款利息   D．购买股票

6．下列说法正确的是（   ）。

    A．信用政策包括信用标准、信用条件、收账政策

    B．信用标准高有利于企业市场竞争力的提高

    C．信用标准是客户获得企业商业信用所应具备的最低条件

D．客户资信程度的高低通常决定于"5C"系统

7．下列各项中，属于信用条件构成要素的是（   ）。

    A．信用期限   B．现金折扣率

    C．折扣期限   D．商业折扣

8．延长信用期限可以对企业产生多种影响，正确的有（   ）。

    A．扩大销售量   B．增加机会成本

    C．坏账损失减少   D．收账费用增加

9．下列各项中属于企业应收账款成本内容的是（   ）。

    A．机会成本   B．管理成本   C．短缺成本   D．坏账成本

10．下列说法中不正确的是（   ）。

    A．在计算经济订货量时，凡是与存货有关的成本都要考虑

    B．存货资金的应计利息属于存货储存变动成本

    C．经济批量与缺货成本呈正向变动关系

    D．采购批量的大小与订货成本成正比

11．下列属于缺货成本的是（   ）。

    A．存货残损霉变损失   B．材料中断造成的损失

    C．丧失销售机会的损失   D．产品供应中断导致延误发货的信誉损失

12．下列关于存货管理ABC分析法的说法中，正确的有（   ）。

    A．ABC分析法是按存货的重要程度、价值高低等标准将存货分为A、B和C三类

    B．对A类存货实行严格控制，对B类一般控制，对C类粗放控制

    C．一般情况下A类存货占存货数量的10%，占存货金额的70%

    D．一般情况下C类存货占存货数量的10%，占存货金额的70%

13．下列各项中属于存货变动性储存成本的是（   ）。

    A．存货的变质损失   B．储存存货仓库的折旧费

    C．存货的保险费用   D．存货占用资金的应计利息

14．下列关于企业收账政策的说法中正确的是（   ）。

    A．企业应制定严格的收账政策

    B．企业应制定宽松的收账政策

    C．增加收账费用，将会减少应收账款平均收回日数

    D．收账费用与坏账损失成反比例关系

15．下列公式中正确的是（   ）。

    A．应收账款机会成本 = 应收账款平均余额 × 资金成本率

    B．维持赊销业务所需要资金 = 应收账款平均余额 × 变动成本率

    C．应收账款平均余额 = 年赊销额 ÷ 360 × 平均收账天数

    D．应收账款平均余额 = 平均每日赊销额 × 平均收账天数

（三）判断题

1．赊销是扩大销售的有力手段之一，企业应尽可能放宽信用条件，增加赊销量。（　　）

2．延长信用期限，会增加企业的销售额；缩短信用期限，会减少企业的信用成本。（　　）

3．一般来讲，当某种存货品种数量比重达到70%左右时，可将其划分为A类存货，进行重点管理和控制。（　　）

4．即使已按规定对逾期应收账款作出坏账处理，企业仍然拥有对逾期账款行使继续收账的法定权利。（　　）

5．经济订货批量越大，进货间隔越长。（　　）

6．能使进货成本、储存成本和缺货成本之和最低的进货批量，便是经济进货批量。（　　）

7．一般而言，企业加强收账管理，及早收回货款，可以减少坏账损失和收账费用。（　　）

8．确定应收账款收现保证率的目的是为了确定应收账款最高收现水平的控制标准。（　　）

9．企业现金管理的目的应当是在收益性与流动性之间作出权衡。企业应把闲置现金投入到流动性高、风险性低、交易期限短的金融工具中，以期获得较多的收入。（　　）

10．要制定最优的信用政策，应把信用标准、信用条件、收账政策结合起来，考虑其综合变化对销售额的、应收账款机会成本、坏账成本和收账成本的影响。（　　）

11．由于持有现金而丧失的再投资收益并不属于持有现金的持有成本。（　　）

12．在存货模式下，持有现金的机会成本与现金固定性转换成本相等时，此时的现金持有量为最佳现金持有量。（　　）

13．当应收账款增加时，其机会成本和管理成本上升，而坏账成本会降低。（　　）

14．信用标准是指企业接受客户信用订单时明确提出的付款要求，包括信用期限、折扣期限及折扣率等。（　　）

15．收账费用与坏账损失呈反向变化关系，收账费用发生得越多，坏账损失就越小，因此，企业应不断加大收账费用，以便将坏账损失降到最低。（　　）

（四）名词解释

1．营运资金　　2．最佳现金持有量　　3．信用政策　　4．收账政策　　5．ABC分类法

（五）简答题

1．什么是营运资金？它有哪些特点？

2．简述应收账款的功能和成本。

3．什么是5C评估法？

（六）计算分析题

1．嘉兴公司现金收支状况比较稳定，预计全年（按360天计算）需要现金300 000

元，现金与有价证券的转换成本为每次 300 元，有价证券的年利率为 5%。要求：

（1）计算最佳现金持有量；

（2）计算全年现金管理相关总成本、转换成本、持有机会成本；

（3）计算全年有价证券交易次数和有价证券交易间隔期。

2．某公司经营甲产品，预计全年采购量为 10 000 吨，每吨进价 2 000 元，每次订货成本为 2 500 元，年单位保管费用为 50 元，利息率为 5%。要求计算：

（1）经济采购批量；

（2）经济进货批量存货总成本；

（3）经济采购批量占用资金；

（4）年度存货最佳进货次数及进货间隔天数。

3．某公司现在采用 30 天按发票金额付款的信用政策，拟将信用期放宽至 60 天，仍按发票金额付款即不给折扣，该公司投资的最低报酬率为 15%，其他相关的数据见表 8-1。

表 8-1　信用政策相关资料表

项　目	30 天	60 天
销售量/件	100 000	120 000
销售额/元（单价 5 元）	500 000	600 000
销售成本/元		
变动成本/元（每件 4 元）	400 000	480 000
固定成本/元	50 000	50 000
毛利/元	50 000	70 000
可能发生的收账费用/元	3 000	4 000
可能发生的坏账损失/元	5 000	9 000

要求：请分析该公司是否应该改变信用政策。

4．大华公司每天正常的耗用某零件为 10 件，订货的提前期为 20 天，预计最大耗用量为每天 12 件，预计最长提前期为 25 天，求保险储备和订货点？

（七）论述题

结合实践，分析如何制定应收账款政策？

（八）案例分析

【案情介绍】

红光公司近年来采取较宽松信用政策，销售量有所增加，但坏账损失随之上升。近三年损益状况见表 8-2。公司变动成本率为 65%，资金成本率为 20%。公司收账政策不变，固定成本总额不变。公司采用按年赊销额百分比法估计坏账损失。

项　目	第 1 年（N/30）	第 2 年（N/60）	第 3 年（N/90）
年赊销额	2 400	2 640	2 800
坏账损失	48	79.2	140
收账费用	24	48	56

表 8-2　信用条件方案表　　　　　　　　　　　　　　　单位：万元

【思考与讨论】

（1）分析该公司采用宽松的信用政策是否成功？

（2）如果第 3 年，为加速应收账款收回，将赊销条件改为"2/10，1/20，N/60"，估计约有 60% 的客户（按赊销额计算）会利用 2% 的折扣；15% 的客户利用 1% 的折扣；15% 的客户在信用期内回款；其余客户在 90 天内回款。坏账损失降为 2%，收账费用降为 30 万元。请分析信用条件变化后收益情况会如何？

四、答案及解析

（一）单项选择题

1．C，【解析】持有一定量的现金主要基于以下考虑：交易动机、预防动机、投机动机。

2．D，【解析】经济定货量是指一定时期存货的相关总成本达到最低的采购批量。

3．A，【解析】保证日常生产经营业务的现金需要，是现金管理的首要目的。只有在达到上述目的的前提下，才能考虑收益及成本问题。

4．C，【解析】预防动机是企业在正常业务活动现金需要量的基础上，追加一定量现金余额以应付未来现金流入和流出的随机波动。

5．B，【解析】信用期限是允许客户从购货到支付货款的时间间隔。信用期限越长，客户从购货到支付货款的时间间隔越长，表明客户享受的信用条件越优越。

6．B，【解析】应收账款收现保证率 = (900 - 600)/1 000 = 30%。

7．A，【解析】A 和 D 属于进货费用，C 属于缺货成本。

8．A，【解析】ABC 分类标准有两个：金额标准和品种数量标准，金额标准是最基本的，品种数量标准仅作为参考。

9．D，【解析】"2/10，N/30"表示赊销期限是 30 天，折扣期限为 10 天，折扣率为 2%。

10．C，【解析】推迟应付款的支付是现金日常管理经常使用策略之一。

11．D，【解析】应收账款平均余额 = 900/360 × 60 = 150（万元）；维持赊销业务所需要的资金 = 150 × 60% = 90（万元）；应收账款的机会成本 = 90 × 10% = 9（万元）。

12．B，【解析】最佳现金管理相关总成本 = $\sqrt{2 \times 600\,000 \times 600 \times 20\%}$ = 12 000（元）。

13．B，【解析】存货 ABC 分类控制法的分类标准有两个：金额标准和品种数量标准，金额标准是最基本的，品种数量标准仅作为参考。A、B、C 三类存货的金额比重大致为 0.7：0.2：0.1，企业应对 A 类存货重点管理和控制。

14．D，【解析】信用条件是指企业接受客户信用订单时所提出的付款要求，包括信用期限、折扣期限和现金折扣率三部分内容。

15．A，【解析】信用标准是客户获得企业商业信用所应具备的最低条件，通常以预期的坏账损失率表示。

16．B，【解析】应收账款平均收账天数 $= 70\% \times 10 + 20\% \times 20 + 10\% \times 40 = 15$（天）。

17．C，【解析】现金管理成本在一定范围内与现金持有量关系不大，属于决策无关成本；放弃的再投资收益即机会成本属于变动成本，与现金持有量成正比例；转换成本与现金持有量成反比例关系；短缺成本与现金持有量反方向变动。

18．A，【解析】最佳现金持有量 $= \sqrt{2 \times 250\,000 \times 400 / 2\%} = 100\,000$（元），全年现金转换次数 $= 250\,000/100\,000 = 2.5$（次），转换成本 $= 2.5 \times 400 = 1\,000$（元）。

19．D，【解析】应收账款机会成本，是指因资金投放在应收账款上而丧失的其他收入，如应收账款占用的资金如果投资于有价证券便会获得利息收入等。客户资信调查费用和收账费用属于应收账款的管理成本。坏账损失属于应收账款的坏账成本。

20．B，【解析】现金属于非盈利性资产，现金持有量过多，导致企业的收益水平降低。

21．B，【解析】制定较严信用标准，会使销量减少，坏账成本、应收账款机会成本降低。

22．B，【解析】最佳现金持有量，在成本分析模式下就是持有现金而产生的机会成本与短缺成本之和最小时的现金持有量。存货模式下能够使现金管理的机会成本与固定性转换成本之和保持最低的现金持有量，即为最佳现金持有量。

23．B，【解析】应收账款机会成本是指因资金投放在应收账款上而丧失的其他收入，如应收账款占用资金的应计利息，与应收账款投资额成正比例关系。

24．D，【解析】信用期间是企业允许顾客从购货到付款的间隔时间。

25．B，【解析】延长信用期间有可能会使 A、B、C、D 选项内容相应增加。

26．A，【解析】现金持有量与机会成本成正比，与短缺成本、收益成反比，与管理成本关系不大。

27．A，【解析】缺货成本是因存货不足给企业带来的损失，包括由于材料中断造成的损失、产品供应中断导致延误发货的信誉损失、丧失销售机会的损失等。

28．D，【解析】现金周转期 = 应收账款周转期 + 存货周转期 − 应付账款周转期 = 70 + 60 − 50 = 80（天）。

29．B，【解析】存货 ABC 分类控制法的分类标准有两个：金额标准和品种数量标准，金额标准是最基本的，品种数量标准仅作为参考。A、B、C 三类存货的金额比重大致为

0.7∶0.2∶0.1，应对 A 类存货即占用资金较多的存货重点管理和控制。

30．D，【解析】ABC 分类标准：金额标准和品种数量标准，金额标准是最基本的。A、B、C 三类存货的金额比重大致为 0.7∶0.2∶0.1，应对 A 类存货即占用资金较多存货重点管理和控制。

（二）多项选择题

1．ABC，【解析】存货周转期，是指将原材料转化成成品并出售所需要的时间。所以 D 的说法不正确。

2．CD，【解析】现金管理成本具有固定成本的性质，在一定范围内与现金持有量关系不大，属于决策无关成本；放弃的再投资收益即机会成本属于变动成本，它与现金持有量成正比例关系；固定性转换成本与现金持有量成反比例关系；短缺成本与现金持有量反方向变动。

3．AD，【解析】发生应收账款的原因有二：一是商业竞争，由竞争引起的应收账款是一种商业信用；二是由于销售和收款的时间差距，它不属于一种商业信用。

4．ABC，【解析】延期支付账款有合理利用"浮游量"、推迟支付应付款、采用汇票付款。

5．ABC，【解析】三个动机：交易动机、预防动机、投机动机。投机动机即企业为了抓住各种瞬息即逝的市场机会，获得较大的利益而准备的现金金额。购买股票属于投机动机。

6．ACD，【解析】把信用标准定得过高，将使许多客户因信用品质达不到所设标准而被拒之门外，有利于降低违约风险及收账费用，不利于市场竞争力的提高和销售收入的扩大。

7．ABC，【解析】所谓信用条件，就是指企业接受客户信用订单时所提出的付款要求，主要包括信用期限、折扣期限以及现金折扣率等。

8．ABD，【解析】通常，延长信用期限，可以在一定程度上扩大销售量，从而增加毛利。但不适当地延长信用期限，会引起机会成本、坏账损失和收账费用的增加。

9．ABD，【解析】主要包括机会成本、管理成本、坏账成本，短缺成本是现金的成本。

10．ACD，【解析】在计算经济订货量时，只考虑存货的相关成本；经济批量与缺货成本成反向变动关系；采购批量的大小与订货成本中的变动性费用成反比关系。

11．BCD，【解析】缺货成本是因存货不足给企业带来的损失，包括由于材料中断造成的损失、产品供应中断导致延误发货的信誉损失、丧失销售机会的损失等。

12．ABC，【解析】ABC 分类标准有两个：金额标准和品种数量标准，其中，金额标准是最基本的。A、B、C 三类存货的金额比重大致为 0.7∶0.2∶0.1，应对 A 类即占用资金较多的存货重点管理和控制。

13．ACD，【解析】仓库的折旧费、仓库职工的固定月工资属于存货的固定储存成本，其余三项均属于存货的变动性储存成本。

14．ABD，【解析】收账政策宽也好，严也好，既有积极效应，也有消极影响，不能一概而论。收账费用与坏账损失在一定范围内成反比例关系。

15．BCD，【解析】应收账款机会成本 = 维持赊销业务所需要资金 × 资金成本率。

（三）判断题

1．×，【解析】信用条件宽也好，严也好，既有积极效应，也有消极影响，不能一概而论。

2．√，【解析】延长信用期限，信用条件放宽，会增加企业的销售额；缩短信用期限，说明信用条件收紧，销售额较少，应收账款减少，收账费用会减少，当然会减少企业的信用成本。

3．×，【解析】存货 ABC 分类控制法的分类标准有两个：金额标准和品种数量标准，金额标准是最基本的，品种数量标准仅作为参考。A、B、C 三类存货的金额比重大致为 0.7∶0.2∶0.1，某种存货品种金额比重达到 70％左右时，可将其划分为 A 类存货，企业应对 A 类存货重点管理和控制。

4．√，【解析】即使企业已按规定对逾期应收账款作出坏账处理，并非意味着企业放弃了对该项应收账款的索取权。实际上，企业仍拥有对账款的法定权利，企业与欠款人之间的债权债务关系不会因为企业已作坏账处理而废除。

5．√，【解析】年度进货批次与经济订货批量成反比例关系，年度进货批次与进货间隔成反比例关系，因而经济订货批量与进货间隔成正比例关系。

6．×，【解析】经济批量是指一定时期存货的相关总成本达到最低的采购批量。相关总成本包括变动性进货费用、变动性储存成本等。

7．√，【解析】企业收回货款越快，坏账损失发生的可能性越小，收账费用会越低。

8．×，【解析】确定应收账款收现保证率是为了确定应收账款最低收现水平。

9．√，【解析】企业现金管理的目的应当是在收益性与流动性之间作出权衡，在保证企业生产经营活动现金的同时，降低企业闲置的现金数量，提高资金收益率。

10．√，【解析】信用政策包括信用标准、信用条件和收账政策，企业在制定的信用政策时应综合考虑各方面的影响。

11．×，【解析】持有现金而丧失的再投资收益属于机会成本。

12．√，【解析】在存货模式下，持有现金的机会成本与现金固定性转换成本相等时，现金管理的总成本最低，此时的现金持有量为最佳现金持有量。

13．×，【解析】当应收账款增加时，其机会成本和管理成本上升，坏账成本也会上升。

14．×，【解析】信用条件是指企业接受客户信用订单时明确提出的付款要求，包括信用期限、折扣期限及折扣率等。

15. ×，【解析】收账费用与坏账损失呈反向变化关系。加强应收账款管理，会增加收账费用，减少坏账损失，减少应收账款机会成本，但企业应在三者之间进行权衡。

（四）名词解释（略）

（五）简答题（略）

（六）计算分析题

1. 解：（1）最佳现金持有量 $=\sqrt{2\times300\,000\times300/5\%}=60\,000$（元）。

（2）最低现金管理相关总成本 $=\sqrt{2\times300\,000\times300\times5\%}=3\,000$（元）。

全年现金转换成本 $=(300\,000/60\,000)\times300=1\,500$（元）。

全年现金持有机会成本 $=(60\,000/2)\times5\%=1\,500$（元）。

（3）最佳现金持有量下的全年有价证券最佳交易次数 $=300\,000/60\,000=5$（次），有价证券交易间隔期 $=360/5=72$（天）。

2. 解：经济采购批量 $=\sqrt{\dfrac{2\times10\,000\times2\,500}{50}}=1\,000$（吨）。

经济进货批量总成本 $=\sqrt{2\times10\,000\times2\,500\times50}=50\,000$（元）。

经济采购批量占用资金 $=1\,000\times2\,000/2=10\,000\,000$（元）。

年度存货最佳进货次数 $=10\,000/1\,000=10$（次）。

进货间隔天数 $=360/10=369$（天）。

3. 解：（1）增加的收益=销售量的增加 × 单位边际贡献

$=(120\,000-100\,000)\times(5-4)=20\,000$（元）。

（2）应收账款占用资金的机会成本的增加

30 天信用期的机会成本 $=\dfrac{500\,000}{360}\times30\times\dfrac{400\,000}{500\,000}\times15\%=5\,000$（元）。

60 天信用期的机会成本 $=\dfrac{600\,000}{360}\times60\times\dfrac{480\,000}{600\,000}\times15\%=12\,000$（元）。

机会成本增加 $=12\,000-5\,000=7\,000$（元）。

（3）收账费用和坏账损失增加

收账费用增加 $=4\,000-3\,000=1\,000$（元）。

坏账损失增加 $=9\,000-5\,000=4\,000$（元）。

（4）改变信用后的净损益

收益增加-成本费用增加 $=20\,000-(7\,000+1\,000+4\,000)=8\,000$（元）。

由以上计算分析可以看出，企业应改变信用政策。

4．解：保险储备量 = 1/2 × (12 × 25 − 10 × 20) = 50（件）。

再订货点 = 10 × 20+50 = 250（件）。

（七）论述题【答题要点】

答：应收账款是因为企业对外赊销产品、材料、供应劳务等应向对方收取而未收取的款项。应收账款赊销的效果好坏，依赖于企业的信用政策。信用政策是企业对应收账款进行规划与管理而制定的基本原则和行为规范，一般有以下三部分。

（1）信用标准。信用标准的制定需要公司权衡得失，对实施信用的成本与收益进行比较，较为客观地对不同客户规定相应的信用标准。

（2）信用条件。将信用期限及加速收款所得收益与付出的现金折扣成本结合考虑。

（3）收账政策。在实务中，可以根据收账费用、坏账损失及应收账款的平均收回天数三者的关系制定收账政策。在制定收账政策时，应权衡增加收账费用与减少应收账款机会成本和坏账损失之间的得失，即收回应收账款的收益大于所付出的代价，收账政策才可行。

影响企业信用标准、信用条件及收账政策的因素很多，一般来说，理想的应收账款政策就使企业采取或松或紧的信用政策所带来的收益最大的政策。

（八）案例分析【答题要点】

（1）计算各信用方案相关总成本，具体如表 8-3 所示。

表 8-3　各信用方案相关总成本　　　　　　　单位：万元

项目 \ 方案	第 1 年 (N/30)	第 2 年 (N/60)	第 3 年 (N/90)
年赊销额	2 400	2 640	2 800
变动成本	1 560	1 716	1 820
信用成本前收益	840	924	980
信用成本：			
应收账款机会成本	26	57.2	91
坏账损失	48	79.2	140
收账费用	24	48	56
小计	98	184.4	287
信用成本后收益	742	739.6	693

结论：用宽松信用政策后，信用成本后收益不升反降，该公司采用宽松信用政策不成功。

（2）根据上述资料，有关指标可计算如表 8-4 所示。

应收账款平均收账天数 = 60% × 10 + 15% × 20 + 15% × 60 + (1 − 60% − 15% − 15%) × 90 = 27（天）

应收账款平均余额 = 2 800 ÷ 360 × 27 = 210（万元）

维持赊销业务所需要资金 = 210 × 65% = 136.5（万元）

应收账款机会成本 = 136.5 × 20% = 27.3（万元）

坏账损失 = 2 800 × 2% = 56（万元）

现金折扣 = 2 800 × (2% × 60%+1% × 15%) = 37.8（万元）

表 8-4 第 3 年原方案与新方案的信用收益与成本　　　　单位：万元

方案　　　　　　　项目	第 3 年原信用条件（N/90）	第 3 年改变的信用条件（2/10，1/20，N/60）
年赊销额	2 800	2 800
减：现金折扣	—	37.8
年赊销净额	2 800	2 762.2
减：变动成本	1 820	1 820
信用成本前收益	980	942.2
减：信用成本		
应收账款机会成本	91	27.3
坏账损失	140	56
收账费用	56	30
小计	287	113.3
信用成本后收益	693	828.9

结论：计算结果表明，实行现金折扣以后，企业的收益较前几种方案有较大增加，因此，企业最终应选择方案（2/10，1/20，N/60）作为最佳方案。

第九章 收益分配

一、本章内容框架

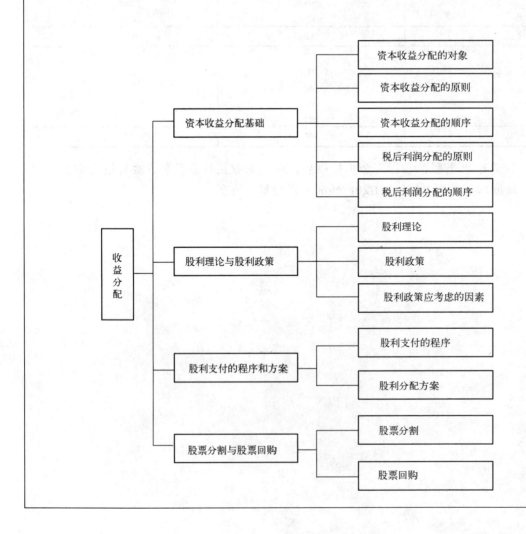

二、本章重点内容概述

（一）资本收益分配的原则

1. 按顺序分配的原则

按顺序分配的原则有以下几个要点。

①确保企业债权人的收益；②确保企业生产经营活动的正常进行；③确保国家的收益④确保企业优先股股东的利益。

2. 按比例分配的原则

按比例分配是指属于同一分配顺序的各项目之间的分配必须按比例进行。国家规定有比例的，按国家规定比例执行，没有规定比例的，应由企业规定合理的比例。

3. 按政策分配的原则

资本收益分配是一项政策性很强的工作，必须符合国家的政策法规。

（二）资本收益分配的顺序

企业资本收益的分配顺序主要包括息税前利润分配、利润总额和税后利润分配三个基本步骤。

（三）税后利润分配的原则

（1）依法分配原则；

（2）资本保全原则；

（3）兼顾各方面利益的原则；

（4）分配和积累并重原则；

（5）投资与收益对等原则。

（四）税后利润的分配

（1）计算可供分配利润

可供分配利润 = 本年净利润 + 年初未分配利润

可供分配利润为负，则不分配；可供分配利润为正，则后续分配。

（2）弥补超过用所得税前利润弥补期限，按规定须用净利润弥补的亏损。

（3）提取法定盈余公积金。

（4）向投资者分配利润（股利）。

（五）股利理论

关于股利与股票市价间的关系，存在着不同的观点，并形成了不同的股利理论。

1. 股利无关论

股利无关论（也称 MM 理论）认为，在一定的假设条件限定下，股利政策不会对公司的价值或股票的价格产生任何影响。

2. 股利相关论

股利相关理论认为，企业的股利政策会影响到股票价格。主要观点包括以下两种。

（1）股利重要论。

股利重要论（又称"在手之鸟"理论），认为公司的股票价格和股利政策是密切相关的。

（2）信号传递理论。

信号传递理论认为，在信息不对称的情况下，股票价格将会对股利的变动作出反应。

3. 所得税差异理论

所得税差异理论认为，由于普遍存在的税率的差异及纳税时间的差异，股利收入在派发股利时纳税，资本利得收入在股票卖出时纳税，投资者可以选择纳税的时间，延迟纳税可能带来收益差异。

4. 代理理论

代理理论认为，股利政策有助于减缓管理者与股东之间的代理冲突，股利政策是协调股东与管理者之间代理关系的一种约束机制。

（六）股利政策

股利政策是指在法律允许的范围内，企业是否发放股利、发放多少股利以及何时发放股利的方针及对策。常见的股利分配政策主要有以下四种类型。

1. 剩余股利政策

剩余股利政策主张，企业有盈余首先用于可接受投资项目的资金需要。在满足了可接受投资项目的资金需要之后，如果还有剩余，则企业才能将剩余部分作为股利发放给股东。

2. 固定股利支付率政策

固定股利支付率政策是企业确定一个股利占净利润的比率，并长期按此比率支付股利的政策。

3. 稳定性（固定或稳定增长）股利支付政策

稳定性股利政策是每年发放的股利固定在一定的水平上，并在较长时间内保持不变，只有当公司认为未来盈余将会显著的，不可逆转的增长时，才提高股利发放额。在稳定性股利政策下，首先应确定的是股利分配额，而且该分配额一般不随资金需求的波动而波动。

4. 低正常股利加额外股利政策

低正常股利加额外股利政策是指在一般情况下，企业每年只支付较低的正常股利，只有在企业经营非常好、资金充裕时，才支付正常股利之外的额外股利。

（七）确定股利政策时应考虑的因素

1. **法律因素**

（1）资本保全限制；

（2）资本积累限制；

（3）偿债能力限制；

（4）超额累积利润限制。

2. **企业因素**

（1）现金流量；

（2）盈余的稳定性；

（3）筹资能力；

（4）投资机会；

（5）资本成本；

（6）偿债需要；

（7）股利政策惯性。

3. **股东因素**

（1）稳定的收入；

（2）股东的税负；

（3）股东的投资机会；

（4）控制权。

4. **其他因素**

（1）债务合同约束；

（2）机构投资者的投资限制；

（3）通货膨胀。

（八）股利分配方案

（1）选择股利政策；

（2）确定股利支付水平；

（3）确定股利支付形式。

股利支付的形式有多种，常见的有以下几种。

① 现金股利：是指以现金支付的股利，它是股利支付的主要方式。

② 财产股利：是指以现金以外的资产支付的股利，主要是以公司所拥有的其他企业的有价证券，如债券、股票，作为股利支付给股东。

③ 负债股利：是指以负债支付的股利，通常以公司的应付票据支付给股东，不得已情

况下也有发行公司债券抵付股利的。财产股利和负债股利实际上是现金股利的替代。

④ 股票股利：是指以增发的股票作为股利的支付方式。股票股利对公司来说，并没有现金流出企业，也不会导致公司资产减少，而只是将公司的留存收益转化为股本。股票股利会增加流通在外的股票数量，同时降低股票的每股价值。它不会改变公司股东权益总额，但会改变股东权益的构成。

（九）股票分割与股票回购

1. 股票分割

股票分割是指企业管理当局将某一特定数额的新股按一定比例交换一定数量的流通在外普通股的行为。

2. 股票回购

股票回购是指上市公司从股票市场上购回本公司一定数额的发行在外的股票。公司在股票回购完成后可以将所回购的股票注销，但在绝大多数情况下，公司将回购的股份作为"库藏股"保留，仍属于发行在外的股份，但不参与每股收益的计算和税后利润分配。库藏股日后可移作他用（例如，雇员福利计划、发行可转换债券等），或在需要资金时将其出售。

三、本章习题

（一）单项选择题

1. （　　）之后的股票交易，股票交易价格会有所下降。
　　A. 股利宣告日　　　　　　　　B. 除息（或除权）日
　　C. 股权登记日　　　　　　　　D. 股利支付日
2. 关于股票分割，说法正确的有（　　）。
　　A. 股票分割会导致股东财富的增加
　　B. 股票分割会引起所有者权益各项目的结构发生变化
　　C. 股票分割长远来看会增加股东的数量，加大对公司股票恶意收购的难度
　　D. 股票分割会导致公司资产的流出
3. 企业投资并取得收益时，必须按一定比例和基数提取各种公积金，这体现的是（　　）。
　　A. 资本保全约束　　　　　　　　B. 资本积累约束
　　C. 超额累积利润约束　　　　　　D. 偿债能力约束
4. 按照剩余股利政策，假定某公司目标资本结构是权益资本与负债资本之比 5：3，明年计划投资 600 万元，今年净利润为 800 万元，今年年末股利分配时，用于发放股利的剩余

利润为（　　　）。

    A．375 万元　　　　　B．425 万元　　　　　C．600 万元　　　D．800 万元

5．（　　　）是领取股利的权利与股票分离的日期。

    A．股利宣告日　　　　B．股权登记日　　　　C．除权（息）日　D．股利支付日

6．企业在分配收益时，制度规定不能用资本发放股利，这一要求体现的是（　　　）。

    A．资本保全约束　　　　　　　　　　　　B．资本积累约束

    C．超额累积利润约束　　　　　　　　　　D．偿债能力约束

7．按现行制度规定，企业发生亏损时，可以用（　　　）年内实现的税前利润弥补。

    A．3　　　　　　　　　B．4　　　　　　　　　C．5　　　　　　　D．6

8．（　　　）适用于经营比较稳定或正处于成长期、信誉一般的公司。

    A．剩余股利政策　　　　　　　　　　　　B．固定股利政策

    C．固定股利支付率政策　　　　　　　　　D．低正常股利加额外股利政策

9．（　　　）体现了投资风险与投资收益的对称性。

    A．剩余股利政策　　　　　　　　　　　　B．固定股利政策

    C．固定股利支付率政策　　　　　　　　　D．低正常股利加额外股利政策

10．（　　　）有利于优化资本结构，降低综合资本成本，实现企业价值的长期最大化。

    A．剩余股利政策　　　　　　　　　　　　B．固定股利政策

    C．固定股利支付率政策　　　　　　　　　D．低正常股利加额外股利政策

11．某公司分配方案为 10 转增 5，派 0.05 元，除权前市价 20 元，除权后市价为（　　　）元。

    A．13.30　　　　　　　B．19.95　　　　　　　C．19.5　　　　　　D．12.5

12．利润分配的基本原则中（　　　）是正确处理投资者利益关系的关键。

    A．依法分配原则　　　　　　　　　　　　B．兼顾各方面利益原则

    C．分配与积累并重原则　　　　　　　　　D．投资与收益对等原则

13．维持股利与利润之间一定比例关系，体现风险投资与风险收益对等原则的是（　　　）。

    A．剩余股利政策　　　　　　　　　　　　B．固定股利政策

    C．固定股利支付率政策　　　　　　　　　D．低正常股利加额外股利政策

14．我国上市公司不得用于支付股利的权益资金是（　　　）。

    A．资本公积　　　　　　　　　　　　　　B．任意盈余公积

    C．法定盈余公积　　　　　　　　　　　　D．上年未分配利润

15．上市公司按照剩余股利政策发放股利的好处是（　　　）。

    A．有利于公司合理安排资本结构　　　　　B．有利于投资者安排收入与支出

    C．有利于公司稳定股票的市场价格　　　　D．有利于公司树立良好的形象

16．影响股利政策的股东因素包括（　　　）。

    A．资本保全限制　　　　　　　　　　　　B．无力偿付限制

    C．控制权　　　　　　　　　　　　　　　D．资本积累限制

17．在下列公司中，通常适合采用固定股利政策的是（　　）。

    A．收益显著增长的公司　　　　　　　　B．收益相对稳定的公司

    C．财务风险较高的公司　　　　　　　　D．投资机会较多的公司

18．既可以维持股利的稳定性，又有利于优化资本结构的股利政策是（　　）。

    A．剩余股利政策　　　　　　　　　　　B．固定股利政策

    C．固定股利支付率政策　　　　　　　　D．低正常股利加额外股利政策

19．某公司原发行普通股 300 000 股，拟发放 15％的股票股利，已知原每股净资产为 3.68 元，发放股票股利后的净资产将为（　　）元。

    A．1 440 000　　　　B．1 104 000　　　　C．1 656 000　　　　D．4 500 000

20．下列各项中，不属于企业利润分配的项目为（　　）。

    A．法定盈余公积金　　　　　　　　　　B．任意盈余公积金

    C．公益金　　　　　　　　　　　　　　D．资本公积金

21．造成股利波动较大，给投资者以公司不稳定的感觉，对于稳定股票价格不利的股利分配政策是（　　）。

    A．剩余股利政策　　　　　　　　　　　B．固定或持续增长的股利政策

    C．固定股利支付率政策　　　　　　　　D．低正常股利加额外股利政策

22．某企业在选择股利政策时，以代理成本和外部融资成本之和最小化为标准。该企业所依据的股利理论是（　　）。

    A．"在手之鸟"理论　　　　　　　　　　B．信号传递理论

    C．MM 理论　　　　　　　　　　　　　D．代理理论

23．股利决策涉及面很广，其中最主要的是确定（　　）。

    A．股利支付日期　　　　　　　　　　　B．股利支付方式

    C．股利支付比率　　　　　　　　　　　D．股利政策确定

24．对收益经常波动的企业最适宜选择的股利政策是（　　）。

    A．剩余股利政策　　　　　　　　　　　B．固定股利政策

    C．固定股利支付率政策　　　　　　　　D．低正常股利加额外股利政策

25．瑞吉公司于 2011 年度提取了公积金、公益金后的净利润为 100 万元，2012 年计划所需 50 万元的投资，公司的目标结构为自有资金 40％，借入资金 60％，公司采用剩余股利政策，该公司于 2011 年可向投资者分红（发放股利）数额为（　　）万元。

    A．20　　　　　　　B．80　　　　　　　C．100　　　　　　　D．30

26．在以下股利政策中有利于稳定股票价格，从而树立公司良好形象，但股利的支付与公司盈余相脱节的股利政策是（　　）。

    A．剩余政策　　　　　　　　　　　　　B．固定股利政策

    C．固定股利支付率政策　　　　　　　　D．低正常股利加额外股利政策

27．下列各项中，将会导致企业股本变动的股利形式有（　　）。

A．财产股利　　　　B．负债股利　　　　C．股票股利　　　　D．现金股利

28．股份公司发放股票股利，会使（　　　）。

    A．企业资产增加　　　　　　　　　B．企业所有者权益增加

    C．企业所有者权益内部结构变化　　D．企业股东财富增加

29．企业最常见、最易被投资者接受的股利支付形式有（　　　）。

    A．股票股利形式　　　　　　　　　B．现金股利形式

    C．财产股利形式　　　　　　　　　D．实物股利形式

30．（　　　）不是股票回购的方式。

    A．公开市场回购　　B．反分割　　　C．协议回购　　　D．要约回购

（二）多项选择题

1．可以采用的股利形式有（　　　）。

    A．现金股利　　　　B．财产股利　　　C．负债股利　　　D．股票股利

2．下列因素中，属于影响利润分配政策的法律因素的是（　　　）。

    A．偿债能力约束　　　　　　　　　B．公司举债能力约束

    C．资本积累约束　　　　　　　　　D．超额累积利润约束

3．以下对股利分配的说法不正确的是（　　　）。

    A．法定公积金必须按照本年净利润的 10% 提取

    B．法定公积金达到注册资本的 50% 时，可不再提取

    C．企业提取的法定公积金可以全部转增资本

    D．公司当年无盈利不能分配股利

4．下列项目中，受资本保全约束不能用来发放股利的有（　　　）。

    A．原始投资　　　　B．留存收益　　　C．股本　　　　　D．本期利润

5．有利于股价稳定的股利分配政策是（　　　）。

    A．剩余股利政策　　　　　　　　　B．固定或持续增长的股利政策

    C．固定股利支付率政策　　　　　　D．低正常股利加额外股利政策

6．若上市公司采用了合理的收益分配政策，则可获得的效果有（　　　）。

    A．能为企业筹资创造良好条件　　　B．能处理好与投资者的关系

    C．改善企业经营管理　　　　　　　D．能增强投资者的信心

7．上市公司发放股票股利可能导致的结果有（　　　）。

    A．公司股东权益内部结构发生变化　　B．公司股东权益总额发生变化

    C．公司每股利润下降　　　　　　　　D．公司股份总额发生变化

8．关于股票股利的说法正确的是（　　　）。

    A．发放股票股利便于今后配股融通更多的资金和刺激股价

    B．发放股票股利不会引起所有者权益总额的变化

C．发放股票股利会引起所有者权益内部结构的变化

D．发放股票股利没有改变股东的持股比例，但是改变了股东所持股票的市场价值总额

9．影响利润分配的其他因素主要包括（　　）。

A．控制权　　　　　　　　　　　B．超额累积利润约束

C．债务合同限制　　　　　　　　D．通货膨胀限制

10．以支付现金股利方式向市场传递信息，通常要付出较高的代价，这些代价包括（　　）。

A．较高的所得税负担　　　　　　B．重返资本市场后承担必不可少的交易成本

C．摊薄每股收益　　　　　　　　D．产生机会成本

11．固定股利支付率政策的优点包括（　　）。

A．使股利与企业盈余紧密结合　　B．体现投资风险与收益的对等

C．有利于稳定股票价格　　　　　D．缺乏财务弹性

12．在确定利润分配政策时须考虑股东因素，其中主张低股利的是（　　）。

A．稳定收入考虑　　　　　　　　B．避税考虑

C．控制权考虑　　　　　　　　　D．规避风险考虑

13．尽管以派现方式向市场传递利好信号需要付出很高的成本，但仍然有很多公司选择派现作为股利支付的主要方式，其原因主要有（　　）。

A．声誉激励理论　　　　　　　　B．逆向选择理论

C．交易成本理论　　　　　　　　D．制度约束理论

14．企业确定股利支付水平需要考虑的因素包括（　　）。

A．企业所处的成长与发展阶段　　B．企业的控制权结构

C．顾客效应　　　　　　　　　　D．通货膨胀因素

15．股利无关论是建立在"完美且完全的资本市场"的假设条件之上的，这一假设包括（　　）。

A．完善的竞争假设　　　　　　　B．信息完备假设

C．存在交易成本假设　　　　　　D．理性投资者假设

16．影响股票回购的因素包括（　　）。

A．税收因素　　　　　　　　　　B．投资者对股票回购的反应

C．对股票市场价值的影响　　　　D．对公司信用等级的影响

17．企业选择股利政策类型时通常需要考虑的因素包括（　　）。

A．企业所处的成长与发展阶段　　B．股利信号传递功能

C．目前的投资机会　　　　　　　D．企业的信誉状况

18．按照资本保全约束的要求，企业发放股利所需资金的来源包括（　　）。

A．当期利润　　　B．留存收益　　　C．原始投资　　　D．股本

19. 股票回购的动机包括（   ）。

    A. 改善企业资金结构　　　　　　B. 满足认股权的行使

    C. 分配超额现金　　　　　　　　D. 清除小股东

20. 上市公司股票回购可能产生的后果包括（   ）。

    A. 改变公司资本结构　　　　　　B. 提高财务杠杆水平

    C. 降低资产负债率　　　　　　　D. 提高股票价格

（三）判断题

1. 剩余股利政策一般适用于公司高速发展阶段。（   ）

2. "在手之鸟"理论认为，投资者更喜欢现金股利。（   ）

3. 股利重要理论认为企业应当采用低股利政策。（   ）

4. 处于成长期的公司应采取多分少留政策，陷入经营收缩的公司采取少分多留政策。（   ）

5. 交完所得税后的本期净利润可以直接向股东分配股利。（   ）

6. 固定股利支付率政策分配股利时，股利不受经营状况影响，有利于公司股价稳定。（   ）

7. 股份有限公司利润分配的顺序是：提取法定公积金、提取任意公积金、弥补以前年度亏损、向投资者分配利润或股利。（   ）

8. 股票股利会引起每股利润下降、市价下跌，但每个股东所持股票的市场价值不会减少。（   ）

9. 只要企业有足够的现金就可以支付现金股利。（   ）

10. 剩余股利分配政策的优点是有利于保持理想的资本结构，降低综合资本成本。（   ）

11. 在公司的高速发展阶段，企业往往需要大量的资金，此时适应于采用剩余股利政策。（   ）

12. 从除息日开始，新购入股票的人不能分享本次已宣告发放的股利。（   ）

13. 资本积累约束要求企业发放的股利或投资分红不得来源于原始投资（或股本），而只能来源于企业当期利润或留存收益。（   ）

14. 通常在除息日之前进行交易的股票，其价格高于在除息日后进行交易的股票价格。（   ）

15. 股利分配的税收效应理论认为，由于税赋的影响，企业应采用高股利政策。（   ）

16. 法定公积金按本年实现净利润 10%提取，达到注册资本 50%时，可不再提取。（   ）

17. 信号传递理论认为股利政策是协调股东与管理者之间代理关系的一种约束机制。（   ）

18．股票股利和股票分割都能使股东持股比例增加。（　　　）

19．股票分割会增加公司的股东权益总额。（　　　）

20．股票股利会引起所有者权益各项目的结构发生变化，导致公司资产的流出。（　　　）

（四）名词解释

1．剩余股利政策　　　2．固定股利支付率政策　　　3．股票股利

4．股票分割　　　5．股票回购

（五）简答题

1．简述资本收益分配的原则。

2．简述税后利润分配的原则。

3．简述股利政策的种类。

4．简述影响股利政策的法律因素。

（六）计算分析题

1．斯特尔公司拥有股本 2 000 万元，2010 年税后净利润为 800 万元，由于公司尚处于初创期。目标资本结构为：负债资本为 70%，权益资本为 30%。如果 2011 年有较好的投资项目，需要投资 600 万元。

要求计算：

（1）该公司应该筹集的自有资金是多少？

（2）该公司应分配多少股利？

（3）该公司应向外筹集多少资金？

（4）该公司的股利支付率是多少？

2．丽美公司 2011 年发放 10% 的股票股利，发放股票股利前的每股市价为 10 元，若公司的市盈率保持不变，公司的股票在除息日后的市场价格应为多少？

3．捷达公司 2009 年度的税后利润为 1 000 万元，该年分配股利 500 万元，2011 年拟投资 1 000 万元引进一条生产线以扩大生产能力，该公司目标资本结构为自有资金占 80%，借入资金占 20%。该公司 2010 年度的税后利润为 1 200 万元。

要求：

（1）若该公司采用固定股利支付率政策，并保持资本结构不变，则 2011 年为引进生产线，该公司应该从外部筹集多少权益资本？

（2）若该公司采用固定股利政策，并保持资本结构不变，则 2011 年度为引进生产线，该公司应该从外部筹集的资金总额是多少？

4．庆丰公司 2010 年年终进行利润分配前的股东权益情况如表 9-1 所示。

表 9-1 股东权益情况表　　　　　　　　单位：万元

项　　目	金　　额
股本（面值 1 元，已发行 100 万股）	100
资本公积	400
未分配利润	500
股东权益合计	1 000

（1）如果公司宣布发放 10%的股票股利，若当时该股票市价为 5 元，股票股利的金额按照当时的市价计算，并按发放股票股利后的股数发放现金股利每股 0.2 元。请计算股利发放后的股东权益各项目的数额；

（2）如果公司决定不分配股利，而是按照 1 股换 2 股的比例进行股票分割，请计算分割后股东权益各项目的数额。

（七）论述题

试述目前较为典型的股利理论。

（八）案例分析

【案情介绍】

三家医药制造业的股利分配政策

随着我国证监会对具备分红条件却不分红的上市公司分配行为的规范，以及市场对上市公司红利指数的编制办法，将从政策和市场两个方面促进上市公司的分配政策的改进。表9-2 和表 9-3 将以三家医药制造业上市公司股利的分配情况，来探讨股利政策。

表 9-2 三家公司股利分配情况

公司　　　年份	新兴制药			云南白药			明日制药		
	每股利润	每股现金股利	股利分配其他形式	每股利润	每股现金股利	股利分配其他形式	每股利润	每股现金股利	股利分配其他形式
1998	0.61	0.3		0.27	0.13		0.12	0.07	
1999	0.58	0.3	送红股	0.18	0.03	转增股、送红股	0.15	0.02	
2000	0.61	0.2		0.27	0.14		0.16	0.04	
2001	0.6	0.185	转增股	0.4	0.1		0.18	0.08	
2002	0.75	0.25		0.5	0.2		0.15	0.08	
2003	0.72	0.30		0.61	0.32		0.09	0.06	
2004		0.30		0.45		转增股		0.04	

表 9-3 医药制造业主要收益指标的行业平均数据和三家公司数据

公司	行业平均			新兴制药			云南白药			明日制药		
年份	2003	2002	2001	2003	2002	2001	2003	2002	2001	2003	2002	2001
净资产收益率/(%)	6.77	4.95	5.03	14.64	17.92	16.03	19.47	20.20	18.00	2.98	4.98	6.03
主营业务利润率/(%)	29.69	30.96	32.28	46.14	43.05	39.49	30.49	35.23	34.24	22.03	26.56	29.65

【思考与讨论】

（1）计算三家公司各年的股利支付率，并分析评价三家公司股东的当前收益状况。你是否赞成三家公司的股利分配政策？

（2）计算三家公司的股利变动系数，并分析评价三家公司股利分配的稳定性。

（3）你认为股利分配与不同国家、不同行业、不同公司有什么关系？

（资料来源：刘桂英、邱丽娟. 财务管理案例实验教程. 北京：经济科学出版社，2005.）

四、答案及解析

（一）单项选择题

1．B，【解析】在除息日股票的所有权和领取股息的权利分离在这一天购入公司股票的投资者不能享有已宣布发放的股利。

2．C，【解析】股票分割会增加股东的数量，使收购的难度增加。

3．B，【解析】资本积累约束要求企业必须按一定的比例提取各种公积金。

4．B，【解析】可支付的股利=800−600×5/8=425（万元）

5．C，【解析】除权（息）日股票所有权和领取股息权利分离，在这一天购入股票者不能享有已宣布发放的股利。

6．A，【解析】企业分配收益不能侵蚀资本，资本不是企业的收益。

7．C，【解析】我国法律规定税前利润弥补亏损的期限为 5 年。

8．B，【解析】固定股利政策可以传达公司经营稳定的信息，有利于树立公司良好形象，增强投资者信心。

9．C，【解析】固定股利支付率政策体现了多盈多分、少盈少分、无盈不分的股利分配原则，体现了投资风险与投资收益的对称关系。

10．A，【解析】剩余股利政策，根据已确定的公司最佳资本结构，确定所需增加的权益资本数额，如果有剩余再发放股利。

11．A，【解析】(20 - 0.05)/1.5 = 13.3。

12．D，【解析】投资与收益对等原则，既谁投资谁收益，收益与投资比例相适应。

13．C，【解析】固定股利支付率政策体现了多盈多分、少盈少分、无盈不分的股利分配原则，体现了投资风险与投资收益的对称关系。

14．A，【解析】资本公积属于资本范畴，公司股利发放不能侵蚀资本。

15．A，【解析】剩余股利政策，根据已确定的公司最佳资本结构，确定所需增加的权益资本数额，如果有剩余再发放股利。

16．C，【解析】影响股利政策的股东因素：控制权、稳定收入、固定税负、投资机会。

17．B，【解析】收益相对稳定的公司，其股利分配能力也比较稳定。

18．D，【解析】低正常股利加额外股利政策，可以使公司具有一定的灵活性，可以根据公司的具体情况选择不同的股利发放水平，实现公司的财务目标。

19．B，【解析】发放股票股利前后的净资产不变，即 3.68 × 300 000。

20．D，【解析】资本公积属于资本范畴，公司股利发放不能侵蚀资本。

21．C，【解析】大多数公司每年的收益很难保持固定不变，造成股利波动较大。

22．D，【解析】代理理论认为最优的股利政策应使代理成本和外部融资成本之和最小。

23．B，【解析】股利支付方式影响企业财务目标的实现。

24．C，【解析】固定股利支付率政策，体现了多盈多分、少盈少分、无盈不分的股利分配原则。

25．B，【解析】100-50 × 40%=80（万元）

26．B，【解析】固定股利政策不考虑公司盈余的多少，发放相同的股利，可以传达公司经营稳定的信息，有利于树立公司良好形象，增强投资者信心。

27．C，【解析】股票股利会导致公司总股本增加。

28．C，【解析】股票股利不是企业资金的使用。

29．B，【解析】现金可以灵活地变换为其他形式的资产。

30．B，【解析】反分割是将流通在外的股票数进行合并。

（二）多项选择题

1．ABCD，【解析】股利形式有四种：现金股利、财产股利、负债股利、股票股利。

2．ACD，【解析】法律因素主要有：资本保全约束、资本积累约束、偿债能力约束和超额累积利润约束。而公司举债能力属于影响利润分配政策的公司因素。

3．ACD，【解析】法定公积金按净利润扣除弥补以前年度亏损后的 10%提取，不一定必须按照本年净利润的 10%提取，A 不正确；本年净利润扣除公积金后，再加上以前年度的未分配利润，即为可供普通股分配的利润，本年无盈利时，可能还会有以前年度的未分配利润，经过股东大会决议，也可以发放股利。企业提取的法定公积金转增资本股本时，法定盈余公积金的余额不得低于转增前公司注册资本的 25%。

4．AC，【解析】资本保全约束要求企业发放的股利或投资分红不得来源于原始投资（股本），而只能来源于企业当期利润或留存收益。

5．BD，【解析】固定或持续增长的股利政策、低正常股利加额外股利政策有利于树立公司良好形象，进而稳定股价。

6．ABD，【解析】上市公司采用了合理的收益分配政策，则为企业筹资创造了良好条件，能够吸引投资者对企业投资，增强其投资信心，能处理好与投资者的关系。

7．ACD，【解析】发放股票股利，不会对公司股东权益总额产生影响，但会发生资金在各股东权益项目间的再分配。发放股票股利后，若盈利总额不变，会由于普通股股数增加而引起每股利润下降；但又由于股东所持股份的比例不变，每位股东所持股票的市场价值总额仍保持不变。同时，公司股份总额即总股数在增加。

8．ABC，【解析】发放股票股利的优点包括：①可将现金留存公司用于追加投资，同时减少筹资费用；②股票变现能力强，易流通，股东乐于接受；③可传递公司未来经营绩效的信号，增强经营者对公司未来的信心；④便于今后配股融通更多资金和刺激股价。发放股票股利不会引起资产的流出和负债的增加，也不会引起所有者权益总额的变化，但是会引起所有者权益内部结构的变化。发放股票股利会因普通股股数的增加而引起每股利润的下降，每股市价有可能因此而下跌，但发放股票股利后股东所持有股份的比例并未改变，每位股东所持有股票的市场价值总额仍保持不变。

9．CD，【解析】影响利润分配的其他因素主要包括债务合同限制和通货膨胀。控制权考虑属于股东因素，超额累积利润约束属于法律因素。

10．ABCD，【解析】代价包括：①较高的所得税负担；②一旦公司因分派现金股利造成现金流量短缺，就有可能被迫重返资本市场发行新股，而这一方面会随之产生必不可少的交易成本，另一方面又会扩大股本，摊薄每股收益，对公司的市场价值产生不利影响；③如果公司因分派现金股利造成投资不足，并丧失有利的投资机会，还会产生一定的机会成本。

11．AB，【解析】固定股利支付率优点：股利与盈余紧密结合，多盈多分、少盈少分、不盈不分；保持股利与利润间的一定比例关系，体现投资风险与收益的对等。其缺点是：不利于股票价格的稳定与上涨；缺乏财务弹性；确定合理的股利支付率难度很大。

12．BC，【解析】出于控制权考虑，公司的股东往往主张低股利的支付；一些高收入的股东出于避税考虑，往往要求低股利，以便从股价上涨中获利。

13．ABCD，【解析】尽管以派现方式向市场传递利好信号需要付出很高的成本，但仍然有很多公司选择派现作为股利支付的主要方式，其原因主要有以下四种：声誉激励理论、逆向选择理论、交易成本理论、制度约束理论。

14．ABCD，【解析】企业确定股利支付水平需要考虑的因素包括：①企业所处的成长周期及目前的投资机会；②企业的再筹资能力及筹资成本；③企业的控制权结构；④顾客效应；⑤股利信号传递功能；⑥贷款协议以及法律限制；⑦通货膨胀因素等。

15．ABD，【解析】股利无关论是建立在"完美且完全的资本市场"的假设条件之上的，这一假设包括：完善的竞争假设、信息完备假设、交易成本为零假设、理性投资者假设。

16．ABCD，【解析】股票回购应考虑的因素：①回购的节税效应；②投资者对回购的反应；③回购对股票市场价值的影响；④回购对公司信用等级的影响。

17．ACD　【答案解析】企业选择股利政策类型时通常需要考虑的因素包括企业所处的成长与发展阶段、企业支付能力的稳定情况、企业获利能力的稳定情况、目前的投资机会、投资者的态度、企业的信誉状况。

18．AB，【解析】资本保全约束的要求企业发放的股利或投资分红不得来源于原始投资（或股本），而只能来源于企业当期利润或留存收益。

19．ABCD，【解析】A、B、C、D均属于股票回购的动机。

20．ABD，【解析】股票回购导致公司资产减少而负债不变，使资产负债率提高。

（三）判断题

1．×，【解析】剩余股利政策一般适用于公司的初创阶段。

2．√，【解析】"在手之鸟"理论认为投资者更喜欢现金股利，而不喜欢将利润留给公司。

3．×，【解析】股利重要理论认为，公司需要定期向股东支付较高的股利。

4．×，【解析】处于成长期的公司投资机会往往较多，所以多采取少分多留的政策，而陷入经营收缩的公司投资机会往往较少，所以多采取多分少留的政策。

5．×，【解析】公司的税后利润要弥补亏损、提取公积金后，才可以向股东分配。

6．×，【解析】固定股利支付率政策是公司确定一个股利占盈余的比率，长期按此比率支付股利的政策。因此，股利要受经营状况的影响，不利于公司股票价格的稳定。

7．×，【解析】股份有限公司利润分配的顺序是：弥补以前年度亏损、提取法定公积金、提取任意公积金、向投资者分配利润或股利。

8．√，【解析】发放股票股利会因普通股股数的增加而引起每股利润的下降，进而引起每股市价下跌，每个股东所持股份比例未改变，股东所持股票的市场价值总额仍保持不变。

9．×，【解析】企业采用现金股利形式时，必须具备两个基本条件：公司要有足够的未指明用途的留存收益（未分配利润）；公司要有足够的现金。

10．√，【解析】剩余股利政策的优点是能充分利用筹资成本低的资本来源，保持理想的资本结构，使综合资本成本最低。

11．×，【解析】在公司的初创阶段适应于采用剩余股利政策，在公司的高速发展阶段，适应于采用低正常股利加额外股利政策。

12.√，【解析】在除息日前，股利权从属于股票，持股者有权领取股利；从除息日开始，新购入股票者不能分享股利。因此，在除息日之后的股票交易，其交易价格可能下降。

13.×，【解析】资本积累约束要求分配收益时，必须按一定比例和基数提取各种公积金。

14.√，【解析】通常在除息日之前进行交易的股票，其价格高于在除息日后进行交易的股票价格，其原因主要在于前种股票的价格包含应得的股利收入在内。

15.×，【解析】税收效应理论认为，由于税赋的影响，企业应采用低股利政策。

16.×，【解析】法定公积金按本年实现净利润弥补以前年度亏损后的10%提取，法定公积金达到注册资本的50%时，可不再提取。

17.×，【解析】代理理论认为股利政策有助于减缓管理者和股东之间，以及股东与债权人之间的代理冲突，也就是说，股利政策是协调股东与管理者之间代理关系的一种约束机制。

18.×，【解析】股票股利和股票分割都能保持股东持股比例不变，股票市场价值总额不变。股票分割可以改变股票面值，股票股利可以改变所有者权益的结构。

19.×，【解析】股票分割不会影响企业的股东权益、不影响股东所持股票的市场价值。

20.×，【解析】股票股利是将企业的留存收益转化为股本，会引起所有者权益内部各项目的结构发生变化，但并没有现金流出企业。

（四）名词解释（略）

（五）简答题（略）

（六）计算分析题

1．解：（1）2011年需筹集的自有资金 = 600×30% = 180（万元）。

（2）2010应分配的股利 = 800 - 180 = 620（万元）。

（3）2011年应向外筹集资金 = 600 - 180 = 420（万元）。

（4）股利支付率 = 每股股利 ÷ 每股净收益 × 100% = 股利÷税后利润 × 100% = 620÷800 = 77.5%。

2．解：10/(1 + 10%) = 9.09（元/股）。

3．解：（1）2009年股利支付率 = 500/1 000 = 50%。

2010年公司留存利润 = 1 200 × (1 - 50%) = 600（万元）。

2011年权益资本需要总量 = 1 000 × 80% = 800（万元）。

2011年应筹集外部权益资本 = 800 - 600 = 200（万元）。

（2）2010年度公司留存利润 = 1 200 - 500 = 700（万元）。

2011年权益资本需要量 = 1 000 × 80% = 800（万元）。

2011 年应筹集的外部资金总额 = 应该筹集的外部权益资本 + 筹集的负债

　= (800 − 700) + 1 000 × 20% = 300（万元）。

4．解：（1）增加的普通股股数 = 100 × 10% = 10（万股）。

发放股票股利后的股本 = 原股本 + 增加的股本 = 100 + 10 × 1 = 110（万元）。

增加的资本公积 = 10 × 5 − 10 = 40（万元）。

发放股利后的资本公积 = 原资本公积 + 增加的资本公积 = 400 + 40 = 440（万元）。

未分配利润减少额 = 发放的股利 = 100 × 10% × 5 = 50（万元）。

股利发放后的未分配利润 = 500 − 50 = 450（万元）。

股利发放后的股东权益合计 = 110 + 440 + 450 = 1 000（万元）。

（2）股票分割后：

普通股股数变为 200 万股，每股面值 = 1/2 = 0.5（元/股）。

股本 = 0.5 × 200 = 100（万元），资本公积 = 400（万元），未分配利润 = 500（万元），股东权益总额 = 100 + 400 + 500（万元）。

（七）论述题【答题要点】

关于股利与股票市价之间的关系，存在着不同的观点，并形成了不同的股利理论，总体可分为两大类。

（1）股利无关论。

股利无关论（也称 MM 理论）认为，在一定的假设条件限定下，股利政策不会对公司的价值或股票的价格产生任何影响。一个公司的股票价格完全由公司的投资决策的获利能力和风险组合决定，而与公司的利润分配政策无关。该理论是建立在完全市场理论之上的。

（2）股利相关论。股利相关理论认为，企业的股利政策会影响到股票价格。主要有以下几种观点：①股利重要论；②信号传递理论；③所得税差异理论；④代理理论。

（八）案例分析【答题要点】

（1）根据三家公司的相关资料，计算股利支付率，如表 9-4 所示。

表 9-4　三家公司股利政策

公司 年份	新兴制药			云南白药			明日制药		
	每股现金股利	每股利润	股利支付率/%	每股现金股利	每股利润	股利支付率/%	每股现金股利	每股利润	股利支付率/%
1998	0.30	0.61	49.18	0.13	0.27	11.11	0.07	0.12	16.67
1999	0.30	0.58	34.48	0.03	0.18	77.78	0.02	0.15	26.67
2000	0.20	0.61	30.33	0.14	0.27	37.04	0.04	0.16	50.00
2001	0.185	0.60	41.67	0.10	0.40	50.00	0.08	0.18	44.44
2002	0.25	0.75	40.00	0.20	0.50	64.00	0.08	0.15	40.00

公司 \ 年份	新兴制药			云南白药			明日制药		
	每股现金股利	每股利润	股利支付率/%	每股现金股利	每股利润	股利支付率/%	每股现金股利	每股利润	股利支付率/%
2003	0.30	0.72	41.67	0.32	0.61	73.77	0.06	0.09	44.44
2004	0.30			0.45			0.04		
股利合计 (ΣD_t)	1.835	—	—	1.37	—	—	0.39	—	—
平均股利额(E_D)	0.262			0.196			0.056		
股利标准离差(σ_D)	0.099			0.133			0.021		
股利变动系数 (σ_D/E_D)	0.377			0.678			0.375		

注：每年股利支付率的计算，按下年的每股股利除以本年的每股利润。如新兴制药 1999 年的股利支付率 = 0.20/0.58 = 34.48%。

这三家公司都属于业绩优良并且长期坚持派现分红的上市公司，与大多数上市公司圈钱套利的行为形成鲜明对比。从每股利润来看，三家公司处于不同的档次，新兴制药是收益最高和业绩较稳定的，其次是云南白药和明日制药。从股利支付率来看，新兴制药的股利支付率平稳发展，始终保持在 30%～49%之间；云南白药的股利支付率波动幅度较大；明日制药也是比较理想的，特别是 1999 年以后，股利支付率非常平稳，在 40%～50%之间。

投资者持有股票的目的无非是为了取得收益或支配股份公司，即股票的收益性与支配性。由于现代证券流通市场的发达，企业股权越来越分散，中小股东越来越多，大多数股东都无法对企业的经营行为发挥支配作用，购买股票的主要目标在于稳定的投资回报。从总体上看，三家公司的股利支付率在同行业处于较高水平，也充分体现了公司注重投资者回报的经营方针，是值得提倡的。

（2）为了均衡股利水平，维持公司的良好形象，国外上市公司一般都倾向于保持稳定的股利政策。然而我国上市公司股利政策波动多变，缺乏连续性，投资者很难从现行的股利政策推知未来股利如何变化。为了评价上市公司股利政策的连续性和稳定性，可以用股利变动系数指标来评价。股利变动系数是一个反映股利不稳定的指标，从相反的方向来评价股利的稳定性，即股利变动系数越小，表示股利的稳定性越好，股票的吸引力也因而越大。其计算公式为：

股利变动系数 = 股利标准离差/平均股利额

其中，平均股利额是个年每股股利的算术平均数；

股利标准离差的计算式为：$\sigma_D = [\Sigma(D_t - E_D)2/n]1/2$

三家公司的股利变动系数计算结果见表 9-4，从小到大依次为 0.375、0.377、0.678，分别对应的上市公司是明日制药、新兴制药、云南白药，因此可以认为，明日制药和新兴制药的股利政策是稳定的，云南白药则在股利分派上具有一定的波动性，这点从其股利支付率的波动上也能证明。

（3）股利支付率多少较为合理，不同的国家、不同的行业、不同的公司做法都不相同。

一般认为，美国上市公司的平均股利支付率较高，而日本和德国上市公司的股利支付率较低。我国上市公司的平均股利支付率较低，有学者对我国上市公司进行过测算，在1994年至1998年间，我国上市公司的股利支付率约为30%，并呈不断下降趋势。但预计今后这种局面可能会随着强制分红制度的出台和市场监督的力度加大会有所改善。

上市公司在确定股利分配形式时，还受到所处行业的发展阶段的影响。公司的发展阶段应和行业的发展阶段保持一致。在行业处于初创阶段，行业内的各个公司面临着较高的经营风险和财务风险，内部融资便成为公司主要的资金来源，在股利政策上最大限度的保留盈利，尽量少发或不发股利。对处于成长阶段的行业，各个公司由于销售的急剧增长和投资机会的快速增加，公司的发展仍然需要筹集大量的资金，这时大部分公司往往采取股票股利的方式，这样既节约了现金支出，又可传递经理人关于公司发展前景的利好信息。当整个行业进入成熟阶段时期，各公司生产经营稳定，有较为宽裕的营运资金，并有足够的留存收益，此时行业内的各公司竞相决定和宣布发放现金股利，若某些公司仍然采取不分红的股利政策，其在市场上的地位和价值就会受到影响。从我国的医药制造业的行业平均获利指标来分析，主营业务利润率近三年为4.96%～6.77%，净资产收益率近三年为29.69%～32.28%，两项指标都处于较稳定的状态，可认为我国的医药制造业是处于成熟阶段，使得行业内各公司的股利分配政策也比较稳定。

再者，公司各年的股利额与其经营业绩、盈利能力及分配政策是相关的。从盈利能力看，云南白药的盈利能力较强，其主营业务利润率和净资产收益率两项指标都持续高于行业平均水平，特别是净资产收益率指标，在2001—2003年的三年中，云南白药的净资产收益率稳定在18.00%到20.20%之间，三年平均为19.22%[19.22=(19.47 + 20.20 + 18.00)/3]，是行业三年平均 5.58%[5.58=(6.77 + 4.95 + 5.03)/3]的3.45倍。新兴制药的主营业务利润率和净资产收益率两项指标也都持续高于行业平均水平，在2001—2003年的三年中，其净资产收益率指标稳定在14.64%到17.92%之间，三年平均为16.20%，是行业三年平均5.58%的2.9倍。明日制药的主营业务利润率和净资产收益率两项指标与行业平均持平，甚至低于行业平均水平，但明日制药长期坚持现金股利政策并保持较稳定的股利支付率，其股利变动系数也是最低的，这说明除了盈利能力之外，上市公司分配与否是与公司的股利政策相关的。从公司业绩可靠性看，三家公司当前业绩的情况表明，公司收入和盈利可信度较高，经营中有足够的现金收入支持，这也是他们连年派发股利，保持较高的股利增长率和较稳定的股利变动系数水平的保证。

第十章 财务预算

一、本章内容框架

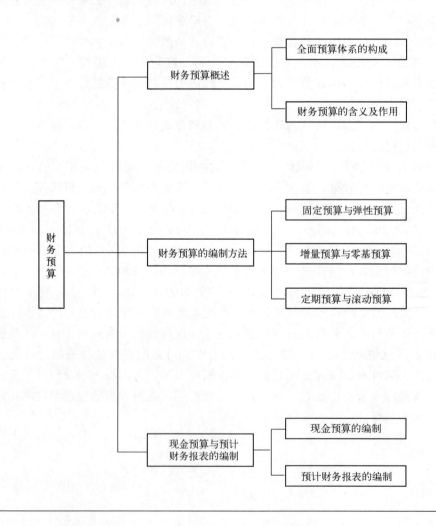

二、本章重点内容概述

（一）全面预算体系的含义及构成

全面预算（Master Budget）是指企业为了实现预定期内的战略规划和经营目标，按照一定程序编制、审查、批准的，企业在预定期内经营活动的总体安排。包括：

（1）日常业务预算；

（2）特种决策预算；

（3）财务预算。

（二）日常业务预算的内容

日常业务预算是指与企业日常经营活动直接相关的经营业务的各种预算。包括：

（1）销售预算；

（2）生产预算；

（3）直接材料预算；

（4）应交增值税、销售税金及附加预算；

（5）直接人工预算；

（6）制造费用预算；

（7）产品成本预算；

（8）期末存货预算；

（9）销售费用预算；

（10）管理费用预算等内容。

（三）财务预算的含义及构成

财务预算（Financial Budget）是一系列专门反映企业未来一定预算期内预计财务状况和经营成果，以及现金收支等价值指标的各种预算的总称，包括：

（1）现金预算；

（2）财务费用预算；

（3）预计利润表；

（4）预计资产负债表。

（四）固定预算与弹性预算

1. 固定预算

固定预算，又称静态预算，是把企业预算期的业务量固定在某一预计水平上，以此为基础来确定其他项目预计数的预算方法。固定预算存在适应性差和可比性差的缺点。

2．弹性预算

弹性预算是固定预算的对称，是在变动成本法的基础上，把所有的成本按其性态划分为变动成本与固定成本两大部分，以未来不同业务量、成本和利润之间的依存关系为依据，按照预算期可预见的各种业务量水平为基础，编制能够适应多种情况预算的一种方法。

（五）增量预算与零基预算

1．增量预算

增量预算是指以基期成本费用水平为基础，结合预算期业务量水平及有关影响成本因素的未来变动情况，通过调整有关原有费用项目而编制预算的一种方法。这种预算方法比较简单，但容易造成预算的不足，或者是安于现状，造成预算不合理的开支。

2．零基预算

零基预算，或称零底预算是指在编制预算时对于所有的预算支出，均以零为基底，不考虑以往情况如何，从根本上研究分析每项预算有否支出的必要和支出数额的大小。零基预算不受现有条条框框限制，对一切费用都以零为出发点，这样不仅能压缩资金开支，而且能切实做到把有限的资金，用在最需要的地方，从而调动各部门人员的积极性和创造性，量力而行，合理使用资金，提高效益。其缺点是由于一切支出均以零为起点进行分析、研究，势必带来繁重的工作量，有时甚至得不偿失，难以突出重点。为了弥补零基预算这一缺点，企业不是每年都按零基预算来编制预算，而是每隔若干年进行一次零基预算，以后几年内略作适当调整，这样既减轻了预算编制的工作量，又能适当控制费用。

（六）定期预算与滚动预算

1．定期预算

定期预算（Priodic Budget，Regular Budget）是指在编制预算时以不变的会计期间（如日历年度）作为预算期的一种预算编制的方法。定期预算的唯一优点是能够使预算期间与会计年度相配合，便于考核和评价预算的执行结果。定期预算主要有以下缺点：①盲目性；②滞后性；③间断性。

2．滚动预算

滚动预算（Rolling Budget），又称永续预算，其主要特点在于不将预算期与会计年度挂钩，而始终保持 12 个月，每过去 1 个月，就根据新的情况进行调整和修订后几个月的预算，并在原预算基础上增补下一个月预算，从而逐期向后滚动，连续不断地以预算形式规划未来经营活动。

滚动预算可以保持预算的连续性和完整性。滚动预算能克服传统定期预算的盲目性、不变性和间断性，从这个意义上说，编制预算已不再仅仅是每年末才开展的工作了，而是与日常管理密切结合的一项措施。当然，滚动预算采用按月滚动的方法，预算编制工作比较繁重，所以，也可以采用按季度滚动来编制预算。

（七）现金预算

现金预算（Cash Budget）又称为现金收支预算，是反映预算期企业全部现金收入和全部现金支出的预算。现金预算由四部分组成：

（1）现金收入；

（2）现金支出；

（3）现金多余或不足；

（4）现金的筹措和运用。

现金预算的编制，是以各项日常业务预算和特种决策预算为基础来反映各预算的收入款项和支出款项。其目的在于资金不足时如何筹措资金，资金多余时怎样运用资金，并且提供现金收支的控制限额，以便发挥现金管理的作用。

（八）预计财务报表的编制

（1）预计利润表；

（2）预计资产负债表；

（3）预计现金流量表。

三、本章习题

（一）单项选择题

1. 全面预算体系中的最后环节是（　　）。
    A．特种决策预算　　　　　　　　　B．销售预算
    C．生产预算　　　　　　　　　　　D．财务预算
2. 财务预算亦称总预算，可以从（　　）方面总括反映经营期决策预算与业务预算的结果。
    A．价格　　　　　　B．数量　　　　C．价格和价值　　D．价值
3. 在下列各项中，不属于财务预算内容的是（　　）。
    A．现金预算　　　　　　　　　　　B．直接材料预算
    C．预计利润表　　　　　　　　　　D．预计资产负债表
4. 不属于编制产品成本预算的基础的是（　　）。
    A．生产预算　　　　　　　　　　　B．直接材料预算
    C．直接人工预算　　　　　　　　　D．制造费用预算

5. 固定预算编制方法的致命缺点是（　　　）。

    A. 过于机械呆板   B. 可比性差

    C. 计算量大   D. 可能导致保护落后

6. （　　　）是一系列专门反映企业未来一定预算期内预计财务状况和经营成果，以及现金收支等价值指标的各种预算的总称。

    A. 经营决策预算   B. 特种决策预算   C. 全面预算   D. 总预算

7. 某企业每季度销售收入中，本季度收到现金 60%，另外的 40%要到下季度才能收回现金。若预算年度的第四季度销售收入为 40 000 万元，则预计资产负债表中年末应收账款项目金额为（　　　）万元。

    A. 16 000   B. 24 000   C. 40 000   D. 20 000

8. 在下列各项中，能够同时以实物量指标和价值量指标分别反映企业经营收入和相关现金收支的预算是（　　　）。

    A. 现金预算   B. 销售预算   C. 生产预算   D. 产品成本预算

9. 某企业按百分比法编制弹性利润预算表，预算销售收入为 100 万元，变动成本为 60 万元，固定成本为 30 万元，利润总额为 10 万元；如果预算销售收入达到 110 万元，则预算利润总额为（　　　）万元。

    A. 14   B. 11   C. 4   D. 1

10. 下列预算中不属于日常业务预算的是（　　　）。

    A. 期末存货预算   B. 制造费用预算   C. 现金预算   D. 销售预算

11. 下列不属于现金预算的编制基础的是（　　　）。

    A. 销售预算   B. 投资决策预算

    C. 销售费用预算   D. 预计利润表

12. 以预算期内正常的、可实现的某一固定业务量水平为唯一基础编制预算的方法是（　　　）。

    A. 零基预算   B. 定期预算   C. 静态预算   D. 滚动预算

13. 直接材料预算的编制基础是（　　　）。

    A. 生产预算   B. 财务预算   C. 现金预算   D. 销售预算

14. 与生产预算没有直接联系的预算是（　　　）。

    A. 直接材料预算   B. 变动制造费用预算

    C. 销售费用及管理费用预算   D. 直接人工预算

15. 增量预算方法的主要缺点不包括（　　　）。

    A. 编制预算的工作量大

    B. 可能导致保护落后

    C. 滋长预算中的"平均主义"和"简单化"

    D. 不利于企业未来的发展

16. 下列关于滚动预算，说法错误的是（　　　）。

　　A．为了克服定期预算的盲目性、不变性和间断性，可以采用滚动预算的方法

　　B．滚动预算也称为永续预算或连续预算

　　C．滚动预算的预算期要与会计年度挂钩

　　D．滚动预算可以保持预算的连续性和完整性

17. 关于预算的编制方法，下列各项中正确的是（　　　）。

　　A．零基预算编制方法适用于非盈利组织编制预算时采用

　　B．固定预算编制方法适用于产出较难辨认的服务性部门费用预算的编制

　　C．固定预算编制方法适用于业务量水平较为稳定的企业预算的编制

　　D．零基预算编制方法适用于业务量水平较为稳定的企业预算的编制

18. 不受现有费用项目和开支水平限制，并能够克服增量预算方法缺点的预算方法是（　　　）。

　　A．弹性预算方法　　　　　　　　　B．固定预算方法

　　C．零基预算方法　　　　　　　　　D．滚动预算方法

19. 下列关于零基预算的说法错误的是（　　　）。

　　A．零基预算是区别于传统的增量预算而设计的一种费用预算

　　B．零基预算有可能使不必要开支合理化

　　C．不论基期费用为多少一切均从零开始编制预算

　　D．采用零基预算，要逐项审议各种费用是否必要合理

20. 定期预算的优点是（　　　）。

　　A．远期指导性强　　　　　　　　　B．连续性好

　　C．便于考核预算执行结果　　　　　D．灵活性强

21. 下列各项中属于总预算的是（　　　）。

　　A．投资决策预算　　　　　　　　　B．销售预算

　　C．经营决策预算　　　　　　　　　D．预计利润表

22. 在下列预算方法中，能够适应多种业务量水平并能克服固定预算方法缺点的是（　　　）。

　　A．弹性预算　　　B．增量预算　　　C．零基预算　　　D．流动预算

23. 相对定期预算方法，下列各项中，不属于滚动预算优点的有（　　　）。

　　A．及时性强　　　　　　　　　　　B．连续性好

　　C．预算范围宽　　　　　　　　　　D．完整性与稳定性突出

24. 下列各项预算中，（　　　）是编制全面预算的出发点，也是日常业务预算的基础。

　　A．生产预算　　　　　　　　　　　B．现金预算

　　C．销售预算　　　　　　　　　　　D．直接材料预算

25. 某期现金预算中假定出现了正值的现金收支差额，且超过额定的期末现金余额

时，单纯从财务预算调剂现金余缺的角度看，该期不宜采用的措施是（ ）。

  A．抛售短期有价证券   B．购入短期有价证券

  C．偿还部分借款本金   D．偿还部分借款利息

26．现金预算的内容不包括（ ）。

  A．现金收入   B．现金支出

  C．预计实现的利润   D．资金的筹措及运用

27．下列各项中，不能在销售预算中找到的内容是（ ）。

  A．销售单价 B．生产数量 C．销售数量 D．回收应收账款

28．在编制预算时，将预算期与会计年度脱离，随着预算的执行不断延伸补充预算，逐期向后滚动，使预算期永远保持为一个固定期间的预算编制方法称为（ ）。

  A．连续预算 B．滑动预算 C．定期预算 D．增量预算

29．在下列各项中，不能纳入企业现金预算范围的是（ ）。

  A．经营性现金支出   B．资本化借款利息

  C．经营性现金收入   D．资本性现金支出

30．财务预算管理中，不属于总预算内容的是（ ）。

  A．预计利润表   B．现金预算

  C．销售费用预算   D．预计资产负债表

31．（ ）是仅以实物量指标反映的预算。

  A．销售预算   B．生产预算

  C．管理费用预算   D．直接材料预算

32．属于零基预算编制方法的缺点是（ ）。

  A．可能导致保护落后   B．滋长预算中的"平均主义"

  C．工作量大   D．不利于企业的未来发展

33．企业年度各种产品销售业务量为 100%时的销售收入为 5 500 万元，变动成本为 3 300 万元，企业年固定成本总额为 1 100 万元，利润为 1 100 万元，则当预计业务量为 70%时的利润为（ ）。

  A．540 万元 B．440 万元 C．630 万元 D．680 万元

34．不受现有费用项目和开支水平限制，能调动各方面降低费用的积极性的方法是（ ）。

  A．弹性预算 B．固定预算 C．零基预算 D．滚动预算

35．不需另外预计现金支出，直接参加现金预算汇总的预算是（ ）。

  A．成本预算 B．销售预算 C．直接人工预算 D．期间费用预算

（二）多项选择题

1．固定预算方法的缺点有（ ）。

  A．工作量大 B．适应性差 C．透明度弱 D．可比性差

2. 属于财务预算内容的有（　　　）。

　　A．预计资产负债表　　B．现金预算　　　C．预计利润表　　D．生产预算

3. 下列预算中属于日常业务预算的是（　　　）。

　　A．经营决策预算　　　　　　　　　B．制造费用预算

　　C．现金预算　　　　　　　　　　　D．销售预算

4. 弹性预算法适用于编制全面预算中所有与业务量有关的预算，但实务中，主要用于编制（　　　）。

　　A．弹性成本费用预算　　　　　　　B．经营决策预算

　　C．弹性利润预算　　　　　　　　　D．投资决策预算

5. 编制生产预算中的"预计生产量"项目时，需要考虑的因素有（　　　）。

　　A．预计销售量　　　　　　　　　　B．预计期初存货

　　C．预计期末存货　　　　　　　　　D．前期实际销量

6. 关于弹性预算方法，下列说法正确的有（　　　）。

　　A．以业务量、成本和利润之间的依存关系为依据

　　B．以预算期可预见的各种业务量水平为基础

　　C．克服了定期预算方法的缺点

　　D．能够编制适应多种情况的预算

7. 关于编制预算的方法，下列说法不正确的是（　　　）。

　　A．按其业务量基础的数量特征不同，可分为固定预算方法和弹性预算方法

　　B．按其出发点的特征不同，可分为定期预算方法与滚动预算方法

　　C．按其预算期的时间特征不同，可分为定期预算方法和滚动预算方法

　　D．按其预算期的时间特征不同，可分为静态预算方法和永续预算方法

8. 相对于固定预算而言，弹性预算的优点有（　　　）。

　　A．预算范围宽　　　B．稳定性强　　　C．连续性好　　　D．可比性强

9. 能在现金预算中反映的内容有（　　　）。

　　A．资金筹措预算　　　　　　　　　B．损益预算

　　C．现金收入预算　　　　　　　　　D．现金支出预算

10. 在下列各项中，不属于财务预算内容的是（　　　）。

　　A．现金预算　　　　　　　　　　　B．直接材料预算

　　C．销售预算　　　　　　　　　　　D．生产预算

11. 滚动预算按照预算编制和滚动的时间单位不同分为（　　　）。

　　A．逐月滚动　　　　　　　　　　　B．逐季滚动

　　C．逐年滚动　　　　　　　　　　　D．混合滚动

12. 下列各项预算中，属于辅助预算的有（　　　）。

　　A．现金预算　　　　　　　　　　　B．制造费用预算

C. 专门决策预算　　　　　　　　　　D. 销售预算

13. 弹性成本预算的编制方法包括（　　　）。

    A. 因素法　　　　　B. 公式法　　　　C. 列表法　　　　　D. 图示法

14. 现金预算的编制基础包括（　　　）。

    A. 销售预算　　　　　　　　　　　B. 投资决策预算

    C. 销售费用预算　　　　　　　　　D. 预计利润表

15. 增量预算编制方法的缺点包括（　　　）。

    A. 可能导致保护落后　　　　　　　B. 滋长预算中的"平均主义"

    C. 工作量大　　　　　　　　　　　D. 不利于企业的未来发展

（三）判断题

1. 现金预算是以日常业务预算和特种决策预算为基础，反映现金收支情况的预算。（　　　）

2. 现金预算中的现金支出包括经营现金支出、分配股利的支出以及缴纳税金的支出，但是不包括资本性支出。（　　　）

3. 滚动预算又称滑动预算，是将预算期与会计年度脱离，随着预算的执行不断延伸补充预算，逐期向后滚动，使预算期永远保持为一个固定期间的一种预算编制方法。（　　　）

4. 全面预算从价值方面总括反映经营期决策预算与业务预算的结果，也称为总预算。（　　　）

5. 生产预算是预算编制的起点。（　　　）

6. 增量预算与零基预算相比能够调动各部门降低费用的积极性。（　　　）

7. 弹性利润预算编制的百分比法适用于单一品种经营或采用分算法处理固定成本的多品种经营的企业。（　　　）

8. 在现金预算中，必须反映在预算期内企业规划筹措用于抵补收支差额的现金，确保一定数额的现金余额，以及通过买入、卖出有价证券来调剂现金余缺等内容。（　　　）

9. 永续预算能够使预算期间与会计年度相配合，便于考核预算的执行效果。（　　　）

10. 固定预算只适用于未来业务量不稳定、其水平经常发生波动的企业编制预算时采用。（　　　）

11. 预计利润表是指用于总括反映企业预算期末财务状况的一种财务预算。（　　　）

12. 预计资产负债表中现金余额项目的期末数不一定等于现金预算中的期末现金余额。（　　　）

13. 企业在编制零基预算时，需要以现有的项目为依据，但不以现有的费用水平为基础。（　　　）

14. 在基础成本费用水平的基础上，结合预算期业务量及有关降低成本的措施，通过调整有关原有成本项目而编制的预算称为增量预算。（　　　）

15. 弹性预算方法从理论上讲只是编制费用预算的一种方法。（　　　）

16. 财务预算是一系列专门反映企业未来一定预算期内预计财务状况和经营成果，以及现金收支等价值指标的各种预算的总称，包括现金预算、生产预算、财务费用预算、预计利润表和预计资产负债表等内容。（　　　）

17. 生产预算是在销售预算的基础上编制的，是日常业务预算中以价值形式反映预算期内有关产品生产数量及品种构成的一种预算。（　　　）

18. 预计资产负债表是以货币形式反映预算期内经营成果计划水平的财务预算。（　　　）

（四）名词解释

1. 财务预算　　2. 弹性预算　　3. 零基预算　　4. 滚动预算　　5. 现金预算

（五）简答题

1. 日常业务预算主要包括哪些内容？
2. 简述财务预算的含义及作用。
3. 现金预算由哪几部分组成？

（六）计算分析题

1. B 公司生产乙产品，预算期 2010 年四个季度预计销售量分别为 500 台、700 台、800 台和 600 台；年初结存量 100 台；预计各季度期末结存量为下一季度销售量的 10%；预计 2011 年一季度销售量 1 000 台。

要求：计算各季度生产量的预算数。

2. 丙公司 2010 年 6 月 30 日的资产负债表反映的部分数据如表 10-1 所示。

表 10-1　资产负债表部分数据　　　　　　　　　　　单位：元

现　　金	48 000
应收账款	56 000
存货	200 000
固定资产	680 000
无形资产	120 000
资产总计	1 104 000

补充资料如下：（1）销售收入预算：7 月份 300 000 元，8 月份 400 000 元；

（2）预计销售当月可收回货款 80%，其余款项可在次月收回；

（3）每月购货为下月计划销售额的 60%，均为当月付款；

（4）预交所得税 1 000 元；

（5）每月用现金支付的其他费用为 15 000 元，每月发生的各种非付现费用为 35 000 元；

（6）公司适用的消费税率为 10%，增值税率为 17%，城建税率为 7%，教育费附加率为 3%，假设流转税均需在当月支付，所得税率为 25%。

要求：根据上述资料计算：

（1）2010 年 7 月份预算的现金期末余额；

（2）若销售毛利率为 30%，2010 年 7 月份的预计税后利润总额；

（3）2010 年 7 月 31 日的应收账款余额；

（4）2010 年 7 月 31 日的未交所得税税金。

3．A 公司生产和销售 甲产品，预算期 2011 年四个季度预计销售量分别为 600 件、900 件、800 件和 300 件；甲产品预计单位售价为 3 000 元。假设每季度销售收入中，本季度收到现金 20%，另外 80%要到下季度才能收回。上年末应收账款余额为 60 000 元。

要求：（1）计算各季度销售收入预算数；

（2）计算各季度现金收入预算数；

（3）计算年末应收账款预算数。

4．丁公司拟编制 2011 年 1 月份的现金收支预算。预计 2011 年 1 月初现金余额为 150 000 元；月初应收账款 100 000 元，预计可收回 30%；本月销售收入 500 000 元，预计现销比例为 20%；本月采购材料 200 000 元，预计现付比例为 70%；月初应付账款 48 000 元，需在本月付 60%；月内需支付的工资为 56 000 元、制造费用 23 000 元、销售费用 21 000 元、管理费用 65 000 元；购置设备需支付的现金 90 000 元。企业现金不足时，可向银行借款，借款金额为 2 000 元的倍数；现金多余时可购买有价证券。该公司月末现金余额不低于 12 000 元。

要求：（1）计算本月经营现金收入；

（2）计算本月经营现金支出；

（3）计算本月现金收支差额；

（4）确定最佳资金筹措或运用数；

（5）确定现金月末余额。

（七）论述题

论述滚动预算的优缺点。

（八）案例分析

南方机械制造有限公司现金预算的编制

【案情介绍】

南方机械制造有限公司是江南的一个拥有三千多名职工的国有企业，主要生产金属切削机械。公司从小到大，经历了几十年的风风雨雨，为国家作出过很大的贡献。进入20世纪90年代，企业上上下下都感到日子吃紧，虽然经过转制，工厂改制成了公司，但资金问题日益突出，一方面公司受"三角债"的困扰，另一方面产品积压严重，销售不畅。为此公司领导多次专题研究销售工作，近几年来进行了几次大的改革，组建了几个销售门市部，形成一种竞争的局面，利用多方力量来推动销售工作，公司的销售业务有了长足的发展。2005年的销售额做到了1.2亿元，2006年达到1.4亿元，2007年计划为1.6亿元，2007年1到9月份已达到了1.3亿元，完成预订的计划是不成问题的。进入2007年12月份，企业财务部门在与有关部门协商研究后，分别编制了2008年度的销售预算、生产预算、直接材料预算、直接人工预算和制造费用预算。现摘录主要预算指标如表10-2所示。

表10-2　2008年度主要预算指标确定情况表 单位：万元

项　　目	一季度	二季度	三季度	四季度
销售收入	3 800	4 050	4 485	5 125
直接材料	1 600	1 800	1 600	2 000
直接人工	400	600	400	600
制造费用	190	210	220	320
销售及管理费用	210	290	280	380

其他预算指标资料提供如下。

（1）各季实现的销售收入中，本季可收回现金80%，剩下的20%于下季度收回，2007年末公司有560万元的应收账款。

（2）所得税估算为520万元，各季度末预交。

（3）为提高主导产品的技术含量，企业计划在2008年第二季度进行生产线技术改造，为此需投入资金2 500万元。由于生产线改造所引起现金储备不足，可通过向银行贷款的办法加以解决，并在现金充裕时及时安排部分或全额还贷。银行贷款年利率为8%，贷款额为100万的整数倍，且假定为季初借入，季末还款，且每季支付利息。

（4）公司要保证生产经营的正常进行，各期期末需有800万元余额的现金储备。2008年初现金余额预计820万元。

【思考与讨论】

（1）根据案例提供资料如何编制南方机械制造有限公司2008年度现金预算。

（2）谈谈你对现金预算的认识，如果你是该公司的财务主管，你认为公司2008年现金流量管理要注意哪些方面？

（资料来源：刘桂英.财务管理案例实验教程.北京：经济科学出版社，2005）

四、答案及解析

（一）单项选择题

1．D，【解析】财务预算是全面预算体系中的最后环节，也称为总预算。

2．D，【解析】财务预算作为全面预算体系中的最后环节，可以从价值方面总括地反映经营期决策预算与业务预算的结果。

3．B，【解析】直接材料预算属于日常业务预算，不属于财务预算。

4．A，【解析】产品成本预算是根据直接材料预算、直接人工预算、制造费用预算汇总编制的。产品成本预算的项目主要包括：直接材料、直接人工、变动制造费用和固定制造费用。生产预算是编制直接材料预算、直接人工预算和制造费用预算的基础。

5．B，【解析】固定预算编制方法的缺点包括过于机械呆板和可比性差，其中可比性差是这种方法的致命弱点。

6．D，【解析】财务预算又称总预算，是一系列专门反映企业未来一定预算期内预计财务状况和经营成果，以及现金收支等价值指标的各种预算的总称。

7．A，【解析】40 000 × 40% = 16 000（万元）。

8．B，【解析】现金预算只能以价值量指标反映企业经营收入和相关现金收支，不能以实物量指标反映企业经营收入和相关现金收支；生产预算只反映实物量预算，不反映价值量预算；产品成本预算只能反映现金支出；只有销售预算能够同时以实物量指标和价值量指标分别反映企业经营收入和相关现金收支。

9．A，【解析】销售收入增长率为 10÷100 × 100% = 10%，预算利润 = 110 − 60 × (1+10%) −30 = 14（万元）。

10．C，【解析】现金预算属于财务预算。

11．D，【解析】现金预算亦称现金收支预算，它是以日常业务预算和特种决策预算编制基础所编制的反映现金收支情况的预算，其中 AC 属于日常业务预算，B 属于特种决策预算。预计利润表属于财务预算。

12．C，【解析】固定预算，又称静态预算，是指在编制预算时，只根据预算期内正常的、可实现的某一固定业务量（如生产量、销售量）水平作为唯一基础来编制预算的一种方法。

13．A，【解析】直接材料预算是指为规划一定预算期内因组织生产活动和材料采购活动预计发生直接材料需用量、采购数量和采购成本而编制的一种经营预算。直接材料预算的编制基础是生产预算。

14．C，【解析】生产预算是指为规划一定预算期内预计生产量水平而编制的一种日常业务预算。该预算是所有日常业务预算中唯一只使用实物量计量单位的预算，可以为进一步编制有关成本和费用预算提供实物量数据。

15．A，【解析】增量预算方法的主要缺点是：受原有费用项目限制，可能导致保护落后；滋长预算中的"平均主义"和"简单化"；不利于企业未来的发展。

16．C，【解析】滚动预算又称连续预算或永续预算，是指在编制预算时，将预算期与会计年度脱离，随着预算的执行不断延伸补充预算，逐期向后滚动，使预算期永远保持为一个固定期间的一种预算编制方法。与传统的定期预算方法相比，按滚动预算方法编制的预算具有透明度高、及时性强、连续性好，以及完整性和稳定性突出等优点。

17．C，【解析】固定预算编制方法适用于业务量水平较为稳定的企业或非盈利组织编制预算时采用；零基预算编制方法适用于产出较难辨认的服务性部门费用预算的编制。

18．C，【解析】零基预算优点是：（1）不受现有费用开支水平限制；（2）能调动各部门降低费用积极性；（3）有助于企业未来发展。零基预算方法的优点正好是增量预算方法的缺点。

19．B，【解析】零基预算是指在编制成本费用预算时，不考虑以往会计期间所发生的费用项目或费用数额，而是将所有的预算支出均以零为出发点，一切从实际需要与可能出发，逐项审议预算期内各项费用的内容及开支标准是否合理，在综合平衡的基础上编制费用预算的一种方法。优点：不受现有费用开支水平限制；能够调动各方面降低费用的积极性，有助于企业未来的发展。缺点：工作量大，重点不突出，编制时间较长。

20．C，【解析】定期预算的唯一优点是能够使预算期间与会计年度相配合，便于考核和评价预算的执行结果。

21．D，【解析】财务预算，亦称为总预算，具体包括现金预算、财务费用预算、预计利润表、预计资产负债表等内容。

22．A，【解析】弹性预算是以预算期可预见的各种业务量水平为基础，编制能够适应多种情况预算的一种方法。

23．C，【解析】按滚动预算方法编制的预算具有以下优点：透明度高、及时性强、连续性好，以及完整性和稳定性突出。预算范围宽属于弹性预算方法相对于固定预算方法的优点。

24．C，【解析】销售预算是编制全面预算的关键和起点。

25．A，【解析】抛售短期有价证券将会进一步增加现金余额，B、C、D 三项会减少现金余额。

26．C，【解析】现金预算的内容包括期初期末现金余额、现金收入、现金支出、现金收支差额、资金的筹措及运用等，但并不包括预计实现的利润。

27．B，【解析】销售预算在编制过程中要根据预计的销量和单价确定销售收入，并根据各季现销收入与回收赊销货款的可能情况反映现金收入。

28．A，【解析】滚动预算是将预算期与会计年度脱离，随着预算的执行不断延伸补充预算，逐期向后滚动，使预算期永远保持为一个固定期间的一种预算编制方法。

29．B，【解析】资本化借款利息不涉及现金收入和现金支出，故不纳入现金预算范围。

30．C，【解析】总预算就是财务预算，销售费用预算属于日常业务预算。

31．B，【解析】生产预算是唯一仅以实物量指标反映的预算。

32．C，【解析】增量预算编制缺点包括：可能导致保护落后；滋长预算中的"平均主义"和"简单化"；不利于企业未来发展。工作量大是零基预算的缺点。

33．B，【解析】5 500×70%－3 300×70%－1 100＝440（万元）。

34．C，【解析】零基预算的优点：不受已有费用项目和开支水平的限制；能够调动各方面降低费用的积极性，有助于企业的发展。

35．C，【解析】由于各期直接人工成本中的直接工资一般均由现金开支，因此在西方，通常不单独编制列示与此相关的预计现金支出预算。

（二）多项选择题

1．BD，【解析】固定预算方法存在适应性差和可比性差的缺点。

2．ABC，【解析】财务预算包括现金预算、财务费用预算、预计利润表和预计资产负债表等内容。生产预算属于日常业务预算。

3．BD，【解析】现金预算属于财务预算，经营决策预算属于特种决策预算。

4．AC，【解析】弹性预算方法适用于编制全面预算中所有与业务量有关的预算，但实务中，主要用于编制弹性成本费用预算和弹性利润预算，尤其是编制费用预算。

5．ABC，【解析】编制生产预算的主要内容有：预计销售量、期初和期末预计存货和预计生产量。它们的编制关系是：预计销售量＋预计期末存货－预计期初存货＝预计生产量。因此，应选择 ABC。D 与编制生产预算无关，应予排除。

6．ABD，【解析】弹性预算指为克服固定预算缺点而设计的，以业务量、成本和利润之间的依存关系为依据，以预算期可预见的各种业务量水平为基础，编制能适应多种情况预算的方法。

7．BCD，【解析】编制预算的方法按其业务量基础的数量特征不同，分为固定预算方法和弹性预算方法；按其出发点的特征不同，分为增量预算方法和零基预算方法；按其预算期的时间特征不同，分为定期预算方法和滚动预算方法，弹性预算又称变动预算或滑动预算，C 错误；固定预算又称静态预算，因此 D 不正确。滚动预算又称连续预算或永续预算。

8．AD，【解析】与固定预算方法相比，弹性预算方法具有预算范围宽和可比性强的优点。

9．ACD，【解析】现金预算组成：现金收入、现金支出、现金多余或不足、资金筹集和运用。

10．BCD，【解析】直接材料预算、销售预算、生产预算属于日常业务预算。

11．ABD，【解析】滚动预算按滚动的时间单位不同分为逐月滚动、逐季滚动、混合滚动。

12．BCD，【解析】财务预算亦称为总预算，其他预算则相应称为辅助预算或分预算。财务预算包括现金预算和预计财务报表。

13．BCD，【解析】弹性成本预算的具体编制方法包括公式法、列表法和图示法。弹性利润预算的编制方法主要有因素法和百分比法两种方法。

14．ABC，【解析】现金预算的编制基础包括日常业务预算和特种决策预算，其中 AC 属于日常业务预算，B 属于特种决策预算。

15．ABD，【解析】增量预算法缺点：（1）可能导致保护落后；（2）滋长预算中的"平均主义"和"简单化"；（3）不利于企业未来发展。工作量大是零基预算的缺点。

（三）判断题

1．√，【解析】现金预算亦称现金收支预算，它是以日常业务预算和特种决策预算为基础所编制的反映现金收支情况的预算。

2．×，【解析】现金预算中的现金支出包括经营现金支出、分配股利的支出及缴纳税金的支出，以及购买设备等资本性支出。

3．×，【解析】滚动预算又称连续预算或永续预算，是指在编制预算时，将预算期与会计年度脱离，随着预算的执行不断延伸补充预算，逐期向后滚动，使预算期永远保持为一个固定期间的预算编制方法。

4．×，【解析】财务预算作为全面预算体系中的最后环节，可以从价值方面总括地反映经营期决策预算与业务预算的结果，也称为总预算。

5．×，【解析】销售预算是预算编制的起点。

6．×，【解析】增量预算缺点：受原有费用项目限制，可能导致保护落后；滋长预算中的"平均主义"和"简单化"；不利于企业未来发展。零基预算优点：不受已有费用项目和开支水平的限制；能够调动各方面降低费用的积极性；有助于企业未来发展。

7．×，【解析】弹性利润预算编制的百分比法适用于多品种经营的企业，因素法适用于单一品种经营或采用分算法处理固定成本的多品种经营的企业。

8．√，【解析】现金预算要反映现金收支差额和现金筹措使用情况。现金收支差额和期末余额都要通过协调资金筹措与应用来调整。应当在保证各项支出所需资金供应的前提下，保持期末余额在合理的上下限度内波动。

9．×，【解析】滚动预算又称永续预算，是指在编制预算时，将预算期间与会计年度脱离。而定期预算能够使预算期间与会计年度相配合，便于考核预算的执行结果。

10．×，【解析】固定预算方法只适用于业务量水平较为稳定的企业或非营利组织编制预算时采用。

11．×，【解析】预计利润表是以货币形式综合反映预算期内企业经营活动成果计划水平的一种财务预算。预计资产负债表是指用于总括反映企业预算期末财务状况的一种预算。

12．×，【解析】预计资产负债表中现金项目的期末数一定等于现金预算中的期末现金余额，这是预计资产负债表与现金预算之间的重要勾稽关系。

13．×，【解析】零基预算不考虑以往会计期间所发生的费用项目或费用数额，而是以所有的预算支出均为零为出发点。

14．√，【解析】增量预算是以基期成本费用水平为基础编制的。

15．×，【解析】弹性预算方法从理论上讲适用于编制全面预算中所有与业务量有关的预算。

16．×，【解析】财务预算是一系列专门反映企业未来一定预算期内预计财务状况和经营成果，以及现金收支等价值指标的各种预算的总称，包括现金预算、财务费用预算、预计利润表和预计资产负债表等内容。生产预算属于日常业务预算。

17．×，【解析】生产预算是在销售预算的基础上编制的，其是业务预算中唯一仅以实物量形式反映预算期内有关产品生产数量及品种构成的一种预算。

18．×，【解析】预计利润表是以货币形式综合反映预算期内企业经营活动成果计划水平的一种预算。预计资产负债表是总括反映企业预算期末财务状况的一种财务预算。

（四）名词解释（略）

（五）简答题（略）

（六）计算分析题

1．解：第一季度：$500 + 700 \times 10\% - 100 = 4\,709$（台）。

第二季度：$700 + 800 \times 10\% - 700 \times 10\% = 710$（台）。

第三季度：$800 + 600 \times 10\% - 800 \times 10\% = 780$（台）。

第四季度：$600 + 1\,000 \times 10\% - 600 \times 10\% = 640$（台）。

2．解：（1）2010 年 7 月份预算的现金期末余额为：

期初现金余额：48 000（元）。

本月经营现金收入 = 本月含税销售本月收回数+收回前期应收账款

$= 300\,000 \times (1+17\%) \times 80\% + 56\,000 = 336\,800$（元）。

购货现金支出 $= 400\,000 \times 60\% \times (1+17\%) = 280\,800$（元）。

支付的其他费用 $= 15\,000$（元）。

应交消费税 $= 300\,000 \times 10\% = 30\,000$（元）。

应交增值税 $= 300\,000 \times 17\% - 400\,000 \times 60\% \times 17\% = 10\,200$（元）。

应交城建税及教育费附加 = (30 000+10 200) × 10% = 4 020（元）。

现金期末余额 = 期初现金余额+本月经营现金收入 − 本月购货数 − 支付的其他费用 − 应交税金及附加 − 预交的所得税

= 48 00 0 + 336 800 − 280 800 − 15 000 − 30 000 − 10 200 − 4 020 − 1 000 = 43 780（元）。

（2）2010 年 7 月份的预计税后利润总额为：

预计利润总额 = 本月实现销售收入 − 销售成本 − 销售税金及附加 − 其他费用

　= 300 000 − 300 000 × 70% − 30 000 − 4 020 − 15 000 − 35 000 = 5 980（元）。

预计税后利润总额 = 5 980 ×（1 − 25%）= 4 485（元）。

（3）2010 年 7 月 31 日的应收账款余额：

应收账款余额 = 300 000 ×（1+17%）× 20% = 70 200（元）。

（4）未交所得税金 = 应交税金 − 已交税金 = 5 980 × 25% − 1 000 = 495（元）。

3．解：（1）计算各季度销售收入预算数：

第一季度：600 × 3 000 = 1 800 000（元）。

第二季度：900 × 3 000 = 2 700 000（元）。

第三季度：800 × 3 000 = 2 400 000（元）。

第四季度：300 × 3 000 = 900 000（元）。

（2）计算各季度现金收入预算数：

第一季度：60 000 + 1 800 000 × 20% = 720 000（元）。

第二季度：1 800 000 × 80% + 2 700 000 × 20% = 1 980 000（元）。

第三季度：2 700 000 × 80% + 2 400 000 × 20% = 2 640 000（元）。

第四季度：2 400 000 × 80% + 900 000 × 20% = 2 100 000（元）。

（3）年末应收账款预算数 = 900 000 × 80% = 720 000（元）。

4．解：（1）100 000 × 30% + 500 000 × 20% = 130 000（元）。

（2）200 000 × 70% + 48 000 × 60%+ 56 000+ 23 000 + 21 000 + 65 000 = 333 800（元）。

（3）150 000 + 130 000 − 333 800 − 90 000 = − 143 800（元）。

（4）− 143 800 + 贷款 ≥ 12 000 元贷款 = 2 000 的倍数，向银行贷款 156 000 元。

（5）− 143 800 + 156 000 = 12 200（元）。

（七）论述题【答题要点】

优点：

（1）能克服传统定期预算的盲目性、滞后性和间断性；

（2）可以保持预算的连续性和完整性。

缺点：滚动预算采用按月滚动的方法，预算编制工作比较繁重。

（八）案例分析【答题要点】

（1）该公司 2008 年的现金预算如表 10-3 所示。

表 10-3　南方机械制造有限公司现金预算表　　　　单位：万元

季　度	一	二	三	四	全　年
期初现金余额	820	1 890	850	2 108	820
加：销货现金收入	3 600	4 000	4 398	4 997	16 995
可供使用现金	4 420	5 890	5 248	7 105	17 815
减：各项支出					
直接材料	1 600	1 800	1 600	2 000	7 000
直接人工	400	600	400	600	2 000
制造费用	190	210	220	320	940
销售及管理费用	210	290	280	380	1 160
所得税费用	130	130	130	130	520
购买设备	0	2 500	0	0	2 500
支出合计	2 530	5 530	2 630	3 430	14 120
现金多余或不足	1 890	360	2 618	3 675	3695
向银行借款		500			500
还银行借款			500		500
支付银行利息		10	10		20
期末现金余额	1 890	850	2 108	3 675	3 675

（2）现金预算又称为现金收支预算，是反映预算期企业全部现金收入和全部现金支出的预算。完整的现金预算，一般包括以下四个组成部分：①现金收入；②现金支出；③现金收支差额；④资金的筹集与运用。

现金预算实际上是其他预算有关现金收支部分的汇总，以及收支差额平衡措施的具体计划。其目的在于资金不足时筹措资金，资金多余时及时处理现金余额，并且提供现金收支的控制限额，发挥现金管理的作用。

从 2008 年的现金预算表可以看出，公司全年现金流量还是比较充裕的，除了在第二季度，公司需进行 2500 万元的技术改造导致本季度资金不足外，其他季度的现金余额均超过所需的现金储备，第三、四季度更为明显。作为财务主管，除了保证为公司第二季度顺利借入所需资金，还应考虑如何在现金多余季度进行相关投资，为公司创造更多的收益。

第十一章　财务控制

一、本章内容框架

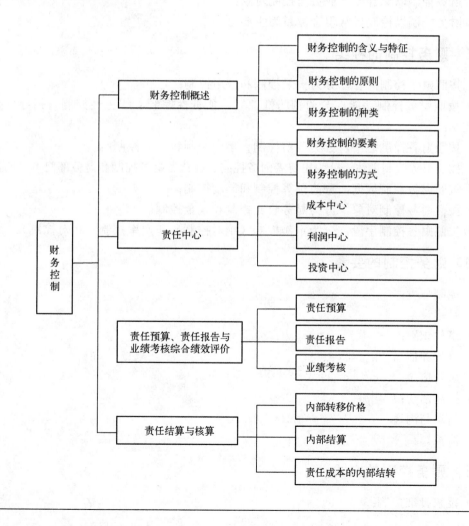

二、本章重点内容概述

（一）财务控制的含义

财务控制（Financial Control）是指按照一定的程序与方法，确保企业及其内部机构和人员全面落实和实现财务预算的过程。

（二）财务控制的特征

（1）财务控制以价值控制为手段；

（2）财务控制以综合经济业务为控制对象；

（3）财务控制以控制日常现金流量为主要内容。

（三）财务控制的种类

（1）按照财务控制内容，分为一般控制和应用控制；

（2）按照财务控制功能，分为预防性控制、侦查性控制、纠正性控制、指导性控制和补偿性控制；

（3）按照财务控制时序，分为事前控制、事中控制和事后控制；

（4）按照财务控制主体，分为出资者财务控制、经营者财务控制和财务部门本身的控制；

（5）按照财务控制依据，分为预算控制和制度控制；

（6）按照财务控制对象，分为财务收支控制和现金控制；

（7）按照财务控制手段，分为定额控制（绝对控制）和定率控制（相对控制）。

（四）财务控制的要素

（1）控制环境；

（2）目标设定；

（3）事件识别；

（4）风险评估；

（5）风险应对；

（6）控制活动；

（7）信息与沟通；

（8）监控。

（五）财务控制的方式

（1）授权批准控制；

（2）职务分离控制；

（3）全面预算控制；

（4）财产保全控制；

（5）独立检查控制；

（6）业绩评价控制等。

（六）责任中心含义与特征

责任中心（Responsibility Center）是指承担一定经济责任，并享有一定权利的企业内部（责任）单位。其特征包括：

（1）是一个责权利相结合的实体；

（2）具有承担责任的条件；

（3）责任和权利皆可控；

（4）有一定经营业务和财务收支活动；

（5）便于进行责任会计核算。

（七）成本中心

1. 成本中心的定义

成本中心是只对成本或费用负责的责任中心，包括技术性成本中心和酌量性成本中心。

2. 成本中心的特点

（1）只考评成本费用而不考评收益；

（2）只对可控成本承担责任；

（3）只对责任成本进行考核控制。

3. 成本中心的考核指标

（1）成本（费用）变动额 = 实际责任成本（费用）- 预算责任成本（费用）

（2）成本（费用）变动率 = 成本（费用）变动额/预算责任成本（费用）× 100%

（八）利润中心

1. 利润中心的含义

利润中心（Profit Center）是指既对成本负责又对收入和利润负责的责任中心，包括自然利润中心和人为利润中心两种。

2. 利润中心特点

既要对成本负责，又要对收入负责。即能同时控制生产和销售。

（九）投资中心

1. 投资中心的含义

投资中心是既对成本、收入和利润负责，又对投资效果负责的责任中心。

2. 投资中心的考核指标

（1）投资利润率＝$\dfrac{利润}{投资额}$×100%

（2）剩余收益＝利润－投资额（或净资产占用额）×预期的最低投资收益率

（十）责任预算、责任报告与业绩考核

1. 责任预算

责任预算是指以责任中心为主体，以可控成本、收入、利润和投资等为对象编制的预算。它是企业总预算的补充和具体化。

2. 责任报告

责任报告是指根据责任会计记录编制的反映责任预算实际执行情况，揭示责任预算与实际执行情况差异的内部会计报告。

3. 业绩考核

业绩考核是指以责任报告为依据，分析、评价各责任中心责任预算的实际执行情况，找出差距，查明原因，借以考核各责任中心工作成果，实施奖罚，促使各责任中心积极纠正行为偏差，完成责任预算的过程。

（十一）内部转移价格

（1）内部转移价格指企业内部各责任中心之间进行内部结算和责任结转时所采用的价格标准。

（2）内部转移价格种类：①市场价格；②协商价格；③双重价格；④成本转移价格。

（十二）内部结算

内部结算指企业各责任中心清偿因相互提供产品或劳务所发生的、按内部转移价格计算的债权、债务。按照内部结算的手段不同，可分别采取内部支票结算、转账通知单和内部货币结算等方式。

三、本章习题

（一）单项选择题

1. 责任中心的特征不包括（　　　）。

    A. 是一个责权利结合的实体   B. 不承担经济责任

    C. 责任和权利皆可控   D. 有一定的经营业务和财务收支活动

2. 下列说法不正确的是（　　　）。

　　A. 财务控制是一种价值控制

　　B. 财务控制是一种综合控制

　　C. 财务日常控制是以现金流量控制为控制内容

　　D. 财产控制以财务报告为目标

3. 下列说法中错误的是（　　　）。

　　A. 成本中心对可控的成本或费用承担责任

　　B. 利润中心既对可控的成本负责又对可控的收入和利润负责

　　C. 投资中心只对投资效果负责

　　D. 投资中心既对成本、收入和利润负责，又对投资效果负责

4. 一个责任中心，如果只对成本、收入和利润负责，该中心则是（　　　）。

　　A. 成本中心　　　　B. 投资中心　　　C. 利润中心　　　D. 费用中心

5. 下列说法中正确的是（　　　）。

　　A. 按照财务控制的内容，财务控制可分为一般控制和应用控制

　　B. 按照财务控制的依据，财务控制可分为财务收支控制和现金控制

　　C. 按照财务控制的对象，财务控制可分为定额控制和定率控制

　　D. 按照财务控制的手段，财务控制可分为预算控制和制度控制

6. （　　　）是指为了实现有利结果而采取的控制。

　　A. 侦查性控制　　　B. 预防性控制　　C. 补偿性控制　　D. 指导性控制

7. （　　　）是针对某些环节的不足或缺陷而采取的控制措施。

　　A. 指导性控制　　　B. 预防性控制　　C. 侦查性控制　　D. 补偿性控制

8. （　　　），是指企业在日常经营管理活动中按照既定的职责和程序进行的授权。

　　A. 常规性授权　　　B. 一般授权　　　C. 临时性授权　　D. 特别授权

9. 在下列各项措施中，不属于财产保护控制的是（　　　）。

　　A. 限制接触财产　　B. 业绩评价　　　C. 财产保险　　　D. 定期盘点

10. 某投资中心当年实现利润 10 000 元，投资额为 50 000 元，预期最低的投资收益率为 12%，则该中心的剩余收益为（　　　）元。

　　A. 4 000　　　　　B. 5 000　　　　　C. 1 200　　　　　D. 600

11. 下列说法错误的是（　　　）。

　　A. 对企业来说，几乎所有的成本都是可控的

　　B. 变动成本是可控的，固定成本都是不可控的

　　C. 某项成本就某一责任中心看是不可控的，而对另外的责任中心可能是可控的

　　D. 某些成本从短期看是不可控的，从较长期看可能是可控的

12. 在下列各项中，不属于可控成本基本条件的是（　　　）。

　　A. 可以预计　　　　　　　　　　　B. 可以计量

C. 可以施加影响　　　　　　　　　　D. 可以对外报告

13. 考核成本中心的成本指标是（　　　）。

    A. 期间费用　　　　B. 产品成本　　　　C. 制造成本　　　　D. 责任成本

14. 对成本中心而言，下列各项中，不属于该类中心特点的是（　　　）。

    A. 只考评成本费用　　　　　　　　B. 只对本中心的可控成本负责

    C. 不考评收益　　　　　　　　　　D. 只对直接成本进行控制

15. 能够使业绩评价与企业目标协调一致的指标是（　　　）。

    A. 投资贡献率　　　　　　　　　　B. 部门边际贡献

    C. 税前部门利润　　　　　　　　　D. 剩余收益

16. 可控成本需要具备的条件不包括（　　　）。

    A. 可以避免　　　　B. 可以预计　　　　C. 可以计量　　　　D. 可施加影响

17. 技术性成本可以通过（　　　）予以控制。

    A. 弹性预算　　　　　　　　　　　B. 零基预算

    C. 预算总额的审批　　　　　　　　D. 固定预算

18. （　　　）是否可以发生以及发生的多少是由管理人员的决策决定的。

    A. 酌量性成本　　　　B. 技术性成本　　　　C. 变动成本　　　　D. 半变动成本

19. 投入量与产出量之间没有直接联系的成本是（　　　）。

    A. 固定成本　　　　B. 预算成本　　　　C. 技术性成本　　　　D. 酌量性成本

20. 企业的各责任中心中权利最大的是（　　　）。

    A. 成本中心　　　　　　　　　　　B. 自然利润中心

    C. 人为利润中心　　　　　　　　　D. 投资中心

21. 自然利润中心的特征不包括（　　　）。

    A. 直接面向市场　　　　　　　　　B. 具有价格制定权

    C. 通常只计算可控成本　　　　　　D. 对外销售产品而取得收入

22. 某公司某部门的有关数据为：销售收入 50 000 元，已销产品的变动成本和变动销售费用 30 000 元，可控固定间接费用 2 500 元，不可控固定间接费用 3 000 元，分配来的公司管理费用 1 500 元。那么，该部门的利润中心负责人可控利润为（　　　）元。

    A. 20 000　　　　B. 17 500　　　　C. 14 500　　　　D. 10 750

23. 责任成本内部结转的实质是将责任成本按照经济损失的责任归属结转给（　　　）。

    A. 发生损失的责任中心　　　　　　B. 发现损失的责任中心

    C. 承担损失的责任中心　　　　　　D. 下游的责任中心

24. 投资利润率又称投资收益率，是指投资中心所获得的利润与投资额之间的比率，其中投资额是指（　　　）。

    A. 投资中心的资产总额　　　　　　B. 投资中心的流动资产总额

    C. 投资中心的固定资产总额　　　　D. 投资中心的净资产

25．下列关于投资中心的说法不正确的是（　　　）。

　　A．不对成本、收入和利润负责　　　　B．对投资效果负责

　　C．是最高层次的责任中心　　　　　　D．承担最大的责任

26．已知 ABC 公司加权平均的最低投资利润率 20%，其下设的甲投资中心投资额为200 万元，剩余收益为 20 万元，则该中心的投资利润率为（　　　）。

　　A．40%　　　　　B．30%　　　　C．20%　　　　D．10%

27．为考核各责任中心的责任业绩，下列不宜作为内部转移价格的是（　　　）。

　　A．标准成本　　　B．实际成本　　　C．标准变动成本　　D．标准成本加成

28．从引进市场机制、营造竞争气氛、促进客观和公平竞争的角度看，制定内部转移价格的最好依据是（　　　）。

　　A．市场价格　　　B．协商价格　　　C．双重价格　　　D．成本价格

29．在分权组织结构下，编制责任预算的程序通常是（　　　）。

　　A．自上而下、层层分解　　　　　　B．自上而下、层层汇总

　　C．由下而上、层层分解　　　　　　D．由下而上、层层汇总

30．（　　　）是企业内部各责任中心以正常的市场价格为基础，通过定期共同协商所确定的为双方所接受的价格。

　　A．市场价格　　　B．协商价格　　　C．双重价格　　　D．成本转移价格

（二）多项选择题

1．按照财务控制的对象，可将财务控制分为（　　　）。

　　A．一般控制　　　　　　　　　　　B．财务收支控制

　　C．应用控制　　　　　　　　　　　D．现金控制

2．按责任和控制范围的大小，可将各责任单位分为（　　　）。

　　A．成本中心　　　　B．利润中心　　　C．投资中心　　　D．业绩评价中心

3．以下关于责任中心的表述中，正确的是（　　　）。

　　A．任何发生成本的责任领域都可以确定为成本中心

　　B．任何可以计量利润的组织单位都可以确定为利润中心

　　C．与利润中心相比，标准成本中心仅缺少销售权

　　D．投资中心不仅能够控制生产和销售，还能控制占用的资产

4．下列描述正确的是（　　　）。

　　A．利润中心必然是成本中心　　　　　B．投资中心必然是利润中心

　　C．投资中心必然是成本中心　　　　　D．利润中心并不一定都是投资中心

5．责任成本所具有的特点是（　　　）。

　　A．计算责任成本的目的是为了控制成本

　　B．责任成本的计算范围是各责任中心的可控成本

C. 责任成本的计算对象是各责任中心

D. 共同费用的分摊原则是谁受益谁分担

6. 计算责任成本时，制造费用要分析消耗与责任中心的关系，采用下列办法处理（   ）。

A. 直接计入某责任中心
B. 按责任基础分配

C. 按受益基础分配
D. 列作不可控费用不进行分摊

7. 下列各项中，属于揭示自然利润中心特征的表述包括（   ）。

A. 直接面对市场
B. 具有部分生产经营决策权

C. 通常只计算可控成本
D. 对外销售产品而取得收入

8. 关于人为利润中心的说法，正确的是（   ）。

A. 该中心可以向其他责任中心提供产品
B. 该中心可以取得对外销售收入

C. 能确定合理的内部转移价格
D. 具有投资决策权

9. 投资中心具备的特征有（   ）。

A. 拥有投资决策权
B. 处于责任中心的最高层次

C. 承担最大的责任
D. 一般都是独立法人

10. 影响剩余收益的因素有（   ）。

A. 营业现金流量
B. 部门边际贡献

C. 部门资产
D. 资金成本

11. 甲利润中心常年向乙利润中心提供劳务，在其他条件不变的情况下，如果提高劳务的内部转移价格，可能出现的结果有（   ）。

A. 甲利润中心内部利润增加
B. 乙利润中心内部利润减少

C. 企业利润总额增加
D. 企业利润总额不变

12. 下列关于责任报告和责任预算的说法不正确的是（   ）。

A. 责任预算是自下而上逐级编制的

B. 责任报告是自下而上逐级编报的，随着责任中心的层次由低到高，其报告的详略程度从简单到复杂

C. 分权组织结构适合按照由下而上，层层汇总的程序编制责任预算

D. 按照自上而下，层层分解的程序编制责任预算，便于统一指挥和调度

（三）判断题

1. 职责分工控制要求企业根据职责分工，明确各部门、各岗位办理经济业务与事项的权限范围、审批程序和相应责任等内容。（   ）

2. 控制环境是指对财务控制的建立和实施有重大影响的各种外部环境因素。（   ）

3. 不相容职务包括：授权批准、业务经办、会计记录、财产保管、稽核检查等。（   ）

4. 企业在确定授权控制过程中，应充分考虑不相容职务相互分离的制衡要求。（   ）

5. 财务控制是内部控制核心，是内部控制在现金方面的体现。（   ）

6．按照财务控制的时序，财务控制分为事前控制和事中控制。（　　）

7．责任中心是指承担一定的经济责任的企业内部单位。（　　）

8．只要有成本发生，需要对成本负责，并实施成本控制的单位，都可以称为成本中心。（　　）

9．投资中心是只需对投资效果负责。（　　）

10．利润中心是指既对成本负责又对收入和利润负责的责任中心，它有独立或相对独立的收入和生产经营决策权。（　　）

11．利润中心在考核利润时需要考虑所占用的资产。（　　）

12．投资中心必然是利润中心，但利润中心并不都是投资中心。（　　）

13．投资利润率等于资本周转率×销售成本率×成本费用利润率。（　　）

14．某项成本就某一责任中心是不可控的，对另一个责任中心可能是可控的。（　　）

15．责任报告都是自上而下依次编制的。（　　）

16．最高层次责任中心的责任报告应当最详细。（　　）

17．为了划定各责任中心的成本责任，使不应承担损失的责任中心在经济上得到合理补偿，必须进行责任转账。（　　）

18．内部结算是各责任中心清偿因相互提供产品或劳务所发生的、按内部转移价格计算的债权、债务。按照结算的手段不同，可采取内部支票结算或转账通知单方式。（　　）

（四）名词解释

1．财务控制　　2．责任中心　　3．成本中心　　4．责任预算　　5．内部结算

（五）简答题

1．什么是财务控制？财务控制有哪些特征？

2．财务控制的方式有哪些？

3．财务控制的要素有哪些？

4．什么是责任中心？责任中心有哪些特征？

5．成本中心与利润中心有什么不同？

（六）计算分析题

1．某公司第一车间为成本中心，生产甲产品，预算产量 10 万件，预算单位成本 82 元；实际产量 9.5 万件，单位成本 80 元。要求：

（1）计算甲产品预算责任成本；

（2）计算甲产品的成本变动额及成本变动率。

2．宏达公司的 A 部门为利润中心，本期实现内部销售收入 600 万元，销售变动成本为 330 万元，利润中心负责人可控固定成本 120 万元，利润中心负责人不可控而应由该中心负

担的固定成本 60 万元。要求：

（1）计算该利润中心的边际贡献总额；

（2）计算该利润中心负责人可控利润总额；

（3）计算该利润中心可控利润总额。

3．某公司下设三个投资中心，有关资料如表 11-1 所示。

表 11-1　投资中心相关财务指标值　　　　　单位：万元

投资中心 指标	甲投资中心	乙投资中心	丙投资中心	总公司
净利润	230	280	210	720
净资产平均占用额	1 900	2 400	1 700	6 000
规定的最低投资报酬率	9%	9%	9%	

要求：

（1）计算各投资中心及总公司的投资利润率，并据此评价各投资中心的业绩；

（2）计算各投资中心及总公司的剩余收益，并据此评价各投资中心的业绩；

（3）综合评价各投资中心的业绩。

（七）论述题

投资报酬率和剩余收益的优缺点是什么？

（八）案例分析

"中航油"事件中的财务控制问题

【案情介绍】

中国航空油料是一个高度垄断的市场，中国航油集团唯一的一家海外公司——中国航油（新加坡）股份有限公司（以下简称中航油）在这个市场中占有重要的地位，采购量每年大约占中航集团总采购量的 1/3 左右，几乎占据了中国内地航油供应的全部市场，同时享有独家进口权。该公司自 1997 年以来，凭借对进口航油市场的实质性垄断，净资产由 16.8 万美元增加至 2003 年的 1.48 亿美元，6 年增长 762 倍，成为股市上的明星，其总裁陈久霖也被《世界经济论坛》评为"亚洲经济新领袖"。但 2004 年 12 月 1 日，中航油"炒油"却上演了让人心惊肉跳的"滑铁卢"，因投机性石油衍生品交易导致的损失达 5.54 亿美元（合人民币 45 亿元），几乎相当于其全部市值。

事实上，中航油有一个完善的风险控制体系，公司开始进入石油期货市场时就聘请当时"五大"之一的永安会计师事务所制定了《风险管理手册》，公司内部专门设有由七人组成的风险管理委员会及软件监控系统。根据公司内部规定，损失 20 万美元以上的交易，都要提交给公司的风险管理委员会评估；而累计损失超过 35 万美元的交易，必须得到总裁的同意才能继续；而任何将导致 50 万美元以上损失的交易，将自动平仓。据统计，按照中航油的风险控制体系的内部规定，最终的亏损额报告够 250 次，斩仓够 110 次，最终所有这些斩仓都没完成。相关人士认为，一直没有执行斩仓有如下三个原因，其一，投机衍生品是公司熟悉的业务，虽然陈久霖并不是很精通它，但它像海潮一样有涨也有落的道理陈久霖是知道的；其二，公司的国际咨询机构高盛和日本三井一致认为斩仓并不可取，挪盘是唯一的也是最佳的措施；其三，交易员和风险管理委员会自始至终在隐瞒着亏损的数额。巨大的亏损导致 2004 年 12 月中航油向新加坡法院申请破产保护。

2008 年 6 月 28 日财政部、证监会、审计署、银监会、保监会联合发布了我国第一部《企业内部控制基本规范》将于 2009 年 7 月 1 日起首先在上市公司范围内施行。

【思考与讨论】

（1）财务控制的要素包括哪些内容？

（2）中航油财务控制失败的原因是什么？中航油事件有什么启示？

（资料来源：马慧敏.跨国企业集团的财务风险及其预警治理：由"中航油事件"引起的思考.武汉理工大学学报，2005（3）.）

四、答案及解析

（一）单项选择题

1．B，【解析】责任中心特征：（1）责权利结合；（2）承担经济责任；（3）责任和权利皆可控；（4）具有相对独立经营业务和财务收支；（5）便于责任会计核算。

2．D，【解析】财务控制以财务预算为目标。

3．C，【解析】投资中心不仅对投资效果负责，还对成本、收入和利润负责。

4．C，【解析】利润中心指既对成本负责，又对收入和利润负责的区域。

5．A，【解析】按照财务控制的内容，财务控制可分为一般控制和应用控制。

6．D，【解析】指导性控制为了实现有利结果而采取。

7．D，【解析】补偿性控制是针对某些环节的不足或缺陷而采取的控制措施。

8．A，【解析】常规性授权是指企业在日常经营管理活动中按照既定的职责和程序进行的授权。临时性授权，是指企业在特殊情况、特定条件下进行的应急性授权。

9．B，【解析】财产保护控制包括：限制未经授权者对财产直接接触，采取财产记录、实物保管、定期盘点、账实核对、财产保险等措施，确保财产安全。

10．A，【解析】$10\ 000 - 50\ 000 \times 12\% = 4\ 000$。

11．B，【解析】对生产基层单位来说，大多数变动成本是可控的，固定成本大多是不可控成本。但从整个企业的空间范围和很长时间来看，所有成本都是可控的。

12．D，【解析】责任成本主要用于企业内部控制，不需要满足对外报告的要求。

13．D，【解析】成本中心只对责任成本进行考核和控制。

14．D，【解析】成本中心只对可控成本承担责任，直接成本并不一定全是可控成本。

15．D，【解析】剩余收益能够使业绩评价与企业目标协调一致，并引导部门经理采纳高于企业资本成本的决策。

16．A，【解析】可控制成本具备四个条件：可以预计、计量、施加影响、落实责任。

17．A，【解析】技术性成本通过弹性预算予以控制，酌量性成本着重于预算总额的审批。

18．A，【解析】技术性成本指发生的数额通过技术分析可以相对可靠地估算出来的成本。酌量性成本是否发生，以及发生数额的多少是由管理人员的决策所决定的。

19．D，【解析】酌量性成本是为企业提供一定的专业服务，一般不能直接产生可以用货币计量的成果，投入量与产出量之间没有直接联系。

20．D，【解析】投资中心是既对成本、收入和利润负责，又对投资效果负责的责任中心。

21．C，【解析】自然利润中心是指可以直接对外销售产品并取得收入的利润中心，具有产品销售权、价格制定权、材料采购权和生产决策权。自然利润中心适合采用不仅计算可控成本，也计算不可控成本的成本计算方法，因此选项C错误。

22．B，【解析】50 000-30 000-2 500 = 17 500

23．C，【解析】内部结转指在生产经营过程中，对于因不同原因造成的各种经济损失，由承担损失的责任中心对实际发生或发现损失的责任中心进行损失赔偿的账务处理过程。

24．D，【解析】投资利润率中投资额是指投资中心的净资产。

25．A，【解析】投资中心是既对成本、收入和利润负责，又对投资效果负责，是最高层次的责任中心，它拥有最大的决策权，也承担最大的责任。

26．B，【解析】剩余收益 = 利润 － 投资额 × 预期的最低投资利润率 = 投资额 × （投资利润率 － 预期的最低投资利润率）；所以：20 = 200 × （投资利润率 － 20%），投资利润率 = 30%。

27．B，【解析】成本转移价格有三种：标准成本、标准成本加成、标准变动成本。

28．A，【解析】通常市价意味着客观公平，意味着在企业内部引进市场机制、营造竞争气氛。

29．D，【解析】在分权组织结构下，编制责任预算的程序通常是由下而上、层层汇总。

30．B，【解析】协商价格是企业内部各责任中心以正常的市场价格为基础，通过定期共同协商所确定的为双方所接受的价格。

（二）多项选择题

1．BD，【解析】按照财务控制的对象，可将财务控制分为财务收支控制和现金控制。

2．ABC，【解析】按责任和控制范围，责任单位分为成本中心、利润中心和投资中心。

3．AD，【解析】任何发生成本的责任领域都可以确定为成本中心；只有当管理者有权对其供货的来源和产品的市场进行选择，且可以计量利润的组织才可以确定为利润中心。与利润中心相比，标准成本中心的管理人员者不仅缺少销售权，而且对产品的品种和数量也无权决策。投资中心不仅能控制生产和销售，还能控制占用的资产（即具有投资决策权）。

4．ABCD，【解析】成本中心是最低层次的责任中心。投资中心是最高层次的利润中心，其控制的范围包含了较低层次的控制内容。

5．ABC，【解析】责任成本法按可控原则把成本归属于不同责任中心，实行谁能控制谁负责的原则。

6．ABCD，【解析】制造费用的归属处理：①可以直接判别责任归属的，直接列入应负责的成本中心；②对不能直接归属于个别责任中心的费用，优先采用责任基础分配；③按受益基础分配，有些费用不是专门属于某个责任中心的，但与各中心的受益多少有关，可按受益基础分配；④归入某一个特定的责任中心，有些费用既不能用责任基础分配，也不能按受益基础分配，则考虑有无可能将其归属于一个特定的责任中心；⑤不能归属于任何责任中心的固定成本不进行分摊，可暂时不加控制，作为不可控费用。

7．AD，【解析】自然利润中心一般具有独立的生产经营决策权，直接面对市场取得收入，可以只计算可控成本，也可以计算全部的成本。

8．AC，【解析】人为利润中心只对内部责任单位提供产品或劳务而取得内部销售收入，一般不直接对外销售产品，利润中心没有投资决策权。

9．ABCD，【解析】投资中心是指某些分散经营的单位或部门，是最高层次的责任中心，一般都是法人。其权力制定价格、产品和生产方式决策、投资规模和投资类型决策等。

10．BCD，【解析】剩余收益＝部门边际贡献－部门资产×资金成本。

11．ABD，【解析】内部转移价格的变动会引起企业内部相关利润中心的利润此增彼减，但不会影响企业利润总额。

12．AB，【解析】责任预算也可以按照自上而下、层层分解的程序编制，A 错误；责任报告是自下而上逐级编报的，随责任中心的层次由低到高，详略程度从详细到总括，B 错误。

（三）判断题

1．×，【解析】职责分工控制要求合理设置职能部门和工作岗位，明确各部门、各岗位职责权限，各司其职、各负其责、便于考核、相互制约。

2．×，【解析】控制环境是指对财务控制的建立和实施有重大影响的内外环境。

3．√，【解析】不相容职务包括：授权批准、业务经办、会计记录、财产保管、稽核检查。

4．×，【解析】企业在确定职责分工时，应充分考虑不相容职务相互分离的制衡要求。

5．×，【解析】财务控制是内部控制的一个重要组成部分，是内部控制的核心，是内部控制在资金和价值方面的体现。

6．×，【解析】还包括事后控制。

7．×，【解析】责任中心是承担一定的经济责任，并享有一定权利和利益的内部单位。

8．√，【解析】成本中心的应用范围最广，企业内部凡有成本费用发生，需要对成本负责，并能实施成本控制的单位，都可以称为成本中心。

9．×，【解析】投资中心是既对成本、收入和利润负责，又对投资效果负责的中心。

10．√，【解析】利润中心是既对成本负责又对收入和利润负责的责任中心，它有独立或相对独立的收入和生产经营决策权。

11．×，【解析】利润中心在考核利润时不考虑所占用的资产。计算投资利润率和剩余收益时要考虑所占用的资产，二者是投资中心的考核指标，不是利润中心的考核指标。

12．√，【解析】投资中心必然是利润中心，但利润中心并不都是投资中心。利润中心没有投资决策权，而且在考核利润时也不考虑所占用的资产。

13．√，【解析】投资利润率＝利润/投资额×100%＝(销售收入/投资额)×(成本费用/销售收入)×(利润/成本费用)＝资本周转率×销售成本率×成本费用利润率

14．√，【解析】如产品试制费，从产品生产部门看是不可控的，而对研发部门是可控的。

15．×，【解析】责任报告是自下而上逐级编报的，随着责任中心的层次由低到高，其报告的详略程度也由详细到总括。

16．×，【解析】最低层次责任中心的责任报告应当最详细，随着层次的升高，责任报告的内容应以更为概括的形式来表现。

17．√，【解析】责任转账的目的是为了划清各责任中心的成本责任，使不应承担损失的责任中心在经济上得到合理补偿。

18．×，【解析】按照结算的手段不同，内部结算可分别采取内部支票结算、转账通知单和内部货币结算等方式。

（四）名词解释（略）

（五）简答题（略）

（六）计算分析题

1．解：

（1）预算责任成本＝预算单位成本×实际产量＝82×9.5＝779（万元）。

（2）成本变动额＝实际责任成本－预算责任成本＝80×9.5－779＝－19（万元）。

成本变动率＝成本变动额/预算责任成本×100%＝－19/779×100%＝－2.44%。

2．解：

（1）边际贡献总额＝该中心收入总额－该中心变动成本总额＝600－330＝270（万元）。

（2）负责人可控利润总额 = 该中心边际贡献总额 - 该中心负责人可控固定成本

$$= 270 - 120 = 150（万元）$$

（3）可控利润总额 = 该中心负责人可控利润总额 - 该中心负责人不可控固定成本

$$= 150 - 60 = 90（万元）$$

3．解：

（1）投资利润率 = 利润/投资额 × 100%。

甲中心的投资利润率 = 230/1 900 × 100% = 12.11%。

乙中心的投资利润率 = 280/2 400 × 100% = 11.67%。

丙中心的投资利润率 = 210/1 700 × 100% = 12.35%。

总公司的投资利润率 = 利润/投资额 × 100% = 720/6 000 × 100% = 12%。

评价：丙中心业绩最优，甲中心业绩较优，乙中心业绩最差。

（2）剩余收益。

甲中心的剩余收益 = 230 - 1 900 × 9% = 59（万元）。

乙中心的剩余收益 = 280 - 2 400 × 9% = 64（万元）。

丙中心的剩余收益 = 210 - 1 700 × 9% = 57（万元）。

总公司的剩余收益 = 720 - 6 000 × 9% = 180（万元）。

评价：乙中心业绩最优，甲中心业绩较差，丙中心业绩最差。

（3）综合评价。由于以投资利润率作为评价标准存在很多局限性，而采用剩余收益为评价标准可以克服投资利润率的某些缺陷，所以，当投资利润率的决策结果和剩余收益的决策结果不一致时应当以剩余收益的决策结果为准，因此，总的来说，乙中心业绩最优，甲中心业绩较差，丙中心业绩最差。

（七）论述题【答题要点】

答：（1）投资利润率

优点：①能反映投资中心的综合获利能力；②具有横向可比性；③可以作为选择投资机会的依据，有利于调整资产的存量，优化资源配置；④以投资利润率作为评价投资中心经营业绩的尺度，可以正确引导投资中心的经营管理行为，使其行为长期化。

缺点：①使用投资利润率往往会使投资中心只顾本身利益而放弃对整个企业有利的投资机会，造成投资中心的近期目标与整个企业的长远目标相背离；②存在通货膨胀，使计算的投资利润率无法揭示投资中心的实际经营能力；③投资利润率的计算与资本支出预算所用的现金流量分析方法不一致，不便于投资项目建成投产后与原定目标的比较；④从控制角度看，由于一些共同费用无法为投资中心所控制，投资利润率的计量不全是投资中心所能控制的。

（2）剩余收益

优点：①能够反映投入产出的关系，克服了投资利润率指标的局限性；②能避免本位主义，使个别投资中心的利益与整个企业的利益统一起来；③可以使业绩评价与企业目标协调一致，克服了由于使用比率来衡量部门业绩带来的次优化问题。

缺点：是绝对数指标，通常不能用于不同规模投资中心的横向比较。

（八）案例分析【答题要点】

（1）财务控制的基本要素：控制环境、目标设定、事件识别、风险评估、风险应对、控制活动、信息与沟通、监控。

（2）财务控制失败的原因有以下几点。

① 公司内部治理结构存在不合理现象，内部监管和审查机制都没有发挥应有的作用。

② 中航油管理层风险意识淡薄，严重越权违规操作，个人权力压倒制度，使得设计完善的风险控制制度形同虚设。尤其是陈久霖的个人权力没有得到有效制约，凌驾于公司内部监督及风险内控制度之上，在公司治理结构上按公司规章的规定，如全公司交易亏损额超过500万美元，应通知公司高级管理层并停止交易。此事件中亏损额已等于公司净资产值的3倍以上，却未按规定及时上报和纠正。

③ 信息透明度较低。良好的公司治理与信息披露制度应密切相联。但中航油违规操作并形成巨额亏损在长达一年多的时间内投资人竟一无所知，严重地侵犯了投资人的知情权，也导致公司的命运掌握在个别人手中并被葬送。

④ 激励制度存在缺陷。中航油规定：每年将10％盈利奖励给老总；2003年，陈久霖的薪酬达到了2 300万人民币。看来这种极为不对称的奖励制度起到了鼓励老总冒险的作用。

由中航油事件可以看出，财务控制仅靠完善的制度是不能实现控制目标的，财务控制是内部控制的一个重要环节，财务控制要以消除隐患、防范风险、规范经营、提高效率为宗旨，建立全方位的财务控制体系和多元的财务监控措施。

全方位的财务控制，是指财务控制必须渗透到企业的法人治理结构与组织管理的各个层次、生产业务全过程、各个经营环境，覆盖企业所有的部门、岗位和员工。

多元化的财务监控措施，是指既有事后的监控措施，更有事前、事中的监控手段、策略；既有约束手段，也有激励的安排；既有财务上资金流量、存量预算指标的设定、会计报告反馈信息的跟踪，也有人事委派、生产经营一体化、转移价格、资金融通的策略。

第十二章　财务分析与综合绩效评价

一、本章内容框架

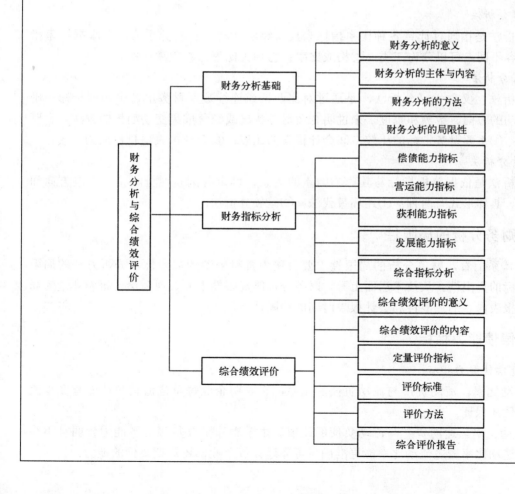

二、本章重点内容概述

（一）财务分析的含义

财务分析是指以企业财务报告及其他相关资料为主要依据，运用科学合理的方法与程序，对企业的财务状况和经营成果进行分析与评价。

（二）财务分析的主体与内容

财务分析主体包括企业所有者、债权人、经营管理者和政府相关部门等。

财务分析内容包括偿债能力、营运能力、获利能力、发展能力及财务综合分析。

（三）财务分析的方法

1. 比率分析法

比率分析法是指通过计算各种比率指标来反映经济活动变化的分析方法。根据比率指标反映的内容不同，可以分为三类：①构成比率；②相关比率；③效率比率。

2. 趋势分析法

趋势分析法，又称水平分析法，是通过对比两期或连续数期财务报告中相同指标，确定其增减变动的方向、数额和幅度，来说明企业财务状况或经营成果变动趋势的方法。主要有以下三种：①重要财务指标的比较；②会计报表的比较；③会计报表项目构成的比较。

3. 因素分析法

因素分析法是依据分析指标与其影响因素的关系，确定各因素对分析指标影响方向和程度的方法。具体形式有两种：①连环替代法；②差额分析法。

（四）财务分析的局限性

从整个体系上看，财务分析的局限性主要表现为资料来源的局限性、分析方法的局限性和分析指标的局限性。从技术层面上看，财务分析的局限性主要表现为会计报表计量的局限性、会计报表内容的局限性和会计报表时间的局限性。

（五）偿债能力指标

1. 短期偿债能力指标

（1）流动比率。流动资产与流动负债的比率，它表明企业每单位流动负债能有多少流动资产作为偿还保证。

（2）速动比率。速动资产与流动负债的比值。由于剔除了存货等变现能力较弱且不稳定的资产，速动比率较之流动比率能更准确、可靠地评价企业偿还短期负债的能力。

（3）现金流动负债比率。一定时期经营现金净流量同流动负债的比率，从现金流量角度来反映企业当期偿付短期负债的能力。

2. 长期偿债能力指标

（1）资产负债率。负债总额对资产总额的比率，表明企业资产总额中，债权人提供资金所占的比重，以及企业资产对债权人权益的保障程度。

（2）产权比率。负债总额与所有者权益的比率，反映所有者权益对债权人权益的保障程度。

（3）已获利息倍数。一定时期息税前利润与利息支出的比率，反映获利对债务利息的保证程度。

（六）营运能力指标

1. 应收账款周转率

一定时期内营业收入与平均应收账款余额的比率，反映应收账款周转速度。

2. 存货周转率

一定时期营业成本与平均存货余额的比率，反映存货营运效率。

3. 流动资产周转率

一定时期营业收入与平均流动资产总额的比率。

4. 固定资产周转率

一定时期营业收入与平均固定资产净值的比率。

5. 总资产周转率

一定时期营业收入与平均资产总额的比率。

（七）获利能力指标

1. 营业利润率

一定时期营业利润与营业收入的比率。

2. 成本费用利润率

一定时期利润总额与成本费用总额的比率。

3. 盈余现金保障倍数

一定时期经营现金净流量与净利润的比值，反映了企业当期净利润中现金收益的保障程度。

4. 总资产报酬率

一定时期内获得的报酬总额与平均资产总额的比率。

5. 净资产收益率

一定时期净利润与平均净资产比率，反映自有资金投资收益水平的指标，是企业获利能力指标的核心。

6. 资本收益率

一定时期净利润与平均资本（即资本性投入及其资本溢价）的比率，反映企业实际获得投资额的回报水平。

（八）发展能力指标

1. 营业收入增长率

本年营业收入增长额与上年营业收入的比率。

2. 资本保值增值率

扣除客观因素后本年末所有者权益与年初所有者权益的比率。

3. 资本积累率

本年所有者权益增长额与年初所有者权益的比率，反映当年资本的积累能力，用于评价企业发展潜力。

4. 总资产增长率

本年总资产增长额与年初资产总额的比率。

5. 营业利润增长率

本年营业利润增长额与上年营业利润总额的比率。

6. 技术投入比率

本年科技支出（包括用于研究开发、技术改造、科技创新等方面的支出）与本年营业收入的比率，反映企业科技进步方面的投入，体现企业的发展潜力。

7. 营业收入三年平均增长率

表明营业收入近三年增长情况。其计算公式为：

$$营业收入三年平均增长率 = \left(\sqrt[3]{\frac{本年营业收入总额}{三年前营业收入总额}} - 1 \right) \times 100\%$$

8. 资本三年平均增长率

表示企业资本连续三年的积累情况。其计算公式为：

$$资本三年平均增长率 = \left(\sqrt[3]{\frac{本年末所有者权益总额}{三年前年末所有者权益总额}} - 1 \right) \times 100\%$$

（九）综合指标分析

1. 综合指标分析的含义

综合指标分析是将偿债能力、营运能力、获利能力和发展能力指标等纳入一个有机整体之中，全面对企业经营状况、财务状况进行分析。主要方法有杜邦财务分析体系。

2. 杜邦财务分析方法

杜邦财务分析体系是利用各财务指标间的内在关系，以净资产收益率为核心，将其分解为若干指标，通过分析各指标变动对净资产收益率的影响来揭示企业获利能力及其变动原因。因其由美国杜邦公司创立而得名，该体系各主要指标之间的关系如下：

$$\frac{净资产}{收益率} = \frac{总资产}{净利率} \times \frac{权益}{乘数} = \frac{营业}{净利率} \times \frac{总资产}{周转率} \times \frac{权益}{乘数}$$

式中：

$$营业净利率 = \frac{净利润}{营业收入}$$

$$总资产周转率 = \frac{营业收入}{资产总额}$$

$$权益乘数 = \frac{资产总额}{所有者权益总额} = \frac{1}{1 - 资产负债率}$$

3．杜邦财务分析评价

通过杜邦体系自上而下地分析，不仅可以揭示出企业各项财务指标间的结构关系，查明各项主要指标变动的影响因素，而且为优化理财决策，提高经营效益提供依据。

（十）综合绩效评价

1．综合绩效评价的意义

综合绩效评价，是指运用统计学和运筹学方法，建立定量与定性分析相结合的评价体系，对获利能力、资产质量、债务风险及经营增长等经营综合绩效进行的综合评价。

2．综合绩效评价的内容

（1）财务综合绩效定量评价。财务综合绩效定量评价是指对获利能力、资产质量、债务风险和经营增长等进行评价（见表12-1）。

表 12-1　财务绩效定量评价指标体系

评价指标类别	财务绩效定量评价指标	
	基本指标	修正指标
一、获利能力状况	净资产收益率 总资产报酬率	销售（营业）利润率 盈余现金保障倍数 成本费用利润率 资本收益率
二、资产质量状况	总资产周转率 应收账款周转率	不良资产比率 流动资产周转率 资产现金回收率
三、债务风险状况	资产负债率 已获利息倍数	速动比率 现金流动负债比率 带息负债比率 或有负债比率
四、经营增长状况	销售（营业）增长率 资本保值增值率	销售（营业）利润增长率 总资产增长率 技术投入比率

（2）管理综合绩效定性评价。管理综合绩效定性评价是指在企业财务综合绩效定量评价的基础上，通过采取专家评议的方式，对企业一定期间的战略管理、发展创新、经营决策、风险控制、基础管理、人力资源、社会贡献等方面进行定性分析和综合评价。

三、本章习题

（一）单项选择题

1. 下列指标中，属于效率比率的是（　　）。
   - A. 流动比率
   - B. 资本利润率
   - C. 资产负债率
   - D. 流动资产占全部资产的比重

2. 产权比率与权益乘数的关系是（　　）。
   - A. 产权比率 × 权益乘数 = 1
   - B. 权益乘数 = 1/(1 - 产权比率)
   - C. 权益乘数 = (1 + 产权比率)/产权比率
   - D. 权益乘数 = 1 + 产权比率

3. 在下列财务分析主体中，必须高度关注企业资本保值和增值状况的是（　　）。
   - A. 短期投资者
   - B. 企业债权人
   - C. 企业所有者
   - D. 税务机关

4. 如果企业的短期偿债能力很强，则货币资金及变现能力强的流动资产数额与流动负债的数额（　　）。
   - A. 基本一致
   - B. 前者大于后者
   - C. 前者小于后者
   - D. 两者无关

5. 假设业务发生前速动比率大于1，偿还应付账款若干，将会（　　）。
   - A. 增大流动比率，不影响速动比率
   - B. 增大速动比率，不影响流动比率
   - C. 增大流动比率，也增大速动比率
   - D. 降低流动比率，也降低速动比率

6. 如果企业的应收账款周转率高，则下列说法不正确的是（　　）。
   - A. 收账费用少
   - B. 短期偿债能力强
   - C. 收账迅速
   - D. 坏账损失率高

7. 下列可以预测企业未来财务状况的分析方法是（　　）。
   - A. 水平分析
   - B. 发展能力分析
   - C. 趋势分析
   - D. 比率分析

8. 将积压的存货若干转为损失，将会（　　）。
   - A. 降低速动比率
   - B. 增加营运资金
   - C. 降低流动比率
   - D. 降低流动比率，也降低速动比率

9. 财务分析的主要依据是（　　）。
   - A. 财务报表
   - B. 财务报告及其他相关资料
   - C. 财务活动
   - D. 财务效率

10. 流动资产变现能力的重要标志是（　　）。

A．长期偿债能力　　　　　　　　B．产权比率

　　　C．应收账款周转率　　　　　　　D．短期偿债能力

11．某企业流动比率为120％，假设再赊购一批材料，则其流动比率将会（　　）。

　　　A．提高　　　　　B．降低　　　　C．不变　　　　D．不能确定

12．杜邦财务分析体系不涉及（　　）。

　　　A．盈利能力　　　B．偿债能力　　C．营运能力　　D．发展能力

13．资本收益率是企业一定时期净利润与（　　）的比率，反映实际获得投资额的回报水平。

　　　A．平均净资产　　B．平均资本　　C．平均资产　　D．平均固定资产

14．甲企业2010年营业收入净额为12 000万元，流动资产平均余额为2 000万元，固定资产平均余额为3 000万元。假设没有其他资产，该企业2010年总资产周转率为（　　）次。

　　　A．4　　　　　　B．6　　　　　　C．3　　　　　　D．2.4

15．下列关于总资产周转率的说法不正确的是（　　）。

　　　A．总资产周转率是企业一定时期营业收入与平均资产总额的比重

　　　B．总资产周转率越高，说明资产的使用和管理效率越高

　　　C．在销售收入既定的前提下，总资产周转率的驱动因素是各项资产

　　　D．可以反映偿债能力

16．可提供企业变现能力信息的会计报表是（　　）。

　　　A．现金流量表　　B．利润分配表　　C．资产负债表　　D．所有者权益变动表

17．必须对企业营运能力、偿债能力、盈利能力及发展能力等全部财务信息予以详尽了解和掌握的是（　　）。

　　　A．短期投资者　　B．企业债权人　　C．企业经营者　　D．税务机关

18．如果流动负债小于流动资产，则期末以现金偿付一笔短期借款所导致的结果是（　　）。

　　　A．营运资金减少　　　　　　　　B．营运资金增加

　　　C．流动比率降低　　　　　　　　D．流动比率提高

19．下列各项中，可能导致企业资产负债率变化的经济业务是（　　）。

　　　A．收回应收账款　　　　　　　　B．用现金购买债券

　　　C．接受所有者投资转入的固定资产　D．以固定资产对外投资（按账面价值作价）

20．下列不属于财务分析的方法是（　　）。

　　　A．差异分析法　　B．比率分析法　　C．因素分析法　　D．趋势分析法

21．在下列各项指标中，其算式的分子、分母均使用本年数据的是（　　）。

　　　A．资本保值增值率　　　　　　　B．技术投入比率

　　　C．总资产增长率　　　　　　　　D．资本积累率

22．一般来说，下列指标越低越好的是（　　）。

A．产权比率　　　　B．已获利息倍数　　　C．速动比率　　　D．资本积累率

23．如果企业速动比率很小，下列结论成立的是（　　）。

A．企业流动资产占用过多　　　　　　　B．企业短期偿债能力很强

C．企业短期偿债风险很大　　　　　　　D．企业资产流动性很强

24．下列指标属于企业长期偿债能力衡量指标的是（　　）。

A．固定资产周转率　　　　　　　　　　B．速动比率

C．已获利息倍数　　　　　　　　　　　D．总资产周转率

25．下列指标属于时点指标的有（　　）。

A．净资产收益率　　　　　　　　　　　B．主营业务净利率

C．总资产周转率　　　　　　　　　　　D．资产负债率

26．在杜邦分析体系中，假设其他情况相同，下列说法中错误的是（　　）。

A．权益乘数大则财务风险大　　　　　　B．权益乘数大则净资产收益率大

C．权益乘数等于产权比率加1　　　　　 D．权益乘数大则资产净利率大

27．用于评价企业盈利能力的总资产报酬率指标中的"报酬"是指（　　）。

A．息税前利润　　　B．营业利润　　　　C．利润总额　　　D．净利润

28．企业大量增加速动资产可能导致的结果是（　　）。

A．减少资金的机会成本　　　　　　　　B．增加资金的机会成本

C．增加财务风险　　　　　　　　　　　D．提高流动资产的收益率

29．流动比率小于1时，赊购原材料若干，将会（　　）。

A．增大流动比率　　　　　　　　　　　B．降低流动比率

C．减少营运资金　　　　　　　　　　　D．增加营运资金

30．既是企业盈利能力指标的核心，又是整体财务指标体系的指标是（　　）。

A．资本保值增值率　　　　　　　　　　B．总资产报酬率

C．营业净利率　　　　　　　　　　　　D．净资产收益率

31．反映部分与总体关系的比率为（　　）。

A．相关比率　　　　B．效率比率　　　　C．构成比率　　　D．互斥比率

32．资产营运能力的强弱关键取决于（　　）。

A．周转速度　　　　B．现金流量　　　　C．资产总额　　　D．劳动生产率

33．资本保值增值率、资本积累率、总资产增长率和营业利润增长率均反映企业的发展能力，其中分子没有反映增量的是（　　）。

A．资本积累率　　　　　　　　　　　　B．资本保值增值率

C．总资产增长率　　　　　　　　　　　D．营业利润增长率

34．短期债权人进行财务分析时，着重揭示（　　）。

A．营运能力　　　　B．偿债能力　　　　C．获利能力　　　D．资产变现能力

35．管理绩效定性评价，通过采取专家评议的方式，对企业一定时期的经营管理水

进行定性和综合评价，以下属于评议指标的是（　　　）。

    A．盈利能力状况　　　　　　　　　　B．风险控制

    C．债务风险状况　　　　　　　　　　D．资产质量状况

（二）多项选择题

1. 对资产负债率的正确评价有（　　　）。

    A．从债权人角度来看，负债比率越大越好

    B．从债权人角度来看，负债比率越小越好

    C．从股东角度看，负债比率越高越好

    D．从股东角度看，当全部资本利润率高于债务利率时，负债比率越高越好

2. 影响资本保值增值率的因素有（　　　）。

    A．负债额的增减　　　　　　　　　　B．固定资产的增减

    C．资金结构的变动　　　　　　　　　D．经营盈亏

3. 衡量企业获利能力高低的一般标志是（　　　）。

    A．利润水平高低　　　　　　　　　　B．工资额的多少

    C．利润的变动趋势　　　　　　　　　D．经营盈亏

4. 营运能力分析的指标包括（　　　）。

    A．存货周转率　　　　　　　　　　　B．销售利润率

    C．应收账款周转率　　　　　　　　　D．总资产报酬率

5. 企业对社会贡献的主要评价指标是（　　　）。

    A．资本保值增值率　　　　　　　　　B．社会贡献率

    C．社会积累率　　　　　　　　　　　D．总资产报酬率

6. 下列对于流动比率指标的表述中正确的有（　　　）。

    A．流动比率比速动比率更加准确地反映企业的短期偿债能力

    B．不同企业的流动比率有统一的衡量标准

    C．流动比率需要用速动比率加以补充和说明

    D．流动比率较高，并不意味企业就一定具有短期偿债能力

7. 下列各项中，可以缩短经营周期的有（　　　）。

    A．存货周转率上升

    B．应收账款余额减少

    C．提供给顾客的现金折扣增加，对他们更具吸引力

    D．供应商提供现金折扣降低了，所以提前付款

8. 企业短期偿债能力的衡量指标主要有（　　　）。

    A．流动比率　　　　　　　　　　　　B．产权比率

    C．速动比率　　　　　　　　　　　　D．现金流动负债比率

9. 由杜邦分析体系可知，提高净资产收益率的途径是（　　）。

    A．提高总资产周转率   B．提高销售利润率

    C．降低资产负债率   D．提高权益乘数

10. 应收账款周转率高，表明（　　）。

    A．收账迅速，账龄较短   B．资产流动性强，短期偿债能力强

    C．可以减少收账费用和坏账损失   D．相对增加流动资产的收益性

11. 产权比率与资产负债率相比较（　　）。

    A．两个比率对评价偿债能力的作用基本相同

    B．资产负债率侧重于分析债务偿付安全性的物质保险程度

    C．产权比率侧重于揭示财务结构的稳健程度

    D．产权比率侧重于揭示自有资金对偿债风险的承受能力

12. 一般来说，提高存货周转率意味着（　　）。

    A．存货变现的速度慢   B．资金占用水平低

    C．存货变现的速度快   D．周转额大

13. 如果流动比率大于1，则下列结论一定成立的是（　　）。

    A．营运资本大于0   B．速动比率大于1

    C．资产负债率大于1   D．短期偿债能力可能有保障

14. 不同利益主体财务分析目的不同，因此，财务分析可归纳为（　　）。

    A．偿债能力分析   B．营运能力分析

    C．发展能力分析   D．盈利能力分析

15. 下列各项说法正确的有（　　）。

    A．负债比例小，权益乘数就高

    B．杜邦分析体系的作用是解释指标变动的原因和变动趋势，为采取措施指明方向

    C．杜邦分析方法是另外建立新的财务指标

    D．杜邦分析方法关键不在于指标的计算

16. 因素分析法既可以全面分析各因素对某一经济指标的影响，又可以单独分析某个因素对某一经济指标的影响。但采用因素分析法时，必须注意的问题有（　　）。

    A．因素分解的关联性   B．因素替代的顺序性

    C．顺序替代的连环性   D．计算结果的假定性

17. 下列指标属于时期指标的有（　　）。

    A．权益乘数   B．主营业务净利率

    C．总资产周转率   D．资产负债率

18. 某公司当年的经营利润很多，却不能偿还到期债务。为查清其原因，应检查的财务比率包括（　　）。

    A．资产负债率   B．流动比率

C．存货周转率   D．应收账款周转率

19．以下各项指标中属于发展能力指标的是（　　）。

  A．营业收入增长率   B．资本保值增值率

  C．技术投入比率   D．净资产收益率

20．最能直接反映销售获利能力的指标是（　　）。

  A．主营业务利润率   B．成本费用利润率

  C．净资产收益率   D．营业利润率

（三）判断题

1．因素分析法计算的各因素变动的影响数，会因替代计算顺序的不同而有差别。（　　）

2．权益乘数高低取决于企业资本结构：资产负债率越高，权益乘数越高，财务风险越大。（　　）

3．速动比率用于分析企业的短期偿债能力，所以速动比率越大越好。（　　）

4．盈余现金保障倍数不仅反映了获利能力大小，而且反映获利能力对债务保证程度。（　　）

5．净资产收益率＝营业净利率×总资产周转率×权益乘数，其中，权益乘数＝年末资产/年末所有者权益。（　　）

6．正常的流动比率为 200%，如果企业流动比率小于 200%，说明其短期偿债能力偏低。（　　）

7．资产周转率与销售净利率经常显反方向变化。（　　）

8．企业所有者总是倾向于提高资产负债率。（　　）

9．存货周转率越高，表明存货管理水平也越高。（　　）

10．流动比率较高时说明企业有足够的现金或存款用来偿债。（　　）

11．现金流动负债比率等于现金比流动负债。（　　）

12．固定资产周转率＝主营业务收入净额/平均固定资产总值。（　　）

13．流动比率是衡量企业偿付短期债务能力的唯一指标，而且流动比率越高越好。（　　）

14．进行业绩评价时，要定量分析与定性分析结合。（　　）

15．资产负债率与产权比率之间存在如下关系：资产负债率＋产权比率＝1。（　　）

16．一个企业如果其利息保障倍数低于 1，那么其一定没有能力支付到期利息。（　　）

17．货币资金与流动负债比率指标越大，越能保障企业按期偿还到期债务，因此该指标越大越好。（　　）

18．两家商业企业本期销售收入、存货平均余额相同，但毛利率不同，则毛利率高的企业存货周转率（以销售成本为基础计算）也高。（　　　）

19．产权比率与权益乘数之间的关系是：权益乘数＝产权比率＋1。（　　　）

20．流动比率与速动比率之差等于现金流动负债比率。（　　　）

（四）名词解释

1．现金流动负债比率　　2．资产负债率　　3．产权比率　　4．资本保值增值率

5．净资产收益率　　6．成本费用利润率

（五）简答题

1．简述财务分析的内容。

2．简述财务分析的局限性。

3．简述趋势分析法。

4．简述因素分析法应注意的事项。

（六）计算分析题

1．某公司流动资产由速动资产和存货构成，年初存货为 145 万元，年初应收账款为 125 万元，年末流动比率为 3，年末速动比率为 1.5，存货周转率为 4 次，年末流动资产余额为 270 万元。一年按 360 天计算。要求：

（1）计算公司流动负债年末余额；

（2）计算该公司存货年末余额和年平均余额；

（3）计算该公司本年销货成本；

（4）假定本年赊销净额为 960 万元，应收账款以外的其他速动资产忽略不计，计算该公司应收账款周转期。

2．某商业企业 2010 年度赊销收入净额为 2 000 万元，销售成本为 1 600 万元；年初、年末应收账款余额分别为 200 万元和 400 万元；年初、年末存货余额分别为 200 万元和 600 万元；年末速动比率为 1.2，年末现金比率为 0.7。假定该企业流动资产由速动资产和存货组成，速动资产由应收账款和现金类资产组成，一年按 360 天计算。要求：

（1）计算 2010 年应收账款周转天数；

（2）计算 2010 年存货周转天数；

（3）计算 2010 年年末流动负债余额和速动资产余额；

（4）计算 2010 年年末流动比率。

3．某公司 2010 年会计报表的有关资料如表 12-2 所示。

表 12-2 财务报表相关数据　　　　　　　　　　　单位：万元

资产负债表项目	年 初 数	年 末 数
资产	8 000	10 000
负债	4 500	6 000
所有者权益	3 500	4 000
利润表项目	上年数	本年数
主营业务收入净额	（略）	20 000
净利润	（略）	500

要求：

（1）计算杜邦财务分析体系中的下列指标：①净资产收益率；②总资产净利率；③主营业务净利率；④总资产周转率；⑤权益乘数。

（2）用文字列出净资产收益率与上述各项指标之间的关系式，并用本题数据加以验证。

（七）论述题

论述杜邦财务分析体系并进行评价。

（八）案例分析

飞天公司的财务分析

【案情介绍】

飞天公司 2002 年有关财务报表及有关行业平均水平的资料如表 12-3 至表 12-5 所示。

表 12-3 资产负债表（简表）

（2002 年 12 月 31 日）　　　　　　　　　单位：万元

项　目	年初数	年末数
货币资金	3 000	2 400
短期投资	7 000	194 800
应收账款	16 240	17 720
存货	29 000	32 800
⋮	⋮	⋮
流动资产小计	65 400	72 400
固定资产净值	59 600	67 600
⋮	⋮	⋮
资产总计	145 000	158 000

续表

项　目	年初数	年末数
短期借款	18 000	19 200
应付账款	15 200	20 400
⋮		
流动负债小计	38 600	50 000
长期借款	76 000	76 000
负债合计	114 600	126 000
⋮	⋮	⋮
股东权益合计	30 400	32 000
负债和股东权益总计	145 000	158 000

表 12-4　利润表（简表）

（2002 年度）　　　　　　　　　　　　　　　　　单位：万元

项　目	上年数	本年累计数
主营业务收入	90 000	103 000
减：主营业务成本	63 500	71 200
主营业务税金及附加	5 400	6 000
主营业务利润	21 100	25 800
加：其他业务利润	1 500	0
减：营业费用	8 100	8 800
管理费用	4 000	4 300
财务费用	3 500	4 000
营业利润	7 000	8 700
……		
利润总额	6 000	6 571
减：所得税	1 800	1 971
净利润	4 200	4 600

表 12-5　行业平均水平

项　目	2002 年 12 月 31 日	2002 年度	行业平均值
一、偿债能力			
1．流动比率	A		2.00
2．速动比率	B		1.00
3．资产负债率	C		40%
4．已获利息倍数	D		8.00
二、营运能力			

续表

项　　目	2002 年 12 月 31 日	2002 年度	行业平均值
1．应收账款周转率		E	6 次
应收账款周转天数		F	60 天
2．存货周期率		G	6 次
存货周转天数		H	60 天
3．流动资产周转率		J	2 次
4．固定资产周转率		K	1.5 次
5．总资产周转率		L	1 次
三、盈利能力			
1．主营业务利润率		M	22%
2．总资产报酬率		N	5%
3．净资产收益率		O	8%
四、发展能力			
1．销售增长率		P	10%
2．总资产增长率		Q	8%
3．资本积累率		R	7%
4．利润增长率		S	7%

【思考与讨论】

（1）计算有关比率并填入表 12-5 中字母的位置。

（2）评价该公司的偿债能力、营运能力、盈利能力、发展能力，并对该公司的财务状况进行综合分析，指出在哪些方面需要改进。

（九）研究性学习

财务指标分析中的 TOPSIS 法

1　引言

1995 年财政部发布了《企业经济效益评价指标体系》[①]，该指标体系参照国际惯例，并结合我国的实际情况，兼顾各利益实体，综合考核企业的经济效益，为宏观与微观经济决策提供了相关性强的决策支持信息，同时引导企业克服过去只重产量、产值等的粗放型经营方式，向注重经济效益的集约化经营模式转变。但是，由于经济管理工作的复杂性，实践中，指标体系也出现一些问题，主要表现如下。

（1）如何确定财务指标的参考基准值，该值因地区、行业差别很大，但它是进行综合

[①] 2009 年财政部将"企业会计（财务）指数评价体系研究"作为重大课题研究，目前西南财经大学、中国人民大学的权威财务专家正在对该问题进行研究。

评价的基础。

（2）各种财务指标的重要性程度如何，尽管新指标体系中提供了有关财务指标的重要程度，同样这个权系数也因行业、时间而有所变化，而且缺乏一定的理论依据。

（3）用简单的加权平均法作为综合指标的尺度是值得探讨的。一方面是各指标的标准参照值难以确定，另一方面是有些指标，如资产负债率、流动比率等，通常在某一范围内最佳，并非完全正相关指标，因而不能与其他指标简单加权求和。

财务指标分析目前通常采用杜邦分析法、雷达图法及趋势分析法，每种方法都有各自的特点，但都有一定的局限性，文章试图引入层次分析法及逼近于理想解的排序方法（TOPSIS），分析各财务指标的相对重要程序及综合评价企业的经济效益。

2 层次分析基本原理及应用

层次分析法（Analytic Hierarchy Process）是美国学者 T. L. Saaty 在 20 世纪 70 年代中期提出来的，它把复杂的问题分解为各组成因素，按支配关系形成有层次的结构，通过两两比较的方式确定层次中诸因素的相对重要性，然后综合人的判断以决定诸要素相对重要性的总排序。

层次分析体现了人的思维方式即分析和综合。分析过程是将复杂问题化为层次结构及单一目标两两成对进行比较；综合过程是用数值计算进行综合判断，根据因素的重要程度进行排序。

2.1 将问题概念化和建立层次结构

根据指标体系，建立如图 12-1 所示的财务指标分析层次结构图，图中最高层 A 为目标层，表示所要达到的目标，中间层 B 表示各利益实体，最底层 C 为指标层，表示各利益实体主要关心的有关财务指标。

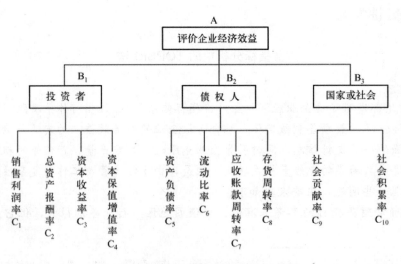

图 12-1 经济效益评价的层次结构图

2.2 建立判断矩阵并计算

层次分析要求分析者对每一层元素的相互重要性作出判断，根据九标度法，写成判断矩阵，这一步非常重要，要求分析者集思广益，以保证判断的正确性。

根据上述原则，建立有关判断矩阵并计算。如：

对于 $A-B$ 层有表 12-6，由表 12-6 中 W_A 列数字看出各利益单位排序为 $B_1>B_2=B_3$。

表 12-6 $A-B$ 判断矩阵

A	B_1	B_2	B_3	W_A
B_1	1	2	2	0.5
B_2	1/2	1	1	0.25
B_3	1/2	1	1	0.25

同理可得，对于 B_1-C 层、B_2-C 层和 B_3-C 层的权数值是 C_1、C_2、C_3、C_4 的 W_{B1} 值为 0.467、0.278、0.095、0.16，C_5、C_6、C_7、C_8 的 W_{B2} 值为 0.333、0.333、0.167、0.167，C_9、C_{10} 的 W_{B3} 值为 0.666、0.334。

综合各指标的权系数见表 12-7（以 100 分为基础），为了防止判断的不一致性，层次分析提供了一致性检验，经检验符合一致性标准。

表 12-7 各财务指标权系数

各利益实体	各财务指标	权系数
投资者	销售利润率	23
	总资产报酬率	14
	资本收益率	5
	资本保值增值率	8
债权人	资本负债率	8.5
	流动比率	8.5
	应收账款周转率	4
	存货周转率	4
国家或社会	社会贡献率	16.5
	社会积累率	8.5

3 逼近于理想解的排序方法及应用

3.1 逼近于理想解的排序方法原理

逼近于理想解的排序方法（Technique for Order Preference by Similarity to Ideal Solution，TOPSIS），是一种接近于简单加权法的排序法，它借助于多目标决策问题的"理想点"或"负理想点"去排序，所谓理想点是设想的最好解，而负理想点是指另一设想的最坏解，当把每个实际数值和理想点及负理想点作比较时，其中一个离理想点最近，同时又离负理想点最远，则这个方案应当是方案集中最好解，但有时也会出现这样的情况，即某个方案距离理想点虽然最近，但距离负理想点并不是最远的，TOPSIS 法采用一个测度称为理想解的相对接近度来判断其优劣。

TOPSIS 法算法步骤如下。

（1）设有一多指标决策问题，其决策矩阵 A 为：

$$A= \begin{array}{c} \text{方案 1} \\ \text{方案 2} \\ \vdots \\ \text{方案 } n \end{array} \begin{array}{cccc} \text{属性 1} & \text{属性 2} & \cdots & \text{属性 } m \\ \left[\begin{array}{cccc} Y_{11} & Y_{12} & \cdots & Y_{1m} \\ Y_{21} & Y_{22} & \cdots & Y_{2m} \\ \vdots & \vdots & \vdots & \vdots \\ Y_{n1} & Y_{n2} & \cdots & Y_{nm} \end{array} \right] \end{array}$$

通常上述矩阵中各属性的意义不同，因而要化为规范决策矩阵，则有：

$$Z_{ij} = \frac{y_{ij}}{\sqrt{\sum_{i=1}^{n} y_{ij}^2}} \quad (i=1,2,\cdots,n; \ j=1,2,\cdots,m);$$

（2）构成加权的规范决策矩阵，则有：

$$x_{ij} = w_j z_{ij}$$

式中：w_j 第 j 个属性的权系数（$i=1,2,\cdots,n; \ j=1,2,\cdots,m$）；

（3）确定理想解和负理想解

$$x^+ = \left\{ (\max \ x_{ij} \mid j \in J^+) , (\min \ x_{ij} \mid j \in J^-), i=1,2,\cdots,n \right\}$$
$$= \left\{ x_1^+, x_2^+, \cdots, x_m^+ \right\}$$
$$x^- = \left\{ (\min \ x_{ij} \mid j \in J^+) , (\max \ x_{ij} \mid j \in J^-), i=1,2,\cdots,n \right\}$$
$$= \left\{ x_1^-, x_2^-, \cdots, x_m^- \right\}$$

式中：J^+ —— 正相关指标的集；

J^- —— 负相关指标的集。

（4）计算每个方案到理想点的距离

$$S_i^+ = \sqrt{\sum_{j=1}^{m} (x_{ij} - x_j^+)^2} , \quad (i=1,2,\cdots,n)$$

计算每个方案到负理想点的距离

$$S_i^- = \sqrt{\sum_{j=1}^{m} (x_{ij} - x_j^-)^2} , \quad (i=1,2,\cdots,n)$$

（5）计算每个方案的相对接近度

$$C_i^* = \frac{S_i^-}{S_i^+ + S_i^-} \quad (0 \leqslant C_i^* \leqslant 1, i=1,2,\cdots,m)$$

（6）决定方案的优先次序

按 C_i^* 由大到小的顺序排列，排在前面的方案应优于后面的方案。

3.2 逼近于理想解的排序方法应用

如有 4 个企业，各有关财务指标的数值如表 12-8 所示，表中的 10 个指标，除资产负债率，流动比率外都是正相关指标，即越大越好。

表 12-8 企业财务指标数值表

财务指标	企业 A	企业 B	企业 C	企业 D
销售利润率	5.1%	6%	5.7%	5%
总资产报酬率	7.2%	9%	8.2%	8%
资本收益率	15.5%	18%	17.1%	17%
资产负债率	44%	50%	40%	40%
流动比率	160%	170%	170%	190%
应收账款周转率	560%	700%	600%	600%
存货周转率	210%	260%	225%	250%
资本保值增值率	190%	125%	200%	200%
社会贡献率	9.1%	9%	10.5%	10%
社会积累率	25.5%	35%	35.2%	10%

各利益实体对于资产负债率这个指标有不同的标准，债权人为了放债的安全，希望该指标越低越好，投资者从自有资本利润率的角度，只要企业债务利息率低于企业资产报酬率，希望此指标越大越好，国家从税收角度看，由于负债支付的利息在税前开支，负债越大，收取的所得税越少，因此应权衡各方面的利益，确定一个最优的资产负债率。

对于流动比率，从债权人的角度，希望流动比率越高越好，这样资产的流动性越大，短期偿债能力越强，然而从理财的角度来说，过高的流动比率可能意味着企业运用资金的效率不高或采取了过于稳健的财务策略。因此，要综合确定企业的流动比率。

根据上述步骤计算有：

$$C_1^* = 0.46 \quad C_2^* = 0.69 \quad C_3^* = 0.76 \quad C_4^* = 0.32$$

从而可以得到如下排序：企业 C>企业 B>企业 A>企业 D。

4 总结及评价

（1）层次分析法用于评价企业财务指标，层次分明，计算简单，有一定的理论依据，减少主观的随意性。层次分析中的一个重要环节是构建判断矩阵，要广泛听取各方面的意见，反复测试，以保证客观和公正。

（2）由于经济活动的复杂性，各地区、各行业之间，同一行业的不同时期，甚至同一企业中的各利益方所处的角度不同，因而难以确定各财务指标的标准值，用 TOPSIS 法可以确定各方案指标与各理想值的相对距离，从而确定各方案指标的相对优劣程度。

（3）研究采用的指标体系是依据 1995 年财政部公布的《企业经济效益评价指标体系》，该指标体系比较科学、合理，但也忽略了一些企业成长性方面的指标，如企业产品开发能力、技术创新能力及对环境的保护程度，考核上述指标对克服企业的短期行为、提高企业的竞争能力、实现企业的可持续发展意义重大，但这些指标一个共同的特点是难以计量，运用模糊层次分析和 TOPSIS 相结合，从而使评价更加全面、公正。

四、答案及解析

（一）单项选择题

1. B，【解析】效率比率是所得与所费的比率，如将利润与收入、成本或资本对比。

2. D，【解析】权益乘数 = 资产/所有者权益 = 1 + 负债/所有者权益 = 1 + 产权比率。

3. C，【解析】所有者或股东，作为投资人，必然高度关心其资本的保值和增值状况。

4. B，【解析】 如果企业货币资金及变现能力强的流动资产数额大于流动负债的数额，说明企业的短期偿债能力很强。

5. C，【解析】偿还应付账款导致货币资金和应付账款减少，使流动资产以及速动资产和流动负债等额减少，由于业务发生前流动比率和速动比率均大于 1，且分子与分母同时减少相等金额，因此，流动比率和速动比率都会增大。

6. D，【解析】应收账款周转率高说明：收账迅速，账龄较短；资产流动性强，短期偿债能力强；可以减少收账费用和坏账损失。

7. C，【解析】趋势分析法是通过对比两期或连续数期财务报告中相同指标，确定其增减变动的方向、数额和幅度，来说明企业财务状况或经营成果变动趋势的方法。

8. C，【解析】将积压存货转为损失不会影响流动负债，不会影响速动资产，不会影响速动比率，但是会导致流动资产减少，流动比率降低。

9. B，【解析】财务分析以企业财务报告及其他相关资料为主要依据。

10. D，【解析】流动资产变现能力的重要标志是资产能迅速变现，并用于偿还短期债务。

11. B，【解析】赊购一批材料，原材料增加，应付账款增加，即流动资产与流动负债等额增加，由于企业原来的流动比率大于1，所以流动比率会下降。

12. D，【解析】杜邦财务分析体系不涉及发展能力。

13. B，【解析】资本收益率是企业一定时期净利润与平均资本的比率。

14. D，【解析】总资产周转率 = 营业收入净额/平均资产总额 = 12 000/(2 000 + 3 000) = 2.4

15. D，【解析】总资产周转率 = 销售收入/总资产，是资产管理比率指标，不能反映偿债能力，所以，D 的说法不正确。其余 A、B、C 的说法正确。

16. C，【解析】 资产负债表提供变现能力、资产结构、资产管理水平信息。

17. C，【解析】为满足不同主体，协调各方利益关系,经营者必须对全部信息予以掌握。

18. D，【解析】流动负债小于流动资产，假设流动资产是 300 万元，流动负债 200 万元，即流动比率是 1.5，期末以现金 100 万元偿付一笔短期借款，则流动资产变为 200 万元，流动负债变为 100 万元，所以流动比率变为 2（增大），原营运资金 = 300 - 200 = 100（万元）（不变）。

19．C，【解析】A、B、D 中，资产总额未变，只是内部结构发生变化；C 中资产增加，负债未变，导致资产负债率变化。

20．A，【解析】 财务分析的方法有趋势分析法、比率分析法、因素分析法。

21．B，【解析】 资本保值增值率 = 扣除客观因素后的年末所有者权益/年初所有者权益 × 100%，技术投入比率 = 本年科技支出合计/本年营业收入净额 × 100%，总资产增长率 = 本年总资产增长额/年初资产总额 × 100%，资本积累率 = 本年所有者权益/年初所有者权益 × 100%，所以技术投入比率分子分母使用的都是本年数据。

22．A，【解析】通常，产权比率低，偿债能力强，债权人保障程度高，承担风险小。

23．C，【解析】一般来说速动比率越高，短期偿债能力越强，短期偿债风险较小。

24．C，【解析】A、D 属于营运能力的衡量指标，B 属于企业短期偿债能力的衡量指标。

25．D，【解析】属于时点指标的有权益乘数和资产负债率；属于时期指标的有净资产收益率、总资产净利率、主营业务净利率和总资产周转率。

26．D，【解析】权益乘数 = 资产/所有者权益 = 产权比率 + 1 = 1/(1 - 资产负债率)，权益乘数大，资产负债率大，则财务风险大。权益乘数大，则净资产收益率就大；权益乘数等于资产权益率的倒数；选项 A、B、C 正确。权益乘数与资产净利率没有直接关系，选项 D 错误。

27．A，【解析】总资产报酬率指标中"报酬"指利润总额与利息支出的和，即息税前利润。

28．B，【解析】企业大量增加速动资产，尽管债务偿还的安全性很高，但却会因企业现金及应收账款资金占用过多而大大增加企业的机会成本。因此应选 B。

29．A，【解析】流动比率 = 流动资产/流动负债，因为流动比率小于 1，说明分子小于分母，当分子、分母增加相同金额时，将会导致分子的变动幅度大于分母的变动幅度，所以，该流动比率将会变大，但营运资金不变。

30．D，【解析】净资产收益率既是企业盈利指标的核心，又是整个财务指标体系的核心。

31．C，【解析】构成比率指某项指标的各个组成部分与总体之比，反映部分与总体关系。

32．A，【解析】资产营运能力的强弱关键取决于周转速度。

33．B，【解析】资本积累率、总资产增长率、营业利润增长率这三个指标分子均反映增量，只有资本保值增值率分子不反映增量。

34．D，【解析】短期债权人进行财务分析时着重揭示企业资产的流动性。

35．B，【解析】A、C、D 属于定量评价指标，B 属于评议指标。

（二）多项选择题

1．BD，【解析】从债权人看，最关心债权安全程度，负债比率越小越好；从股东看，由于负债具有财务杠杆作用，当全部资本利润率高于债务利率时，负债比率越高越好。

2．CD，【解析】资产保值增值率＝期末所有者权益/期初所有者权益，因此影响该指标的因素有资金结构的变动、经营的盈亏及股利的支付。

3．AC，【解析】衡量企业获利能力的标志是利润水平的高低及其利润的变动趋势。

4．AC，【解析】存货周转率、应收账款周转率属于营运能力分析指标。

5．BC，【解析】企业对社会贡献的主要评价指标是企业贡献率及社会积累率。

6．CD，【解析】速动比率已扣除流动资产中变现速度最慢的存货，因此能进一步说明变现能力。一般认为生产企业合理的流动比率为 2，不同行业流动比率相差较大，需将流动比率与同行业平均流动比率，或本企业历史流动比率比较，才能评价这个比率的高低。流动比率较高，可能是存货等非速动资产占用过大，到期不一定能变现偿还短期债务。

7．ABC，【解析】 经营（营业）周期＝存货周转天数＋应收账款周转天数＝360/存货周转率＋360/应收账款周转率＝360×平均存货/销售成本＋360×平均应收账款/销售收入，由公式可知存货周转天数与存货周转率成反比，应收账款周转天数与应收账款余额成正比，应选择 AB 选项；企业提供现金折扣是为促进客户尽早付款，有利于缩短平均收款期，选择 C 项；D 只影响企业的应付账款周转天数和现金周期。

8．ACD，【解析】B 属于企业长期偿债能力的衡量指标。

9．ABD，【解析】净资产收益率＝总资产净利率×权益乘数
＝销售净利润×总资产周转率× [1÷(1－资产负债率)]。

提高总资产周转率、销售利润率、权益乘数都可以提高净资产收益率。

10．ABCD，【解析】应收账款周转率高，表明：①收账迅速，账龄较短；②资产流动性强，短期偿债能力强；③可以减少收账费用和坏账损失，从而相对增加流动资产的收益性。

11．ABCD，【解析】产权比率与资产负债率评价偿债能力的作用基本相同；但资产负债率侧重于分析债务偿付安全性的物质保险程度，产权比率侧重于揭示财务结构的稳健程度以及揭示自有资金对偿债风险的承受能力。

12．BCD，【解析】通常，存货周转率高，存货变现速度快，周转额大，资金占用水平越低。

13．AD，【解析】如果流动比率大于 1，则营运资金大于 0。如果流动比率大于 1，不一定有速动比率大于 1，因为流动资产中有非速动资产，它的变现时间和数量具有较大的不确定性。资产负债率大于 1 是不对的。

14．ABCD，【解析】不同利益主体进行财务分析有着各自的侧重点，但就企业总体来看，财务分析可归纳为四个方面：偿债能力分析、营运能力分析、盈利能力分析和发展能力

发析。

15．BD，【解析】 负债比例小，权益乘数就低、说明有较低的负债程度，给企业带来较小杠杆利益，也给企业带来较小风险，则排除选 A。杜邦分析是一种分解财务比率方法，而不是另外建立新的财务指标，则排除选项 C。

16．ABCD，【解析】采用因素分析法时，必须注意以下问题：①因素分解的关联性；②因素替代的顺序性；③顺序替代的连环性；④计算结果的假定性。

17．BC，【解析】属于时点指标的有权益乘数和资产负债率；属于时期指标的有净资产收益率、总资产净利率、主营业务净利率和总资产周转率。

18．BCD，【解析】不能偿还到期债务，说明其短期偿债能力强，应检查短期偿债能力指标以及影响短期偿债能力指标的因素，B 属于短期偿债能力指标，C、D 属于反映流动资产变现质量的指标，会影响短期偿债能力。资产负债率属于长期偿债能力指标，不属于考查范围。

19．ABC，【解析】净资产收益率是反映获利能力的指标，营业收入增长率、资本保值增值率以及技术投入比率均为发展能力指标。

20．AD，【解析】企业的利润包括主营业务利润、营业利润、利润总额和净利润四种形式。其中利润总额和净利润包含着非销售利润因素，能更直接反映销售获利能力的指标是主营业务利润率和营业利润率。

（三）判断题

1．√，【解析】采用因素分析法应注意替代的顺序性，不同顺序会造成分析结果的不一致。

2．√，【解析】权益乘数 = 1/(1 – 资产负债率)，资产负债率高，权益乘数高，财务风险大。

3．×，【解析】速动比率用于分析企业的短期偿债能力，但也不是越大越好，太大则表示企业流动资金利用不充分，收益能力不强。

4．×，【解析】已获利息倍数不仅反映了企业获利能力的大小，而且反映了获利能力对偿还到期债务的保证程度。

5．×，【解析】净资产收益率 = 营业净利率×总资产周转率×权益乘数，其中权益乘数 = 平均资产/平均所有者权益。

6．×，【解析】通常认为流动比率等于 2 较合适，但不同行业、不同企业评价标准是不同的，流动比率略小于 200％，但存货和应收账款周转速度快，企业的短期偿债能力不一定低。

7．√，【解析】为了提高销售利润率，就要增加产品的附加值，往往需要增加投资，引起资产周转率下降。与此相反，为了加快周转，就要降低价格，引起销售净利率下降。

8．×，【解析】当企业资产收益率高于利息率时，所有者倾向于提高资产负债率，反之当企业资产收益率低于利息率时，所有者倾向于减少资产负债率。

9．×，【解析】因为存货周转率＝销售成本/平均存货，所以存货周转率越高，不一定表明存货管理水平也越高，有可能是销售成本提高所导致的。

10．×，【解析】流动比率越高，企业偿还短期债务的流动资产保证程度越强，但这并不等于说企业已有足够的现金或存款用来偿债。因为流动比率高可能是由于存货积压、应收账款增多且收账期延长，以及待摊费用和待处理财产损失增加所致，而真正可用来偿债的现金和存款却严重短缺。

11．×，【解析】现金流动负债比率等于年经营现金净流量比年末流动负债，它可以从现金流量角度反映企业当前偿付短期负债的能力。

12．×，【解析】固定资产周转率＝主营业务收入净额/平均固定资产净值。

13．×，【解析】流动比率是衡量短期偿债能力的指标，流动比率不能太高也不能太低。

14．√，【解析】业绩评价采用定量与定性指标相结合，定量分析主要采用财务指标，定性分析主要采用评议指标。

15．×，【解析】产权比率＝负债/所有者权益，资产负债率＝负债/资产，两者之间不存在产权比率＋资产负债率＝1的关系。

16．×，【解析】从长远看，利息保障倍数要大于1，企业才有偿还利息费用的能力，但是在短期内，如果利息保障倍数小于1，企业仍有可能支付利息，原因是有些费用如折旧、摊销等不需要当期支付现金。

17．×，【解析】货币资金与流动负债比率并不是越大越好，该指标过大则表明企业流动资金利用不充分，影响盈利能力。

18．×，【解析】毛利率＝1－销售成本率，存货周转率＝销售成本/平均存货余额，销售收入相同的情况下，毛利率越高，销售成本越低，存货平均余额相同的情况下，存货周转率越低。

19．√，【解析】权益乘数＝资产/所有者权益，产权比率＝负债/所有者权益，因此权益乘数＝产权比率＋1。

20．×，【解析】流动比率与速动比率之差等于非速动资产除以流动负债。

（四）名词解释（略）

（五）简答题（略）

（六）计算分析题

1．解：（1）因为，流动比率＝流动资产/流动负债，所以，流动负债年末余额＝流动资产/流动比率＝270/3＝90（万元）。

（2）因为，流动资产 = 速动资产 + 存货；同时，速动比率 = 速动资产/流动负债，所以，存货年末余额 = 流动资产 − 速动比率 × 流动负债 = 270 − 90 × 1.5 = 135（万元），存货平均余额 = (135 + 145)/2 = 140（万元）。

（3）因为，存货周转率 = 本年销货成本/平均存货，所以，本年销货成本 = 平均存货 × 存货周转率 = 140 × 4 = 560（万元）。

（4）应收账款年末金额 = 270 − 135 = 135（万元）。

应收账款平均余额 = (135 + 125)/2 = 130（万元）。

应收账款周转率 = 赊销净额/平均应收账款 = 960/130。

应收账款周转期 = 360 ÷ (960/130) = 48.75（天）。

2．解：（1）计算 2010 年应收账款周转天数

应收账款周转次数 = 赊销净额/平均应收账款 = 2 000/[(200 + 400) ÷ 2] = 6.67（次）

应收账款周转天数 = 360/6.67 = 54（天）。

（2）计算 2010 年存货周转天数

存货周转次数 = 销货成本/平均存货 = 1 600/[(200 + 600) ÷ 2] = 4（次）

存货周转天数 = 360/4 = 90（天）。

（3）计算 2010 年年末流动负债和速动资产余额

年末速动资产/年末流动负债 = 1.2；(年末速动资产 − 400)/年末流动负债 = 0.7，得，年末流动负债 = 800（万元）；年末速动资产 = 960（万元）。

（4）计算 2010 年年末流动比率

流动比率 = (960 + 600)/800 = 1.95。

3．解：

（1）①净资产收益率 = 净利润/平均所有者权益

$$= \frac{500}{(3\,500 + 4\,000)/2} = 13.33\%$$

②总资产净利率 = 净利润/平均总资产

$$= \frac{500}{(8\,000 + 10\,000)/2} = 5.556\%$$

③主营业务净利率 = 净利润/主营业务收入净额

$$= \frac{500}{20\,000} = 2.5\%$$

④总资产周转率 = 主营业务收入净额/平均总资产

$$= \frac{20\,000}{(8\,000 + 10\,000)/2} = 2.222（次）$$

⑤权益乘数 = 平均总资产/平均所有者权益

$$= \frac{(8\,000 + 10\,000)/2}{(3\,500 + 4\,000)/2} = 2.4$$

（2）净资产收益率 = 主营业务净利率 × 总资产周转率 × 权益乘数

$$= 2.5\% \times 2.222 \times 2.4 = 13.33\%$$

（七）论述题【答题要点】

杜邦财务分析体系：净资产收益率 = 营业净利率 × 总资产周转率 × 权益乘数。

通过杜邦体系自上而下地分析，不仅可以揭示出企业各项财务指标间的结构关系，查明各项主要指标变动的影响因素，而且为决策者优化经营理财状况，提高企业经营效益，指明了方向。提高主权资本净利率的根本在于扩大销售、节约成本、合理投资配置、加速资金周转、优化资本结构、确立风险意识。

杜邦分析方法指标设计具有一定的局限性，它更偏重于企业所有者的利益角度。从杜邦指标体系看，在其他因素不变的情况下，资产负债率越高，净资产收益率就越高，这是因为利用较多负债，利用财务杠杆的结果，但没有考虑财务风险的因素，负债越多，财务风险越大，偿债压力越大。因此，还要结合其他指标进行分析。

（八）案例分析【答题要点】

（1）计算有关比率并填入表 12-5 中字母的位置。

偿债能力指标：

$$A = 流动资产/流动负债 = 72\,400/50\,000 = 1.45$$

$$B = (流动资产 - 存货)/流动负债 = (72\,400 - 32\,800)/50\,000 = 0.79$$

$$C = 负债总额/资产总额 = (126\,000/158\,000) \times 100\% = 79.7\%$$

$$D = (利润总额 + 利息支出)/ 利息支出 = (6\,571 + 4\,000)/4\,000 = 2.64$$

营运能力指标：

$$E = 营业收入/平均应收账款 = 103\,000/ [(16\,240 + 17\,720) \div 2] = 6.07$$

$$F = 360/ 应收账款周转率 = 59.3 \text{ 天}$$

$$G = 营业成本/ 平均存货 = 71\,200/ [(29\,000 + 32\,800) \div 2] = 2.3$$

$$H = 360/2.3 = 165.5 \text{ 天}$$

$$J = 营业收入/平均流动资产 = 103\,000/ [(65\,400 + 72\,400) \div 2] = 1.49$$

$$K = 营业收入/平均固定资产 = 103\,000/ [(59\,600 + 67\,600) \div 2] = 1.62$$

$$L = 营业收入/平均总资产 = 103\,000/ [(145\,000 + 158\,000) \div 2] = 0.68$$

盈利能力：

$$M = 营业利润/营业收入 \times 100\% = 8\,700/103\,000 \times 100\% = 8.44\%$$

$$N = 息税前利润总额/ 平均资产总额 \times 100\%$$

$$= \{(6\,571 + 4\,000)/[(145\,000 + 158\,000) \div 2]\} \times 100\% = 7\%$$

O = 净利润/平均净资产 × 100% = [4 600/ [(30 400 + 32 000)]÷2] × 100% = 14.4%

发展能力：

$$P = 本年销售收入增长额/上年销售收入总额 × 100%$$

$$=(103\ 000 - 90\ 000)/90\ 000 × 100% = 14.44%$$

$$Q = 本年总资产增长额/年初资产总额 × 100%$$

$$=(158\ 000 - 145\ 000)/145\ 000 × 100% = 9%$$

$$R = 本年所有者权益增长额/年初所有者权益 × 100%$$

$$=(32\ 000 - 30\ 400)/30\ 400 × 100% = 5.3%$$

$$S = 本年利润增长额/上年营业利润总额 × 100%$$

$$=(8\ 700 - 7\ 000)/7\ 000 × 100% = 24.29%$$

（2）该公司的流动比率、速动比率、已获利息倍数均小于行业平均值，资产负债率高于行业平均值，具体指标空间分布可参考图 12-2，从计算结果可知该公司偿债能力较差，应该采取措施进行改善，如提高流动资产、速动资产的比例，降低流动负债的比例。

该公司的应收账款周转率稍大于行业平均值，存货周转率、流动资产周转率、总资产周转率均低于行业平均值，而固定资产周转率大于行业平均值，具体指标空间分布可参考图 12-3，从计算结果可知该公司营运能力偏差，应该采取措施进行改善，如提高营业收入比例。

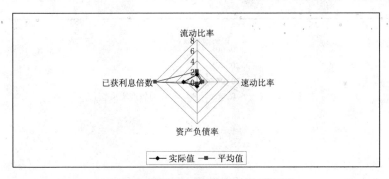

图 12-2 公司偿债能力分析雷达图

图 12-3 公司营运能力分析雷达图

该公司总资产报酬率、净资产收益率大于行业平均值，说明盈利能力比较强，但主营业务利润率小于行业平均值，具体指标空间分布可参考图 12-4，说明该公司的主营业务不够突出，应采取措施扩大主营业务收入。

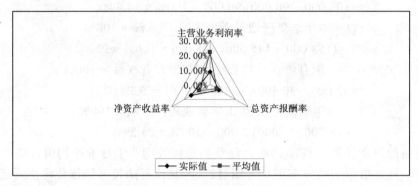

图 12-4　公司盈利能力分析雷达图

该公司的销售增长率、总资产增长率、利润增长率均大于行业平均值，说明公司的发展势头很强，但资本积累率小于行业平均值，具体指标空间分布可参考图 12-5，说明该公司的需要注意资本的积累，提高企业的可持续发展能力。

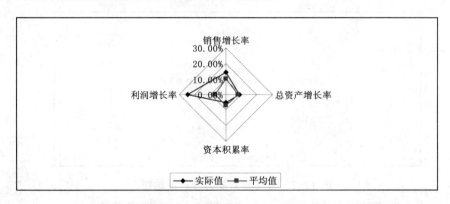

图 12-5　公司发展能力分析雷达图

至于如何综合评价公司的财务绩效，可以在进一步收集相关资料的基础上，采用AHP、TOPSIS、模糊数学、灰色系统等现代数学方法进行评价。